ELOGIOS AOS NOVE TITÃS DA IA

"*Os Nove Titãs da IA* é provocativo, fácil de ler e acessível. Amy Webb demonstra seu amplo conhecimento sobre a ciência que impulsiona a IA e os conflitos geopolíticos que podem ocorrer entre os EUA e a China. Ela oferece um panorama minucioso de como a IA poderia repaginar nossas economias e a atual ordem mundial, e indica um plano detalhado para ajudar a humanidade a traçar um caminho melhor."

— Anja Manuel, Stanford University, cofundadora e
e parceira da RiceHadleyGates

"*Os Nove Titãs da IA* é uma obra importante e intelectualmente cristalina que elucida a promessa e os riscos da IA. A IA servirá seus três mestres norte-americanos atuais em Washington, Vale do Silício e Wall Street ou servirá os interesses do público em geral? Concentrará ou distribuirá o poder econômico e geopolítico? Podemos agradecer a Amy Webb por nos ajudar a entender as perguntas e como chegar às respostas que servirão melhor à humanidade do que o nosso caminho atual. *Os Nove Titãs da IA* deve ser discutido em salas de aula e nos conselhos administrativos em todo o mundo."

— Alec Ross, autor de *The Industries of the Future*

"*Os Nove Titãs da IA* faz previsões ousadas a respeito do futuro da IA. Mas, ao contrário de muitos outros futuristas, Webb deixa de lado o sensacionalismo em detrimento de argumentos cuidadosos, sólido contexto histórico e um grau assustador de plausibilidade."

— Jonathan Zittrain, George Bemis Professor de direito internacional
e professor de ciência da computação, Harvard University

"*Os Nove Titãs da IA* é profundo e provocador ao mostrar uma perspectiva de longo prazo e, acima de tudo, levantar questões significativas em relação à IA; e fornecer um roteiro para um futuro otimista com a IA."

—Peter Schwartz, autor do *The Art of the Long View*

"*Os Nove Titãs da IA* proporciona argumentos de peso sobre como fugir da mentalidade 'nowist' a fim de evitar a atribuição das atividades humanas às corporações que desenvolvem IA. Os possíveis cenários de Webb para futuros específicos são esplêndidos, fornecendo perspectivas detalhadas para a sociedade evitar e buscar."

—John C. Havens, diretor-executivo, IEEE Global Initiative on Ethics of Autonomous and Intelligent Systems, e autor do *Heartificial Intelligence: Embracing our humanity to maximize machines*

OS NOVE TITÃS DA IA

OS NOVE TITÃS DA IA

ALIBABA · IBM · GOOGLE · MICROSOFT · AMAZON · FACEBOOK · TENCENT · BAIDU · APPLE

Como as Gigantes da Tecnologia
e Suas Máquinas Pensantes
Podem Subverter a Humanidade

AMY WEBB

ALTA BOOKS
EDITORA
Rio de Janeiro, 2020

Os Nove Titãs da IA

Copyright © 2020 da Starlin Alta Editora e Consultoria Eireli. ISBN: 978-85-508-1073-7

Translated from original The Big Nine. Copyright © 2019 by Amy Webb. ISBN 9781541773752. This translation is published and sold by permission of PublicAffairs an imprint of Perseus Books, LLC, a subsidiary of Hachette Book Group, Inc., the owner of all rights to publish and sell the same. PORTUGUESE language edition published by Starlin Alta Editora e Consultoria Eireli, Copyright ©2020 by Starlin Alta Editora e Consultoria Eireli.

Todos os direitos estão reservados e protegidos por Lei. Nenhuma parte deste livro, sem autorização prévia por escrito da editora, poderá ser reproduzida ou transmitida. A violação dos Direitos Autorais é crime estabelecido na Lei nº 9.610/98 e com punição de acordo com o artigo 184 do Código Penal.

A editora não se responsabiliza pelo conteúdo da obra, formulada exclusivamente pelo(s) autor(es).

Marcas Registradas: Todos os termos mencionados e reconhecidos como Marca Registrada e/ou Comercial são de responsabilidade de seus proprietários. A editora informa não estar associada a nenhum produto e/ou fornecedor apresentado no livro.

Impresso no Brasil — Edição revisada conforme o Acordo Ortográfico da Língua Portuguesa de 2009.

Produção Editorial
Editora Alta Books

Gerência Editorial
Anderson Vieira

Gerência Comercial
Daniele Fonseca

Equipe Editorial
Ian Verçosa
Maria de Lourdes Borges
Raquel Porto
Rodrigo Dutra

Produtor Editorial
Illysabelle Trajano
Juliana de Oliveira
Thiê Alves

Assistente Editorial
Thales Silva

Equipe de Design
Larissa Lima
Paulo Gomes

Marketing Editorial
Livia Carvalho
marketing@altabooks.com.br

Coordenação de Eventos
Viviane Paiva
eventos@altabooks.com.br

Editor de Aquisição
José Rugeri
j.rugeri@altabooks.com.br

Tradução
Cibelle Ravaglia

Copidesque
Fernanda Lutfi

Revisão Gramatical
Hellen Suzuki
Thaís Pol

Diagramação
Luisa Maria Gomes

Publique seu livro com a Alta Books. Para mais informações envie um e-mail para **autoria@altabooks.com.br**

Obra disponível para venda corporativa e/ou personalizada. Para mais informações, fale com **projetos@altabooks.com.br**

Erratas e arquivos de apoio: No site da editora relatamos, com a devida correção, qualquer erro encontrado em nossos livros, bem como disponibilizamos arquivos de apoio se aplicáveis à obra em questão.

Acesse o site **www.altabooks.com.br** e procure pelo título do livro desejado para ter acesso às erratas, aos arquivos de apoio e/ou a outros conteúdos aplicáveis à obra.

Suporte Técnico: A obra é comercializada na forma em que está, sem direito a suporte técnico ou orientação pessoal/exclusiva ao leitor.

A editora não se responsabiliza pela manutenção, atualização e idioma dos sites referidos pelos autores nesta obra.

Ouvidoria: ouvidoria@altabooks.com.br

Dados Internacionais de Catalogação na Publicação (CIP) de acordo com ISBD

W365n   Webb, Amy

Os Nove Titãs da IA: como as gigantes da tecnologia e suas máquinas pensantes podem subverter a humanidade / Amy Webb ; traduzido por Cibelle Ravaglia. - Rio de Janeiro : Alta Books, 2020.
336 p. ; 17cm x 24cm.

Inclui bibliografia e índice.
ISBN: 978-85-508-1073-7

1. Tecnologia. 2. Inteligência artificial. I. Browne, Carol Ann. II. Ravaglia, Cibelle. III. Título.

2020-1831   CDD 006.3
     CDU 004.81

Elaborado por Odilio Hilario Moreira Junior - CRB-8/9949

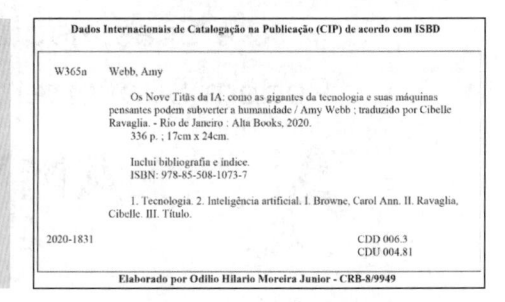

Rua Viúva Cláudio, 291 — Bairro Industrial do Jacaré
CEP: 20.970-031 — Rio de Janeiro (RJ)
Tels.: (21) 3278-8069 / 3278-8419
www.altabooks.com.br — altabooks@altabooks.com.br
www.facebook.com/altabooks — www.instagram.com/altabooks

*Para meu pai, Don Webb,
a pessoa mais genuinamente inteligente
que eu já conheci.*

SUMÁRIO

Sobre a Autora xi
Agradecimentos xiii
Introdução: Antes que Seja Tarde 1

Parte I: Máquinas Assombradas 11

    1   Mente e Máquina: Uma Breve História da IA 13

    2   O Mundo Isolado das Tribos de IA 53

    3   Cortes de Folhas de Papel:
        As Consequências Indesejadas das IAs 99

Parte II: Nossos Futuros 135

    4   Dos Dias Atuais à Superinteligência Artificial:
        Os Sinais dos Tempos 137

    5   Prosperando na Terceira Era da Computação:
        O Cenário Otimista 157

    6   Aprendendo a Viver com os Cortes de Papel:
        O Cenário Pragmático 183

    7   A Dinastia Réngōng Zhìnéng: O cenário catastrófico 213

PARTE III: Resolvendo os Problemas 239

    8   Pedras e Pedregulhos: Como Resolver o Futuro da IA 241

Bibliografia 269
Notas 281
Índice 315

SOBRE A AUTORA

Crédito: fotografia de Mary Gardella

AMY WEBB é uma das principais futuristas dos Estados Unidos, autora do premiado best-seller *The Signals Are Talking: Why today's fringe is tomorrow's mainstream*, no qual explica seu método para prever o futuro. Ela é professora de visão estratégica na NYU Stern School of Business e fundadora do Future Today Institute, uma empresa líder de mercado em previsão e estratégia, que ajuda os líderes e suas organizações a se prepararem para possíveis futuros complexos e desconhecidos. Webb é vencedora do Thinkers50 Radar Award, membro do United States–Japan Leadership Program, representante da antiga US-Russia Bilateral Presidential Commission e ainda participou como Visiting Nieman Fellow na Universidade de Harvard. Trabalha como consultora de roteiros de filmes e programas sobre tecnologia, ciência e futuro; também publica o relatório anual de tendências tecnológicas emergentes do FTI, que já gerou mais de 7,5 milhões de visualizações em todo o mundo. Saiba mais sobre Amy em: http://www.amywebb.io [conteúdo em inglês].

AGRADECIMENTOS

Como a inteligência artificial, este livro demorou alguns anos para tomar forma e ser elaborado. Tudo começou como uma série de perguntas enviadas por mensagem de texto e conversas à mesa de jantar, até se tornar uma preocupação crescente que me acompanhava na academia, nas saídas à noite e aos finais de semana. Uma pessoa — Brian Woolf — deixou-se levar por essa obsessão, me ajudou a persegui-la e apoiou meu trabalho por muitos anos. Brian contribuiu para minha pesquisa, ajudou-me a deixar meus argumentos claros e ficou acordado até tarde da noite para editar todas as minhas páginas. Sou profundamente grata.

Os Nove Titãs da IA é o resultado de inúmeras reuniões presenciais, entrevistas e jantares com pessoas que trabalham direta e indiretamente com a inteligência artificial. Sewell Chan, Noriyuki Shikata, Arfiya Eri, Joel Puckett, Erin McKean, Bill McBain, Frances Colon, Torfi Frans Olafsson, Latoya Peterson, Rob High, Anna Sekaran, Kris Schenck, Kara Snesko, Nadim Hossain, Megan Carroll, Elena Grewal, John Deutsch, Neha Narula, Toshi Ezoe, Masao Takahashi, Mary Madden, Shintaro Yamaguchi, Lorelei Kelly, Hiro Nozaki, Karen Ingram, Kirsten Graham, Francesca Rossi, Ben Johnson, Paola Antonelli, Yoav Schlesinger, Hardy Kagimoto, John Davidow, Rachel Sklar, Glynnis MacNicol, Yohei Sadoshima e Eiko Ooka me doaram um tempo precioso, perspectivas e insights. Muitos deles me apresentaram a outras pessoas que trabalham com IA e política, com o intuito de me ajudar a investigar a fundo o equilíbrio geopolítico e compreender melhor as oportunidades e os riscos da IA.

Foi por causa da US–Japan Leadership Foundation que conheci o Tenente-coronel Sea Thomas; o major aposentado do Exército DJ Skelton; o diretor-executivo da Defense Innovation Board, Joshua Marcuse; e o analista de segurança nacional John Noonan. Passamos muitos dias juntos como bolsistas da USJLP, e tenho uma dívida de gratidão eterna com cada um deles pela paciência de explicar o futuro da guerra, o papel dos militares dos EUA no Círculo do Pacífico e as muitas iniciativas estratégicas da China. Fiquei muito impressionada com o trabalho que Joshua realizou para transpor os obstáculos entre o Vale do Silício e Washington, D.C. Ele é um dos heróis atuais da IA.

O Aspen Strategy Group me ofereceu uma oportunidade de apresentar o futuro da IA e da geopolítica durante sua conferência anual de verão no Colorado, e essas conversas ajudaram a estruturar minha análise. Meus sinceros agradecimentos a Nicholas Burns, Condoleezza Rice, Joseph Nye e Jonathon Price pelo convite e a Carla Anne Robbins, Richard Danzig, James Baker, Wendy Sherman, Christian Brose, Eric Rosenbach, Susan Schwab, Ann-Marie Slaughter, Bob Zoellick, Philip Zelikow, Dov Zakheim, Laura Rosenberger e Mike Green por todos os feedbacks valiosos.

Muitas das minhas ideias me ocorreram no campus da Stern School of Business da NYU, uma associação profissional que tem apoiado muito a minha pesquisa. Quero agradecer ao professor Sam Craig por me trazer para o programa de MBA e por ter me aconselhado nos últimos anos. Eu não teria palavras o bastante para falar sobre os estudantes maravilhosos e brilhantes que assistiram às minhas aulas. Três deles recém-formados em Stern — Kriffy Perez, Elena Giralt e Roy Levkovitz — foram porta-vozes maravilhosos à medida que eu traçava os futuros da IA.

Sou sortuda de ter em minha vida um grupo de sábios que oferecem conselhos e orientação. Todo o trabalho que faço é melhor por causa deles. Danny Stern mudou minha vida há alguns anos quando me pediu para encontrá-lo um dia no campus da NYU. Ele me ensinou a pensar de forma mais abrangente e me mostrou como fazer minha pesquisa abarcar públicos mais amplos. Sua parceira no Stern Strategy Group, Mel Blake, passou horas a fio me orientando, arquitetando minhas ideias e me ajudando a ver o mundo ao redor de maneira diferente. Ambos são uma fonte contínua de inspiração, motivação e (como eles bem sabem) transpiração. James Geary e Ann Marie Lipinski, de Harvard, foram extremamente generosos comigo por muitos anos, possibilitando que eu organizasse reuniões para falar sobre o futuro e desenvolver minha metodologia de previsão. James e Ann Marie são orientadores perfeitos. Minha querida amiga e guerreira, Maria Popova, me fez colocar a caixola para funcionar e, depois, contextualizava essas ideias em seu conhecimento enciclopédico de literatura, artes e ciências. Minha filha incrível, Petra Woolf, nunca parou de perguntar "e se", lembrando-me muitas vezes de meus próprios preconceitos cognitivos quando penso sobre o futuro. E, como sempre, sou grata ao professor Samuel Freedman, da Universidade de Columbia.

Meus eternos agradecimentos a Cheryl Cooney, que trabalha incansavelmente em meu nome, sem ela eu faria muito pouco. Independentemente de as AGIs serem construídas algum dia, não consigo imaginar uma que possa substituir Cheryl. Emily Caufield — cuja paciência parece não ter limites — é a força criativa que alimenta meu trabalho de previsão, tendências e cenários. Agradeço a Phillip Blanchard por trabalhar comigo novamente na comprovação dos fatos, edição de texto e compilação de todas as fontes e notas finais deste livro; e a Mark Fortier, que ajudou a assegurar que o livro fosse lido pela mídia e pelos editores de notícias, e cujo conselho fora inestimável durante o processo de lançamento.

E, por último, devo milhões de zettabytes de agradecimentos à Carol Franco, Kent Lineback e John Mahaney. Como minha agente literária, Carol conseguiu o contrato para este livro. Mas, como minha amiga, ela e seu marido, Kent, me receberam em sua linda casa em Santa Fé, para que pudéssemos desenvolver a arquitetura e a tese basilar sobre os Nove Titãs. Passamos dias e noites refinando todas as minhas pesquisas e ideias em argumentos sólidos e, entre os turnos de trabalho, passeávamos pela cidade e tínhamos discussões animadas em ótimos restaurantes. Foi por causa de Carol que, há alguns anos, conheci meu editor, John Mahaney, com quem tive a sorte de trabalhar no meu livro anterior. John é um editor excelente — ele me enche de perguntas, exige relatórios de qualidade e continua insistindo até que a análise, os exemplos e os detalhes estejam perfeitos. Escrevi este livro porque quero mudar o rumo da conversa a respeito do futuro da IA, mas minha motivação não foi inteiramente desinteressada: trabalhar com John novamente significava uma oportunidade de passar um ano aprendendo com ele e melhorando a minha escrita. John, Kent e Carol, vocês são uma equipe formidável, e mal posso acreditar na sorte que tenho de conhecê-los.

INTRODUÇÃO

ANTES QUE SEJA TARDE

A inteligência artificial já está entre nós, todavia não surgiu como todos esperávamos. Ela é a espinha dorsal silenciosa de nossos sistemas financeiros, fornecimento da rede elétrica e cadeia de suprimento de varejo. Ela é a infraestrutura invisível que nos direciona no trânsito, identifica o significado correto em nossas palavras equivocadas e condiciona o que devemos comprar, observar, ouvir e ler. Ela é a tecnologia sobre a qual o nosso futuro está sendo alicerçado, porque permeia todos os aspectos de nossas vidas: saúde e medicina, transporte, moradia, agricultura, esportes e até mesmo amor, sexo e morte.

A IA não é uma tendência tecnológica, um termo em voga ou uma distração temporária — é a terceira era da computação. Estamos no meio de uma transformação descomunal, não muito diferente da geração que viveu a Revolução Industrial. A princípio, ninguém reconhecera a transição em que estavam porque a mudança aconteceu pouco a pouco, no tocante ao ciclo de vida. No final, o mundo parecia diferente: a Grã-Bretanha e os Estados Unidos haviam se tornado as duas potências dominantes do mundo, com capital industrial, militar e político o bastante para moldar o curso do próximo século.

Todos estão discutindo sobre a IA e o que ela significará para nossos futuros à exaustão. As discussões já são velhas conhecidas: os robôs estão vindo para roubar nossos empregos, os robôs virarão nossa economia de cabeça para baixo, os robôs acabarão matando os seres humanos. Substitua "máquina" por "robô" e voltamos aos mesmos debates que as pessoas tinham 200 anos atrás. É natural pensar no impacto da nova tecnologia em nossos empregos e em nossa capacidade de ganhar dinheiro, já que vemos tantas rupturas em tantos setores. É compreensível que, quando pensamos em IA, nossas mentes inevitavelmente perambulem de volta para a HAL 9000 de *2001: Uma Odisseia no Espaço*; para o supercomputador WOPR de *Jogos de Guerra*; para a Skynet de *O Exterminador do Futuro;* para a Rosie de *Os Jetsons*; para Delores da série *Westworld* ou qualquer uma das outras inúmeras IAs antropomorfizadas da cultura popular. Se você não trabalha diretamente com o ecossistema da IA, aparentemente o futuro é fantástico ou aterrorizante, sem nenhuma razão que se justifique.

Aqueles que não estão absortos e não vivem o dia a dia da pesquisa e do desenvolvimento da IA não conseguem enxergar os sinais com clareza, razão pela qual a discussão da opinião pública a respeito da IA gravita em torno de robôs tirânicos a que você assistiu nos filmes recentes. Ou reflete um tipo de otimismo maníaco e desmedido. A carência de nuances é a primeira causa do problema da IA: alguns superestimam radicalmente a aplicabilidade da IA, ao passo que outros defendem que ela se tornará uma arma invencível.

Sei disso porque passei a maior parte da última década fazendo pesquisas sobre inteligência artificial e me reunindo com pessoas e organizações dentro e fora do ecossistema da IA. Aconselhei uma diversidade grande de empresas no epicentro da inteligência artificial, como a Microsoft e a IBM. Conheci e aconselhei as partes interessadas do lado de fora: investidores de risco e gerentes de investimentos privados, líderes do Departamento de Defesa e Departamento de Estado, e muitos legisladores que acham que a regulamentação é o único caminho para seguir. Participei também de diversas reuniões com pesquisadores acadêmicos e tecnólogos que trabalham diretamente na linha de frente. É raro aqueles que trabalham diretamente com a IA compartilharem visões apocalípticas extremas ou utópicas do futuro que costumamos ouvir nos jornais.

Isso se deve ao fato de que, como os pesquisadores de outras áreas da ciência, aqueles que engendram o futuro da IA querem moderar as expectativas. A conquista de grandes feitos requer paciência, tempo, dinheiro e resiliência — algo que nos esquecemos com facilidade. Eles trabalham arduamente e em etapas com problemas muito complicados, às vezes progredindo pouco. Essas pessoas são inteligentes, globalizadas e, em minha experiência, solidárias e ponderadas.

Em sua maioria, elas trabalham para os nove gigantes da tecnologia — Google, Amazon, Apple, IBM, Microsoft e Facebook, nos Estados Unidos; e Baidu, Alibaba e Tencent, na China —, que estão arquitetando a IA a fim de inaugurar um futuro melhor e mais positivo para todos nós. Acredito piamente que os líderes dessas nove empresas são motivados por um sentimento profundo de altruísmo e um desejo de servir a um bem maior: eles enxergam com clareza o potencial da IA de melhorar a saúde e a longevidade, solucionar nossos problemas climáticos iminentes e tirar milhões de pessoas da pobreza. Já estamos vendo os benefícios positivos e tangíveis do trabalho deles em todos os setores e na vida cotidiana.

O problema é que as forças externas que pressionam os nove gigantes da tecnologia — e, de quebra, as pessoas que trabalham dentro desse ecossistema — conspiram contra seus melhores objetivos para o futuro. Todos vivem colocando a culpa em todo mundo.

Nos EUA, as demandas inflexíveis do mercado e as expectativas irrealistas em relação a novos produtos e serviços fizeram com que o planejamento de longo prazo fosse impossível. Esperamos que o Google, a Amazon, a Apple, o Facebook, a Microsoft e a IBM façam novos anúncios de produtos IA em suas conferências anuais, como se os avanços em pesquisa e tecnologia pudessem ser agendados. Caso essas empresas não nos apresentem produtos mais arrojados do que no ano anterior, falamos sobre elas como se fossem uma decepção. Ou questionamos se é o fim da IA. Ou questionamos a liderança delas. Nem ao menos uma única vez demos a essas empresas alguns anos para que trabalhem tranquilas, sem exigir que nos deslumbrem em intervalos regulares. Imagine se uma dessas empresas decidir não fazer nenhum anúncio oficial por alguns meses — já achamos que o silêncio pressupõe que elas estão trabalhando em projetos especialíssimos que inevitavelmente nos incomodarão.

O governo dos EUA não tem uma grande estratégia para a IA, tampouco para os nossos futuros em longo prazo. Portanto, em vez de criar estratégias nacionais coordenadas a fim de desenvolver capacidade organizacional dentro do governo — para construir e fortalecer suas alianças internacionais, e com o intuito de preparar seu exército para o futuro da guerra —, os Estados Unidos relegaram a IA às tramitações legais associadas à prática de tráfico de influência por ex-funcionários na política (*revolving door*). Em vez de financiar pesquisa básica em IA, o governo federal terceirizou a pesquisa e o desenvolvimento para o setor comercial e aos caprichos de Wall Street. Em vez de tratar a IA como uma oportunidade para a criação de novos empregos e crescimento, os legisladores norte-americanos enxergam somente o desemprego tecnológico generalizado. Por sua vez, culpabilizam os gigantes da tecnologia dos EUA, quando poderiam convidar essas empresas a participar dos níveis mais altos do planejamento estratégico (como existe) dentro do governo. Nossos pioneiros da IA não têm escolha a não ser competir constantemente uns com os outros por uma relação confiável e direta com você, comigo, com nossas escolas, hospitais, cidades e negócios.

Nos Estados Unidos, sofremos de uma trágica carência de previsão. Temos uma mentalidade imediatista, de "nowist", planejando para os próximos anos de nossas vidas mais do que qualquer outro período de tempo. A mentalidade nowist defende as conquistas tecnológicas de curto prazo, mas nos isenta de assumir a responsabilidade de como a tecnologia pode evoluir e das repercussões e consequências de nossas próximas ações. Nós facilmente esquecemos que o que fazemos no presente pode ter consequências sérias no futuro. É de se admirar, portanto, que o governo tenha terceirizado o desenvolvimento futuro da IA para seis empresas de capital aberto cujas realizações são notáveis, mas cujos interesses financeiros nem sempre se alinham com o que é melhor para nossas liberdades individuais, nossas comunidades, nossos interesses e ideais democráticos.

Enquanto isso, na China, a rota de desenvolvimento da IA está presa às grandes ambições do governo, que rapidamente constrói os alicerces para se tornar a supremacia incontestável de IA do mundo. Em julho de 2017, o governo chinês revelou seu Plano de Desenvolvimento de Inteligência Artificial para Próxima Geração com o intuito de se tornar o líder global em IA até 2030, com uma indústria nacional no valor de, pelo menos, US$150 bilhões[1] — plano que envolve a aplicação de parte de seu fundo de natureza contábil e financeira para novos laboratórios e startups, bem como o lançamento de novas escolas especificamente para treinar a próxima geração de talentos em IA da China.[2] Em outubro do mesmo ano, o presidente da China, Xi Jinping, explicou seus planos para IA e big data durante um discurso detalhado para milhares de oficiais do partido. Ele afirmou que a IA ajudaria a China a se transformar em uma das economias mais avançadas do mundo, e a economia chinesa já é 30 vezes maior do que era há apenas três décadas. O Baidu, a Tencent e o Alibaba podem ser gigantes de capital aberto, mas, como é típico de todas as grandes empresas chinesas, precisam se curvar à vontade de Pequim.

A população gigantesca de 1,4 bilhão de cidadãos da China a coloca no controle do maior e possivelmente mais importante recurso natural na era da IA: dados humanos. São necessárias quantidades abundantes de dados para refinar os algoritmos de reconhecimento de padrões — e é por isso que os sistemas de reconhecimento facial chineses, como o Megvii e o SenseTime, atraem e muito os investidores. Todos os dados que os cidadãos chineses geram enquanto telefonam, compram coisas online e publicam fotos em redes sociais estão ajudando o Baidu, o Alibaba e a Tencent a desenvolver os melhores sistemas de IA da categoria. Outra grande vantagem para a China: o país não tem restrições de privacidade e de segurança que dificultem o progresso, como nos Estados Unidos.

Devemos considerar a trajetória do desenvolvimento da IA dentro do contexto mais amplo dos grandes planos da China para o futuro. Em abril de 2018, Xi fez um discurso importante descrevendo sua visão da China como a superpotência cibernética global. O serviço chinês de notícias estatal, Xinhua, publicou trechos do discurso, nos quais descreveu uma nova rede de governança cibernética e uma internet que iria "divulgar informações positivas, defender a direção política correta e orientar a opinião pública e os valores no rumo certo".[3] As regras autoritárias que a China teria para todos nós vão de encontro à liberdade de expressão, à economia orientada para o mercado e ao controle distribuído que prezamos no Ocidente.

A IA faz parte de uma série de leis e decretos nacionais que visam controlar todas as informações geradas na China e monitorar os dados de seus moradores, bem como dos cidadãos de seus muitos parceiros estratégicos. Um desses decretos determina que todas as empresas estrangeiras armazenem os dados de cidadãos chineses em servidores dentro das fronteiras chinesas, permitindo que as agências de segurança do governo acessem dados pessoais como quiserem. Outra iniciativa — a Police Cloud, da China — foi desenvolvida para monitorar e rastrear pessoas com problemas de saúde mental, aquelas que criticaram publicamente o governo e uma minoria étnica muçulmana chamada Uighurs. Em agosto de 2018, a Organização das Nações Unidas (ONU) afirmou que tinha relatórios confiáveis de que a China mantinha milhões de uigures em campos de concentração na região do extremo oeste da China.[4] O Programa de Operações Integradas da China utiliza a IA para detectar desvios de padrões — para saber se alguém atrasou o pagamento de contas. Um sistema monetário de crédito baseado em inteligência artificial, de acordo com as palavras de ordem em documentos de planejamento oficiais, fora desenvolvido para projetar uma sociedade livre de problemas "permitindo que as pessoas confiáveis percorram todo o mundo sob o céu, enquanto dificultava para os desacreditados dar um único passo".[5] Para promover "a confiabilidade", os cidadãos são avaliados em vários pontos de dados diferentes, como atos heroicos (pontos ganhos) ou multas de trânsito (pontos reduzidos). Aqueles com as pontuações mais baixas enfrentam obstáculos para se candidatar a empregos, comprar uma casa ou levar as crianças para as escolas. Em algumas cidades, os moradores com as pontuações altas têm suas fotos exibidas.[6] Em outras cidades, como Shandong, os cidadãos que caminham na rua têm seus rostos compartilhados publicamente em outdoors digitais e enviados automaticamente para o Weibo, uma rede social popular.[7] Se tudo isso parece fantástico demais para acreditar, lembre-se de que a China uma vez instituiu com sucesso a política de filho único para forçar o abate de sua população.

Essas políticas e iniciativas são criações que saem direto da cabeça das pessoas que fazem parte do círculo íntimo do presidente Xi Jinping, que durante a última década concentrou-se excepcionalmente na remodelação e reconstrução da China em uma superpotência global de peso. Hoje, a China é mais autoritária do que já fora sob o domínio de quaisquer líderes anteriores desde o presidente Mao Tsé-Tung, e o avanço e a alavancagem da IA são fundamentais para a causa. A Belt and Road Initiative é uma estratégia geoeconômica gigantesca disfarçada de um plano de infraestrutura que segue os antigos percursos da Rota da Seda que ligavam a China à Europa por meio do Oriente Médio e da África. A China não está somente construindo pontes e rodovias — está exportando tecnologia de vigilância e coletando dados no processo, à medida que maximiza a influência do CCP em todo o mundo, ao contrário da nossa atual ordem democrática liberal. A Global Energy Interconnection é mais uma estratégia nacional promovida por Xi, que tem o objetivo de criar a primeira rede global de eletricidade do mundo, que ela administraria. A China já descobriu como potencializar um novo tipo de tecnologia de cabos de alta voltagem que pode fornecer energia das regiões do extremo oeste à Xangai — e está fechando acordos enormes para se tornar a fornecedora de energia dos países vizinhos.

Essas iniciativas, em conjunto com muitas outras, são meios inteligentes de granjear um tipo de poder brando durante um longo período de tempo. É uma jogada brilhante de Xi, cujo partido político votou em março de 2018 para abolir os limites dos mandatos e efetivamente permitiu que ele continuasse como presidente vitalício. O objetivo final de Xi é muito claro: estabelecer uma nova ordem mundial na qual a China será a líder. E tem mais: durante este período de expansão diplomática chinesa, os Estados Unidos deram as costas inexoravelmente a alianças e acordos globais de longo prazo, enquanto o presidente Trump erigiu uma nova barreira política e econômica contra a China.

O futuro da IA hoje está percorrendo duas rotas de desenvolvimento que muitas vezes entram em conflito com o que é melhor para a humanidade. O impulsionamento da IA na China é parte de uma tentativa coordenada de criar uma nova ordem mundial liderada pelo presidente Xi, ao passo que as forças de mercado e o consumismo são os principais motivadores nos Estados Unidos. Essa dicotomia é um ponto fraco para todos nós, e resolvê-la é uma questão de urgência para os problemas iminentes que espreitam a IA, além de ser o propósito deste livro. As empresas que fazem parte dos Nove Titãs da IA podem estar seguindo os mesmos objetivos nobres — decifrar o código da inteligência de máquina para construir sistemas capazes de pensamentos semelhantes aos seres humanos —, mas o resultado final desse trabalho poderia prejudicar de forma irreparável a humanidade.

Lá no fundo, acredito que a IA é uma força positiva, que elevará as próximas gerações da humanidade e nos ajudará a conquistar nossos objetivos mais idealistas de futuro.

Mas sou pragmática. Todos nós sabemos que mesmo as pessoas com boas intenções podem, sem querer, causar um grande mal. Dentro da tecnologia, e sobretudo quando se trata de IA, devemos sempre nos lembrar de planejar tanto a sua aplicação pretendida quanto sua aplicação abusiva. Isso é ainda mais importante hoje e em um futuro próximo, pois a IA permeia tudo: a economia global, a mão de obra, a agricultura, o transporte, o setor bancário, o monitoramento ambiental, a educação, o exército e a segurança nacional. É por isso que, se a IA permanecer em suas atuais rotas de desenvolvimento nos Estados Unidos e na China, o ano de 2069 poderia ser bem diferente do que o ano de 2019. À medida que as estruturas e sistemas que governam a sociedade passam a depender da IA, descobriremos que as decisões tomadas em nosso nome fazem todo o sentido para as máquinas —, mas não para nós.

Nós, seres humanos, estamos perdendo rapidamente nossa consciência, assim como as máquinas estão despertando. Começamos a superar alguns marcos fundamentais no desenvolvimento técnico e geopolítico da IA, mas, a cada novo avanço, a IA se torna mais invisível para nós. Os meios pelos quais nossos dados são extraídos e refinados ficam cada vez menos evidentes, enquanto nossa capacidade de entender como os sistemas autônomos tomam decisões fica cada vez menos transparente. Temos, portanto, um abismo no tocante à compreensão de como a IA está impactando a vida cotidiana no presente, já que ela cresce exponencialmente à medida que avançamos anos e décadas para o futuro. Diminuir esse abismo o máximo possível, por meio de uma crítica a respeito das rotas que a IA trilha atualmente, é a missão deste livro. Meu objetivo é democratizar as conversas sobre inteligência artificial e deixá-lo mais ciente do que está por vir — e fazer com que os futuros impactos da IA no mundo real sejam tangíveis e relevantes para você, antes que seja tarde demais.

A humanidade enfrenta uma crise existencial em um sentido amplo da palavra, porque ninguém trata de uma questão simples que tem sido fundamental para a IA desde o princípio: o que acontece à sociedade quando transferimos o poder para um sistema construído por um pequeno grupo de pessoas que foi desenvolvido para tomar decisões em nome de todos nós? O que acontece quando essas decisões são tendenciosas para as forças de mercado ou para um partido político ambicioso? A resposta se reflete nas futuras oportunidades que temos, nas formas como nos é negado o acesso, nas convenções sociais dentro de nossas sociedades, nas regras pelas quais nossas economias operam e até mesmo na forma como nos relacionamos com outras pessoas.

Este não é um livro sobre as discussões comuns de IA. É tanto um aviso quanto um projeto para um futuro melhor. Ele questiona nossa aversão ao planejamento de longo prazo nos EUA e destaca a falta de preparação para a IA em nossos negócios, escolas e governo. Esta obra pinta uma imagem nua e crua das estratégias geopolíticas, econômicas e diplomáticas interconectadas da China, enquanto ela avança rumo a sua grande visão de uma nova ordem mundial. E pede liderança heroica sob circunstâncias extremamente desafiadoras. Porque, como você está prestes a descobrir, nosso futuro precisa de um herói.

O que segue é um convite para colocar as mãos na massa escrito em três partes. Na Parte I, você aprenderá o que é a IA e o papel que os Nove Titãs da IA desempenharam no desenvolvimento dela. Depois, também mergulharemos a fundo nas situações únicas enfrentadas pelos membros dos Nove Titãs da IA dos Estados Unidos e pelo Baidu, Alibaba e Tencent na China. Na Parte II, você verá previsões detalhadas e plausíveis para os próximos 50 anos à medida que a IA evolui. Os três cenários sobre os quais você lerá oscilam entre otimistas, pragmáticos e catastróficos, e revelarão a oportunidade e o risco conforme evoluímos da inteligência artificial de uso específico para a inteligência artificial de uso generalizado até a superinteligência artificial. São cenários intensos, que resultam de modelos baseados em dados, e lhe proporcionarão um vislumbre emocionante de como a inteligência artificial pode evoluir e como nossas vidas mudarão. Na Parte III, ofereço soluções táticas e estratégicas para todos os problemas identificados nos cenários, junto com um plano concreto para remodelar o presente. A Parte III tem o objetivo de nos sacudir para que entremos em ação; há recomendações específicas para os nossos governos, para os líderes das Nove Titãs da IA e até mesmo para você.

* * *

Toda pessoa viva hoje pode desempenhar um papel crítico no futuro da inteligência artificial. As decisões que tomamos sobre a IA agora — mesmo as mais pequenas — mudarão para sempre o rumo da história humana. À medida que as máquinas despertam, percebemos que, apesar de nossas esperanças e anseios altruístas, nossos sistemas de IA foram catastroficamente ruins para a humanidade.

Mas não precisa ser assim.

Os Nove Titãs não são os vilões nesta história. Na verdade, eles são a nossa melhor esperança para o futuro.

Vire a página porque não podemos ficar de braços cruzados esperando o que está por vir. A IA já está entre nós.

PARTE I
Máquinas Assombradas

CAPÍTULO UM

MENTE E MÁQUINA: UMA BREVE HISTÓRIA DA IA

As origens da inteligência artificial moderna remontam a centenas de anos, muito antes de as empresas intituladas como os Novas Titãs da IA [conhecidas como Big Nine] desenvolverem agentes de IA chamados Siri, Alexa e seu homólogo chinês Tiān Māo. Durante todo esse tempo, não existiu uma definição exclusiva para a IA, como existe para outras tecnologias. Quando se fala em inteligência artificial, descrevê-la em termos práticos não é nada fácil, em virtude de a IA representar muitas coisas, embora seja um campo que continue a crescer. O que aconteceu na década de 1950 — a criação de uma calculadora que conseguia fazer operações de divisão complexas — dificilmente parece uma tecnologia avançada hoje em dia. Isso é conhecido como o "estranho paradoxo" — assim que técnicas novas são inventadas, e passam a ser populares, elas se tornam menos relevantes para nós. Deixamos de pensar na IA como tecnologia.

Em sua forma mais elementar, a inteligência artificial é um sistema que toma decisões autônomas. As tarefas de IA executam ações repetidas ou simulam a inteligência humana, como reconhecer sons e objetos, resolver problemas, compreender a linguagem e usar a estratégia para atingir objetivos. Alguns sistemas de inteligência artificial são gigantescos e realizam milhões de cálculos por segundo — ao passo que outros são específicos e se destinam a uma única tarefa, como detectar linguagem imprópria em e-mails.

Nós sempre voltamos ao mesmo conjunto de perguntas: as máquinas pensam? O que significaria para uma máquina pensar? O que é pensar para nós? O que é pensamento? Como poderíamos saber — definitivamente e sem questionar — que nossos pensamentos são inéditos? Há séculos fazemos essas perguntas, e elas são cruciais para a história e para o futuro da IA.

O problema de investigar como as máquinas e os humanos pensam é que a palavra "pensar" está relacionada de forma indissociável à palavra "mente". O *Dicionário Merriam-Webster* define "pensar" como "formular ou ter em mente", enquanto o *Dicionário Oxford* explica que o significado da palavra é "usar a mente ativamente para organizar ideias relacionadas". Se procurarmos "mente", tanto o dicionário *Merriam-Webster* como o dicionário *Oxford* a definem dentro do contexto da "consciência". Mas o que é consciência? Segundo os dois dicionários, é a qualidade ou estado de ser consciente e responsivo. Diversos grupos — psicólogos, neurocientistas, filósofos, teólogos, profissionais de ética e cientistas da computação — debatem o conceito de pensamento usando abordagens diferentes.

Ao utilizar a assistente virtual Alexa para encontrar uma mesa em seu restaurante favorito, você e ela estão conscientes e prontos para responder enquanto conversam sobre o que comer, embora a Alexa nunca tenha sentido a textura de uma maçã crocante contra os dentes, os efeitos frisantes da água com gás em sua língua ou a sensação pegajosa e grudenta da manteiga de amendoim no céu da sua boca. Peça à Alexa para descrever as características desses alimentos e ela lhe fornecerá detalhes que refletem suas próprias experiências, mas ela não tem boca — então como poderia sentir a textura de um alimento do mesmo jeito que você sente?

Biologicamente, você é uma pessoa única, cujas glândulas salivares e papilas gustativas não são talhadas exatamente na mesma ordem que as minhas. No entanto, nós dois aprendemos o que é uma maçã e as características gerais de como é o gosto de uma maçã, qual é sua textura e seu cheiro. Ao longo de nossas vidas, aprendemos a reconhecer o que é uma maçã por meio da aprendizagem por reforço — alguém nos ensinou como era uma maçã, sua finalidade e o que a distingue de outras frutas. Desse modo, com o passar do tempo e sem o conhecimento consciente, nossos sistemas autônomos de reconhecimento de padrões biológicos ficaram excelentes em identificar que alguma coisa era uma maçã, mesmo que tivéssemos somente algumas informações necessárias. Caso veja um contorno bidimensional em preto e branco de uma maçã, você saberá do que se trata — ainda que lhe faltem o sabor, o cheiro, a crocância e todas as outras informações que sinalizam para o cérebro *que isso é uma maçã*. A maneira como você e Alexa aprenderam sobre o que é uma maçã é mais parecida do que supõe a sua imaginação.

Alexa é competente, mas seria ela *inteligente*? Sua percepção de máquina deve suprir todas as características da percepção humana para que aceitemos seu modo de "pensar" como um espelho do nosso? O psicólogo educacional Dr. Benjamin Bloom passou a maior parte de sua carreira acadêmica pesquisando e classificando os estados de pensamento. Em 1956, ele publicou o que ficaria conhecido como taxonomia de Bloom, que apresentava os objetivos de aprendizagem e os níveis de domínios observados na educação. Os alicerces fundamentais dizem respeito a relembrar os fatos e conceitos básicos, seguidos da compreensão de ideias; colocar em prática tal conhecimento em novas situações; analisar as informações experimentando e fazendo conexões; avaliar, contestar e julgar as informações; e, por fim, elaborar um trabalho inédito. Como crianças em tenra idade, focamos primeiro recordar e compreender. Por exemplo, precisamos aprender que uma caixa contém leite antes de entendermos que esta caixa de leite tem frente e verso, mesmo que não possamos vê-la.

Essa hierarquia também está presente no modo como os computadores aprendem. Em 2017, um sistema de IA chamado Amper compôs e produziu músicas inéditas para um álbum chamado *I AM AI*. As estruturas dos acordes, o uso de diferentes instrumentos e a percussão foram desenvolvidos por Amper, que utilizou parâmetros iniciais como gênero, estado de espírito e duração para gerar uma música completa em apenas alguns minutos. Taryn Southern, uma intérprete humana, colaborou com Amper para criar o álbum — e o resultado incluiu uma balada emotiva e melancólica chamada "Break Free", que contou com mais de 1,6 milhão de visualizações no YouTube e foi um hit de sucesso nas rádios. Antes que Amper pudesse compor esta música, ela precisou aprender os elementos qualitativos de uma balada de sucesso, junto com dados quantitativos, como calcular o valor da notas e batidas e como reconhecer milhares de padrões na música (por exemplo, progressões de acordes, sequências harmônicas e acentos rítmicos).

A criatividade, do tipo demonstrada por Amper, é o apogeu da taxonomia de Bloom — mas esta criatividade foi simplesmente um processo mecânico aprendido? Foi um exemplo de criatividade humana? Ou foi uma criatividade de um tipo completamente diferente? Amper pensou em música da mesma forma que um compositor humano pensaria? Pode-se argumentar que o "cérebro" de Amper — uma rede neural empregando algoritmos e dados dentro de um contêiner — talvez não seja tão diferente do cérebro de Beethoven, constituído de neurônios naturais usando dados e reconhecendo padrões dentro do contêiner que é sua cabeça. O processo criativo de Amper era tão diferente do de Beethoven quando ele compôs a Sinfonia n.º 5 (aquela sinfonia famosa que começa com um tam-tam-tam-TAAAAM) antes de mudar do tom maior (escala maior) para o tom menor (escala menor)? Beethoven não inventou a sinfonia inteira — ela não era totalmente inédita. Estas primeiras quatro notas são seguidas por uma sequência harmônica, partes das escalas, arpejos e outros elementos brutos e comuns que estruturam qualquer composição. Ouça com atenção o *scherzo*, antes do final, e você escutará padrões óbvios emprestados da 40ª Sinfonia de Mozart, escrita 20 anos antes, em 1788. Mozart foi influenciado por seu adversário Antonio Salieri e seu amigo Franz Joseph Hayden, que foram inspirados pelo trabalho de compositores anteriores como Johann Sebastian Bach, Antonio Vivaldi e Henry Purcell, que, por sua vez, estavam escrevendo músicas nos meados do século XVII ao século XVIII. Você ainda pode ouvir trechos de compositores bem mais antigos de 1400 a 1600, como Jacques Arcadelt, Jean Mouton e Johannes Ockeghem, na música deles. *Eles* foram influenciados pelos primeiros compositores medievais — e poderíamos seguir a trilha do padrão de influência até a primeira composição escrita, chamada de "epitáfio Seikilos", que foi talhada em uma coluna de mármore para indicar um túmulo turco no século I. E poderíamos retroceder ainda mais no tempo, às primeiras flautas primitivas feitas de osso e marfim, provavelmente esculpidas 43 mil anos atrás. E, mesmo antes disso, os pesquisadores acreditam que nossos primeiros ancestrais provavelmente cantavam antes de falarem.[1]

As conexões humanas são o resultado de milhões de anos de evolução. De igual modo, a conexão da IA moderna é baseada em uma longa trajetória evolutiva que remonta aos antigos matemáticos, filósofos e cientistas. Apesar de que possa parecer que a humanidade e as máquinas estiveram percorrendo caminhos divergentes, nossa evolução sempre esteve entrelaçada. O *homo sapiens* aprendeu a partir de seu meio, transmitiu suas características hereditárias às gerações futuras, diversificou e reproduziu por causa da invenção de tecnologias avançadas, como agricultura, ferramentas de caça e penicilina. Demorou 11 mil anos para os 6 milhões de habitantes do mundo, durante o período neolítico, se multiplicarem para uma população de 7 bilhões de pessoas, atualmente.[2] O ecossistema habitado pelos sistemas de IA — as entradas para aprendizado, dados, algoritmos, processadores, máquinas e redes neurais — está evoluindo e reproduzindo em um ritmo vertiginoso. Levará apenas algumas décadas para que os sistemas de IA se disseminem e se integrem em todos os aspectos da vida cotidiana.

Quer Alexa enxergue a imagem de uma maçã do mesmo jeito nós, quer a música original de Amper seja, de fato, "inédita", na verdade são perguntas sobre o que supomos a respeito do pensamento. A inteligência artificial dos dias de hoje é uma amálgama de milhares de anos de filósofos, matemáticos, cientistas, profissionais de robótica, artistas e teólogos. A busca de todos eles — e a nossa, neste capítulo — é entender a conexão pensante e os contêineres como alimento à reflexão. Qual é a conexão entre a mente humana e — *ou a despeito de* — as máquinas que estão sendo construídas pelas Nove Titãs na China e nos Estados Unidos?

Seriam as Máquinas Conscientes?

Pode-se refazer os passos dos pilares fundamentais da IA até a Grécia Antiga e às origens da filosofia, lógica e matemática. Em muitos textos de Platão, Sócrates diz: "Conhece-te a ti mesmo"; ele quis dizer que, a fim de melhorar e tomar as decisões certas, primeiro você precisava conhecer sua própria personalidade. Entre seus outros trabalhos, Aristóteles inventou a lógica silogística e nosso primeiro sistema formal de raciocínio dedutivo. Na mesma época, o matemático grego Euclides idealizou uma forma de encontrar o maior divisor comum de dois números e, como resultado, criou o primeiro algoritmo. O trabalho deles foi o começo de duas ideias imprescindíveis: que determinados sistemas físicos podem funcionar como um conjunto de regras lógicas, e que o próprio pensamento humano pode ser um sistema simbólico. Isso desencadeou séculos de investigação entre filósofos, teólogos e cientistas. O corpo era uma máquina complexa? Um todo unificado composto de inúmeros outros sistemas trabalhando juntos, como um relógio de pêndulo? Mas e a mente? Também era uma máquina complexa? Ou alguma coisa completamente diferente? Não havia como comprovar ou refutar um algoritmo divino ou a conexão entre a mente e o reino físico.

Em 1560, um relojoeiro espanhol chamado Juanelo Turriano criou um pequeno monge mecânico como oferenda à igreja, em nome do rei Filipe II da Espanha, cujo filho se recuperou milagrosamente de uma traumatismo craniano.[3] Tal monge tinha poderes impressionantes — ele atravessava a mesa, erguia um crucifixo e um rosário, batia no peito em sinal de arrependimento e movimentava os lábios em oração. Esse foi o primeiro *autômato* — uma representação mecânica de algo vivo. Embora a palavra "robô" ainda não existisse, o monge era uma pequena invenção fantástica, que deve ter deixado os espectadores espantados e confusos. Provavelmente nunca ocorreu a ninguém que um minúsculo autômato pudesse algum dia, em um futuro distante, não somente imitar os movimentos básicos, mas também substituir os humanos na linha de produção das fábricas, nos laboratórios de pesquisa ou jogar conversa fora no café.

O pequenino monge inspirou a geração pioneira de profissionais de robótica, cujo objetivo era desenvolver máquinas cada vez mais complexas que retratassem os seres humanos: os autômatos logo foram capazes de escrever, dançar e pintar. E isso levou um grupo de filósofos a começar a questionar sobre o que significa ser um humano. Se fosse possível criar autômatos que simulassem o comportamento humano, então os humanos seriam autômatos divinamente criados? Ou somos sistemas complexos capazes de raciocinar e pensar de um modo inédito?

O filósofo político inglês Thomas Hobbes descreveu o raciocínio humano como um cálculo em *De Corpore,* parte de sua excelente trilogia em ciências naturais, psicologia e política. Em 1655, ele escreveu: "Por raciocínio, eu entendo cálculo. E computar é reunir a soma de muitas coisas somadas ao mesmo tempo, ou saber o resultado de quando uma coisa foi tirada de outra. Raciocinar, portanto, é o mesmo que somar ou subtrair."[4] Mas como saberíamos se éramos dotados do livre-arbítrio durante o processo?

Enquanto Hobbes escrevia a primeira parte de sua trilogia, o filósofo francês René Descartes publicou *Meditações sobre Primeira Filosofia,* questionando se podemos saber com certeza que o que sentimos é real. Como poderíamos comprovar nossa própria consciência? De qual prova precisaríamos a fim de concluir que nossos pensamentos são nossos, e que o mundo ao nosso redor é real? Descartes era iluminista, acreditava que os fatos poderiam ser inferidos por dedução, então sugeriu um experimento mental que ficaria famoso. Ele pediu aos leitores que imaginassem uma criatura demoníaca criando propositalmente uma ilusão do mundo em que viviam. Se a experiência física e sensorial de uma leitora ao nadar em um lago não era nada mais do que a criação de uma criatura demoníaca, logo ela não poderia *saber* que estava nadando. Porém, na visão de Descartes, se a leitora tivesse autoconsciência de sua própria existência, então ela alcançaria os critérios para o conhecimento. "Eu sou, eu existo, sempre que isso é proferido por mim, ou concebido pela mente, é necessariamente real", escreveu ele.[5] Em outras palavras, o fato de nossa existência reside além da dúvida, ainda que haja uma criatura demoníaca ludibriadora no meio. Ou, *Penso, logo existo.*

Mais tarde, em seu *Traité de l'homme* (*Tratado do Homem*) Descartes argumentara que os humanos provavelmente poderiam construir um autômato — neste caso, um pequeno animal — que seria indissociável da coisa real. Mas, ainda que um dia criássemos um humano mecanizado, ele nunca se passaria como real, apontou Descartes, pois lhe faltaria uma mente e, portanto, uma alma. Diferentemente dos humanos, uma máquina nunca poderia alcançar os critérios do conhecimento — nunca poderia ter autoconsciência como nós. Para

Descartes, a consciência se dava intrinsecamente — a alma era o fantasma que assombraria as máquinas que são nossos corpos.[6]

Algumas décadas mais tarde, o matemático e filósofo alemão Gottfried Wilhelm von Leibniz analisou a ideia de que a alma humana era programada, alegando que a própria mente era um contêiner. Deus criou a alma e o corpo para se harmonizarem naturalmente. O corpo pode até ser uma máquina complexa, mas que tem um conjunto de instruções divinas. Nossas mãos se movimentam quando decidimos movimentá-las, entretanto não criamos, tampouco inventamos, todos os mecanismos que possibilitam o movimento. Se estamos conscientes da dor ou do prazer, essas sensações são o resultado de um sistema pré-programado, uma linha contínua de comunicação entre a mente e o corpo.

Leibniz desenvolvera o próprio experimento mental a fim de exemplificar o fato de que o pensamento e a percepção estavam estritamente ligados ao ser humano. Imagine caminhar em um moinho de vento. A estrutura é uma máquina de contêineres, matérias-primas e trabalhadores. É um sistema complexo de partes trabalhando em harmonia rumo a um objetivo singular, mas que nunca poderia ter uma mente. "Tudo o que sabemos é que existem engrenagens e alavancas empurrando umas às outras, nada que explique a percepção", escreveu Leibniz. "Portanto, deve-se procurar a percepção em substâncias simples e nunca em coisas complexas como máquinas." A alegação que Leibniz estava fazendo era que, por mais moderno que fosse o moinho, a máquina ou o autômato, os humanos jamais poderiam construir uma máquina capaz de pensar ou sentir.[7]

Leibniz ainda era fascinado com a noção de reproduzir os aspectos do pensamento. Algumas décadas antes, um escritor inglês pouco conhecido chamado Richard Braithwaite escreveu alguns livros a respeito da conduta social, referindo-se passivamente a "computadores" humanos como pessoas altamente capacitadas, rápidas e precisas, excelentes em fazer cálculos.[8] Neste ínterim, o matemático francês e inventor Blaise Pascal, que estabeleceu as bases para o que hoje conhecemos como probabilidade, se preocupou em automatizar as tarefas computacionais. Pascal observou seu pai calcular enfadonhamente os impostos de forma manual e queria facilitar o processo para ele. Então, começou a trabalhar em uma calculadora automática, uma com rodas mecânicas e indicadores que se movessem.⁹ A calculadora funcionou e inspirou Leibniz a aperfeiçoar seu pensamento: as máquinas nunca seriam dotadas de almas; no entanto, algum dia seria possível construir uma máquina que conseguisse pensar no mesmo nível de lógica humana. Em 1673, Leibniz descreveu sua calculadora mecânica chamada de "step reckoner" como um tipo novo de máquina de calcular que tomava decisões usando um sistema binário.¹⁰ A máquina era como uma mesa de bilhar, com bolas, buracos, tacos e canaletas, e a máquina abria os buracos usando uma série de 1s (aberto) e 0s (fechado).

A step reckoner conceitual de Leibniz estabeleceu os alicerces para mais teorias, que incluíam a noção de que, se o pensamento lógico pudesse ser reduzido a símbolos e, como resultado, pudesse ser analisado como um sistema computacional, e se problemas geométricos pudessem ser resolvidos utilizando símbolos e números, logo tudo poderia ser reduzido a bits — inclusive o comportamento humano. Era uma ruptura significativa com os filósofos anteriores: as máquinas futuras poderiam reproduzir os processos de pensamento humano sem desobedecer à providência divina. O ato de pensar não exige necessariamente a percepção, os sentidos ou a alma. Leibniz imaginou um computador capaz de solucionar problemas gerais, até aqueles que não fossem matemáticos. E ele formulou a hipótese de que a linguagem poderia ser reduzida a conceitos atômicos de matemática e ciências como parte de um tradutor de linguagem universal.¹¹

A Mente e a Máquina Seguem as Instruções Algorítmicas?

Na hipótese de Leibniz estar certo — que os humanos eram máquinas dotadas de alma e, um dia, inventariam máquinas sem alma capazes de pensar de forma inédita e sofisticada —, então, poderia haver uma classe binária de máquinas na Terra: nós e elas. Calma, que o debate só começou.

Em 1738, Jacques de Vaucanson, um artista e inventor, construíra uma série de autômatos para a Academia Francesa de Ciências, que incluía um pato complexo e realista. O objeto não apenas imitava os movimentos de um pato real, batendo as asas e comendo grãos, mas também imitava a digestão. Este fato oferecia aos filósofos matéria à reflexão: se parecia um pato, e grasnava como um pato, seria realmente um pato? Se sentimos que o pato tem um tipo de alma diferente, isso bastaria para comprovar que o pato é um ser consciente (de si mesmo) e tudo mais o que isso significaria?

O filósofo escocês David Hume rejeitou a ideia de que o reconhecimento da existência fosse por si só uma prova de consciência. Ao contrário de Descartes, Hume era um empirista, que desenvolveu uma estrutura científica nova baseada em fatos observáveis e argumentos lógicos. Enquanto Vaucanson exibia seu pato com sistema digestivo — e bem antes de alguém falar sobre inteligência artificial —, Hume escrevera *Um Tratado de Natureza Humana*: "A razão é e deve ser apenas a escrava das paixões." Neste caso, Hume entendia o significado de "paixões" como "motivações irracionais", e acreditava que incentivos, e não a lógica abstrata, conduziam o nosso comportamento. Se as impressões são apenas nossa percepção de algo que podemos ver, tocar, sentir, saborear e cheirar, e as ideias são percepções de coisas com as quais não entramos em contato direto, Hume tinha a convicção de que nossa existência e compreensão do mundo à nossa volta eram fundamentadas em um construto da percepção humana.

Dado o avanço do trabalho com os autômatos, que se tornavam cada vez mais realistas, e levando em conta a reflexão aprofundada dos computadores como máquinas pensantes, o médico e filósofo francês Julien Offray de La Mettrie realizou um estudo radical — e infame — sobre os humanos, os animais e os autômatos. Em um artigo de 1747, publicado pela primeira vez de forma anônima, La Mettrie argumentou que os seres humanos são extremamente parecidos com animais, e um macaco poderia aprender a linguagem humana se fosse "devidamente treinado". La Mettrie também concluiu que os seres humanos e animais não passam de meras máquinas, motivadas pelo instinto e pela experiência. "O corpo humano é uma máquina emaranhada em suas próprias engrenagens... a alma é apenas um princípio do movimento ou uma parte material e consciente do cérebro."[12]

A ideia de que os seres humanos são simplesmente máquinas motivadas pela matéria — engrenagens e rodas executando um conjunto de funções — insinuava que não éramos especiais, tampouco únicos. Insinuava também que talvez fossemos programáveis. Caso isso fosse verdade, e se já tivéssemos chegado até o ponto de conseguir criar patos realistas e monges pequeninos, então mais dia, menos dia, os humanos poderiam criar réplicas de si mesmos — e construir uma variedade de máquinas inteligentes e pensantes.

Poderia uma Máquina Pensante Ser Criada?

Na década de 1830, matemáticos, engenheiros e cientistas começaram a fazer experiências, na esperança de construir máquinas capazes de fazer os mesmos cálculos que os "computadores" humanos. A matemática britânica Ada Lovelace e o cientista Charles Babbage inventaram uma máquina chamada "Máquina Diferencial" e depois apresentaram como base teórica uma "Máquina Analítica" mais avançada, que seguia uma série de instruções predeterminadas para resolver problemas matemáticos. Babbage nem sequer imaginara que a máquina pudesse fazer outras coisas além de calcular números. Foi Ada quem, nas notas de rodapé de um artigo científico que estava traduzindo, apresentou inteligentemente um assunto novo ao especular que uma versão mais poderosa da máquina poderia ser usada de outras maneiras.[13] Se a máquina pudesse manipular símbolos, que pudessem ser atribuídos a coisas diferentes (como notas musicais), então poderia ser usada para "pensar" além da matemática. Apesar de Ada não acreditar que um computador pudesse criar pensamentos inéditos, ela imaginara um sistema complexo que poderia seguir instruções e, desse modo, simular muito do que as pessoas normais faziam. À época, isso não teve a menor relevância para algumas pessoas, mas Ada havia escrito o primeiro programa de computador completo para uma futura máquina poderosa — décadas antes da invenção da lâmpada.

Cento e sessenta quilômetros ao Norte de onde Ada e Babbage trabalhavam, na Universidade de Cambridge, um jovem matemático autodidata chamado George Boole estava caminhando por um campo em Doncaster e teve uma súbita epifania, decidindo dedicar sua vida a explicar a lógica do pensamento humano.[14] Os frutos desta caminhada são o que hoje conhecemos como álgebra booleana, um modo de simplificar expressões lógicas (por exemplo, "AND", "OR" e "NOT") utilizando símbolos e números. Por exemplo, os valores computacionais "true *e* true" resultariam em "true", o que corresponderia a switches físicos e portas em um computador. Demoraria duas décadas para que Boole oficializasse suas ideias. E seria necessário outros 100 anos para alguém perceber que a lógica e a probabilidade booleanas poderiam ajudar os computadores a evoluir da automação da matemática básica para máquinas pensantes e mais complexas. Não havia como construir uma máquina pensante — os processos, os materiais e o processamento ainda não estavam disponíveis — e, portanto, a teoria não poderia ser testada.

O avanço das teorias das máquinas pensantes para computadores que começaram a imitar o pensamento humano aconteceu na década de 1930 com a publicação de dois artigos precursores: "A Symbolic Analysis of Switching and Relay Circuits" [Uma Análise Representativa da Comutação de Circuitos e Circuitos de Relé, em tradução livre], de Claude Shannon, e "On Computable Numbers, with an Application to the *Entscheidungsproblem*" [Sobre Cálculos Computacionais, com a Aplicação do *Entscheidungsproblem,* em tradução livre], de Alan Turing. Como estudante de engenharia elétrica no MIT, Shannon fez um curso opcional de filosofia — uma distração peculiar. Seu livro *Uma Investigação das Leis do Pensamento* se tornou a principal referência para a tese de Shannon. O orientador de Shannon, Vannevar Bush, o incentivou a sistematizar a lógica booleana em circuitos físicos. Bush construíra uma versão avançada da Máquina Analítica de Ada e Babbage — seu protótipo se chamava "Analisador Diferencial" — e seu design era deveras improvisado. Naquela época, não existia uma teoria estruturada que estabelecesse a disposição de circuitos elétricos. A inovação de Shannon fora sistematizar os circuitos elétricos de acordo com a lógica simbólica booleana e, em seguida, explicar como ela poderia ser usada para criar um circuito de trabalho que somasse 1s e 0s. Shannon havia descoberto que os computadores tinham duas camadas: física (o contêiner) e lógica (o código).

À medida que Shannon trabalhava para integrar a lógica booleana em circuitos físicos, Turing testava o tradutor de linguagem universal de Leibniz que simbolizaria todo o conhecimento matemático e científico. O objetivo de Turing era provar o chamado *Entscheidungsproblem* ou "problema de decisão". Grosso modo, o problema era o seguinte: não existe nenhum algoritmo que determine se uma declaração matemática arbitrária é verdadeira ou falsa. A resposta seria negativa. Turing conseguiu comprovar que não existe algoritmo, mas, como subproduto, descobrira um modelo matemático de uma máquina computacional universal.[15]

E isso mudaria tudo. Turing descobriu que um programa e os dados usados poderiam ser armazenados dentro de um computador — mais uma vez, era uma tese arrojada para 1930. Até aquele ponto, todos concordaram que a máquina, o programa e os dados eram independentes. Pela primeira vez, a máquina universal de Turing explicou por que todos os três estavam interligados. Da perspectiva mecânica, a lógica que operava os circuitos e comutadores também poderia ser codificada em programa e dados. Pense no significado de tais afirmações. O contêiner, o programa e os dados faziam parte de uma entidade única — não muito diferente dos humanos. Nós também somos contêineres (nossos corpos), programas (funções celulares autônomas) e dados (nosso DNA combinado com informações sensoriais indiretas e diretas).

Neste meio-tempo, aquela tradição de longa data de autômatos, que começara 400 anos antes com o pequeno monge que caminhava e rezava, finalmente se cruzou com o caminho do trabalho de Turing e Shannon. A empresa norte-americana de manufatura Westinghouse construiu um robô baseado em relé chamado Elektro, o Moto-Man, para a Feira Mundial de 1939. Era um gigante de cor dourada com rodas sob os pés, que tinha 48 relés elétricos que funcionavam em um sistema telefônico de transmissão. O Elektro respondia por meio de mensagens pré-gravadas em um toca-discos a comandos de voz falados via telefone. Era um computador antropomorfizado capaz de tomar decisões básicas — como o que dizer — sem envolvimento humano direto e em tempo real.

A julgar pelas manchetes dos jornais, contos de ficção científica e noticiários daquela época, fica claro que as pessoas foram pegas de surpresa, gerando espanto e preocupação com todos esses avanços. Para elas, parecia que as "máquinas pensantes" supercapacitadas simplesmente haviam chegado da noite para o dia. O escritor de ficção científica Isaac Asimov publicou "Mentiroso!", um conto profético na edição de maio de 1941 da *Astounding Science Fiction*. Era uma reação à pesquisa pouco aceita que ele estava estudando e, a partir dela, ele apresentou suas Três Leis da Robótica:

1. Um robô não pode machucar um ser humano ou, por omissão, permitir que um ser humano sofra algum mal;
2. um robô deve obedecer às ordens que lhe são dadas por seres humanos, exceto nos casos em que essas ordens entrem em conflito com a Primeira Lei; e
3. um robô deve proteger sua própria existência desde que essa proteção não entre em conflito com a Primeira e/ou a Segunda Lei.

Posteriormente, Asimov acrescentou o que chamou de "Lei Zeroth" para governar todos os outros: "Um robô não pode prejudicar a humanidade ou, por omissão, permitir que a humanidade sofra algum prejuízo."

Mas Poderia uma Máquina Pensante Pensar?

Em 1943, os pesquisadores em psiquiatria Warren McCulloch e Walter Pitts da Universidade de Chicago publicaram um importante artigo, "Logical Calculus of the Ideas Immanent in Nervous Activity" [Cálculos Aritméticos de Ideias Inerentes à Atividade Nervosa, em tradução livre], que descrevia um novo tipo de sistema que modelava neurônios biológicos em uma arquitetura de rede neural simples para inteligência. Se os contêineres, programas e dados estivessem interconectados, como argumentara Turing, e se os seres humanos fossem contêineres sofisticadamente modelados de forma semelhante e capazes de processar dados, logo talvez fosse possível construir uma máquina pensante caso o modelo usasse a parte humana responsável pelo pensamento — nossos cérebros. Eles estabeleceram os princípios básicos de uma teoria computacional moderna da mente e do cérebro, uma "rede neural". Em vez de focar a máquina como hardware e o programa como software, eles imaginaram um tipo novo de sistema simbiótico capaz de devorar grandes quantidades de dados, assim como nós, humanos. Os computadores ainda nem eram poderosos o bastante para testar essa teoria — mas esse artigo serviu de inspiração às outras pessoas para começar a trabalhar rumo a um novo tipo de sistema inteligente de computador.

O elo entre os sistemas inteligentes de computadores e a tomada de decisões autônoma ficou mais claro quando John von Neumann, o erudito húngaro-americano especializado em ciência da computação, física e matemática, publicou um grande tratado de matemática aplicada. Escrito em parceria com o economista de Princeton Oskar Morgenstern, em 1944, o livro de 641 páginas explicava, em detalhes minuciosos, como a ciência da teoria dos jogos descortinava os alicerces de todas as decisões econômicas. Foi esse trabalho que levou von Neumann a colaborar com o Exército dos EUA, que vinha trabalhando em um tipo novo de computador elétrico chamado de Electronic Numerical Integrator and Computer [Computador Integrador Numérico Eletrônico, em tradução livre], ou ENIAC, abreviado. A princípio, as instruções que alimentavam o ENIAC eram conectadas diretamente ao sistema, o que significava que, a cada programa novo, todo o sistema teria que ser reconectado. Inspirado por Turing, McCulloch e Pitts, von Neumann desenvolveu uma maneira de armazenar programas no próprio computador. Isso representou a transição da primeira era da computação (tabulação) para uma nova era de sistemas programáveis.

Agora, o próprio Turing trabalhava em um conceito para uma rede neural composta de computadores com arquitetura de máquina para armazenagem de programas. Em 1949, *The London Times* citou Turing "Não vejo por que (a máquina) não deve entrar em nenhum dos campos normalmente contemplados pelo intelecto humano e, em algum momento, competir em igualdade de condições. Não acho nem que você tenha que estabelecer algum limite em relação aos sonetos, ainda que a comparação seja talvez um pouco injusta, pois um soneto escrito por uma máquina será mais admirado por outra máquina". Um ano depois, em um artigo publicado no periódico de filosofia *Mind,* Turing abordou as questões levantadas por Hobbes, Descartes, Hume e Leibniz. No artigo, ele propôs uma tese e um teste: se algum dia um computador conseguir responder a perguntas de maneira indistinguível dos seres humanos, então ele deve estar "pensando". É bem provável que você já tenha ouvido falar deste artigo por outro nome: o teste de Turing.

O artigo começou com uma pergunta, famosa nos dias de hoje, feita e respondida por muitos filósofos, teólogos, matemáticos e cientistas antes dele: "As máquinas podem pensar?" Mas Turing, ciente do debate secular a respeito da mente e da máquina, descartou a questão como abrangente demais para empreender uma discussão significativa. "Máquina" e "pensar" eram palavras ambíguas, com muito espaço para interpretações subjetivas. (Afinal, 400 anos de documentos e livros já haviam sido escritos sobre o significado dessas palavras.)

O Jogo da Imitação tinha como premissa o engano e "ganhava" quando um computador se passava com sucesso por um humano. O teste é assim: há uma pessoa, uma máquina e, em uma sala separada, um interrogador. O objetivo do jogo é que o interrogador descubra quais respostas vêm da pessoa e quais são oriundas da máquina. No início do jogo, o interrogador recebe rótulos, X e Y, mas não sabe qual se refere ao computador, e só se permite fazer perguntas como "X, por favor me responda se X joga xadrez?" No final do jogo, o interrogador tem que descobrir quem era X e quem era Y. O trabalho da outra pessoa é ajudar o interrogador a identificar a máquina, e o trabalho da máquina é enganar o interrogador, fazendo-o acreditar que a máquina é outra pessoa. Sobre o jogo, Turing escreveu: "Acredito que em cerca de 50 anos será possível programar computadores com uma capacidade de armazenamento em torno de 10^9, a fim de fazê-los jogar tão bem o Jogo da Imitação que um interrogador normal não terá mais que 70% de chance de fazer a identificação correta após cinco minutos de perguntas."[16]

No entanto, Turing era um cientista e sabia que sua teoria não poderia ser provada, pelo menos não durante sua vida. Acontece que o problema não estava na falta de evidências empíricas de Turing, provando que as máquinas um dia pensariam, e tampouco no tempo — Turing afirmara que provavelmente levaria até o final do século XX para ser possível executar o seu teste. "Podemos esperar que as máquinas acabem por competir com os homens em todos os campos estritamente intelectuais", escreveu Turing. O problema real era dar o salto necessário para se convencer de que as máquinas poderiam algum dia ver, raciocinar e lembrar — e que os humanos poderiam dificultar esse progresso. Isso exigiria que seus colegas pesquisadores estudassem a cognição sem o espiritualismo e acreditassem na verossimilhança das máquinas inteligentes que, diferentemente das pessoas, tomariam decisões de maneira não consciente.

A Era de Ouro e o Inverno da IA

Em 1955, os docentes Marvin Minsky (matemática e neurologia) e John McCarthy (matemática), junto com Claude Shannon (matemático e criptógrafo da Bell Labs) e Nathaniel Rochester (cientista da computação da IBM), propuseram um seminário de dois meses a fim de explorar o trabalho de Turing e a promessa de aprendizado de máquina. A teoria deles: caso fosse possível descrever cada característica da inteligência humana, logo se poderia ensinar uma máquina a simulá-la.[17] Mas isso exigira um grupo amplo e diversificado de especialistas em muitos campos diferentes. Eles acreditavam que um avanço substancial poderia ser feito caso reunissem um grupo interdisciplinar de pesquisadores que trabalhassem arduamente, sem interrupções, durante o verão.

A organização do grupo era de suma importância. Esta seria uma rede de engenheiros, cientistas sociais, cientistas da computação, psicólogos, matemáticos, físicos e especialistas cognitivos que questionariam e responderiam a perguntas fundamentais sobre o que significa "pensar", como nossas "mentes" funcionam e como ensinar as máquinas a aprender da mesma forma que nós, humanos, aprendemos. O objetivo era que esta rede heterogênea continuasse a colaborar na pesquisa e na construção desse campo novo visando o futuro. Como seria um novo tipo de abordagem interdisciplinar para a construção de máquinas que pensam, eles precisavam de um nome novo para descrever suas atividades. Eles chegaram a algo ambíguo, porém sofisticado: *inteligência artificial*.

McCarthy elaborou uma lista preliminar de 47 especialistas que ele acreditava que precisassem estar presentes para construir a rede de pessoas e estabelecer as bases para toda a pesquisa e prototipagem que se seguiria. Foi um processo estressante identificar as principais vozes que sem dúvidas tinham que estar na sala enquanto a IA estava sendo idealizada e construída para valer. Minsky, em especial, estava preocupado com o fato de que a reunião não poderia ouvir duas vozes cruciais — Turing, que morrera dois anos antes, e von Neumann, que estava nos estágios finais de um câncer terminal.[18]

No entanto, apesar do empenho hercúleo deles para organizar um grupo diversificado com a melhor combinação possível de habilidades complementares, eles tinham um ponto fraco gritante. Todas as pessoas da lista eram brancas, embora houvesse muitas pessoas com outras tonalidades de pele, criativas e brilhantes trabalhando nos mesmos campos que McCarthy e Minsky queriam reunir. Aqueles que elaboraram a lista vinham das grandes gigantes tecnológicas da época (IBM, Bell Labs) ou de meia dúzia de universidades. Ainda que já houvesse muitas mulheres excepcionais contribuindo significativamente nos campos de engenharia, ciência da computação, matemática e física, elas foram excluídas.[19] Os convidados eram todos homens, exceto pela esposa de Marvin Minsky, Gloria. Sem a consciência de seus próprios preconceitos, esses cientistas — na esperança de compreender como a mente humana funcionava, como pensávamos e como as máquinas poderiam aprender com toda a humanidade — limitaram radicalmente seu manancial de dados àqueles que se pareciam e soavam como eles.

No ano seguinte, o grupo se reuniu no último andar do departamento de matemática de Dartmouth e pesquisou a teoria da complexidade, a simulação da linguagem natural, as redes neurais, a relação da aleatoriedade com a criatividade e o aprendizado das máquinas. Nos dias de semana, eles se reuniam na sala de aula principal de matemática para discussões gerais, antes de voltarem para enfrentar suas tarefas específicas. Os docentes Allen Newell, Herbert Simon e Cliff Shaw sistematizaram uma maneira de encontrar provas de teoremas lógicos e simularam o processo manualmente — um programa que eles chamaram de Logic Theorist — em uma das reuniões gerais. Foi o primeiro programa a simular as habilidades de resolução de problemas de um ser humano. (Mais tarde, ele comprovaria 38 dos primeiros 52 teoremas de Alfred North Whitehead e o *Principia Mathematica* de Bertrand Russell, um texto padrão sobre os fundamentos da matemática.) Claude Shannon, que tinha sugerido muitos anos antes ensinar os computadores a jogar xadrez contra os humanos, teve a oportunidade de demonstrar um protótipo de seu programa, que ainda estava em construção.[20]

As expectativas de McCarthy e Minsky para avanços revolucionários em IA não se materializariam naquele verão em Dartmouth. Não houvera tempo suficiente — sem contar que não havia processamento computacional o bastante — para que a IA evoluísse da teoria à prática.[21] Ainda assim, aquele verão definiu as três práticas-chave que se tornariam os alicerces fundamentais da IA tal como a conhecemos hoje:

1. A IA seguiria uma linha teórica, seria construída, testada e promovida por grandes empresas de tecnologia e pesquisadores acadêmicos trabalhando juntos;

2. o desenvolvimento da IA exigia muito dinheiro, portanto seria necessário monetizar o trabalho de alguma forma — seja trabalhando por meio de parcerias com agências governamentais ou militares, ou construindo produtos e sistemas que pudessem ser vendidos — era necessário; e

3. o estudo e a construção da IA dependiam de uma rede de pesquisadores interdisciplinares, o que significava inaugurar um campo acadêmico novo a partir do zero. Significava também que as pessoas que estavam no campo tendiam a recrutar pessoas que já conheciam, o que mantinha a rede relativamente homogênea e restringia sua visão de mundo.

Naquele verão, aconteceu outra iniciativa interessante. Enquanto o grupo se uniu em torno da questão levantada por Turing — *As máquinas podem pensar?* — eles estavam divididos sobre a melhor abordagem para provar sua resposta, que era construir uma máquina de aprendizado. Alguns dos membros prefeririam uma abordagem biológica. Ou seja, eles acreditavam que as redes neurais poderiam ser usadas para insuflar na IA o senso comum e o raciocínio lógico — e, com isso, seria possível que as máquinas fossem geralmente inteligentes. Outros membros argumentaram que nunca seria possível criar uma réplica integral das estruturas do pensamento humano; portanto, eles preferiam uma abordagem de engenharia. Em vez de escrever os comandos para solucionar os problemas, um programa poderia ajudar o sistema a "aprender" a partir de um conjunto de dados. Ele faria previsões com base nestes dados e um supervisor humano verificaria as respostas — treinando e aprimorando o programa durante o processo. Desse modo, a definição estrita de "aprendizado de máquina" é aprender uma tarefa específica, como jogar damas.

O psicólogo Frank Rosenblatt, que estava no seminário de Dartmouth, queria modelar como o cérebro humano processava os dados visuais e, como resultado, aprenderia como reconhecer objetos. Com base na pesquisa daquele verão, Rosenblatt desenvolveu um sistema chamado Perceptron. A intenção dele era construir um programa de estrutura simples que respondesse ao feedback. Foi a primeira rede neural artificial (RNA) que operou criando conexões entre múltiplos elementos de processamento em um arranjo em camadas. Cada neurônio mecânico receberia diversas entradas de sinal diferentes e, em seguida, usaria um sistema matemático de soma ponderada para decidir qual sinal de saída gerar. Nessa estrutura paralela, vários processadores poderiam ser acessados de uma só vez — ou seja, não só era rápido, como também processava muitos dados sem parar.

Veja por que isso foi indispensável: embora não significasse necessariamente que um computador pudesse "pensar", isso *mostrava* como ensinar um computador a aprender. Nós, humanos, aprendemos por meio de tentativa e erro. Tocar escala de Dó menor no piano requer tocar as teclas certas na sequência adequada. No início, nossos dedos, orelhas e olhos não têm o padrão correto memorizado, mas, se praticarmos — repetindo a escala de novo e de novo, corrigindo sempre —, acabamos conseguindo. Quando eu tinha aulas de piano e embaralhava as escalas, minha professora me corrigia; mas, quando eu conseguia tocar, ganhava um adesivo. O adesivo reforçava que eu tomara as decisões certas enquanto tocava. Acontece o mesmo com a rede neural de Rosenblatt. O sistema aprendeu a otimizar sua resposta executando as mesmas funções milhares de vezes, e se lembraria do que aprendeu e aplicaria esse conhecimento em problemas futuros. Ele treinaria o sistema empregando uma técnica chamada "propagação reversa". Durante a fase inicial de treinamento, um humano avaliaria se a RNA tomou a decisão correta. Se fosse o caso, o processo era reforçado. Caso contrário, eram feitos ajustes no sistema de soma ponderada e outro teste era administrado.

Nos anos subsequentes ao seminário, houve um progresso considerável no tocante aos problemas complicados para os seres humanos, como o uso da inteligência artificial para resolver teoremas matemáticos, ainda que treinar IA para fazer coisas que vinham naturalmente — como reconhecer a fala — continuasse um desafio complicado sem solução imediata. Antes de começar o trabalho de IA, a mente sempre fora vista como uma caixa-preta. As informações entravam e uma resposta saia, sem existir ao menos um meio de estudar este processo. Os primeiros filósofos, matemáticos e cientistas afirmavam que isso era obra do design divino, mas os cientistas da era moderna sabiam que era o resultado de milhares de anos de evolução. Fora somente na década de 1950, e no verão em Dartmouth, que os pesquisadores acreditaram que poderiam abrir a caixa-preta (pelo menos, em teoria) e estudar a cognição. E, então, ensinar os computadores a imitar nosso comportamento de estímulo e resposta.

Até então, os computadores tinham ferramentas para automatizar a tabulação. A primeira era da computação, representada por máquinas capazes de calcular números, estava dando lugar a uma segunda era de computadores programáveis. Eram sistemas mais rápidos e mais leves, com memória o bastante para armazenar conjuntos de instruções dentro dos computadores. Agora, os programas poderiam ser armazenados *in loco* e, o mais importante, escritos em inglês, em vez de códigos complicados de uma máquina. Estava ficando claro que não precisávamos de autômatos ou contêineres humanos para que as aplicações de IA fossem úteis. A IA poderia ser alojada em uma caixa simples, sem quaisquer características humanas, e ainda ser extremamente útil.

O seminário de Dartmouth influenciou o matemático britânico I. J. Good a escrever sobre "uma máquina ultrainteligente" que poderia desenvolver máquinas bem melhores do que nós. No futuro, isso ocasionaria uma "explosão de inteligência, e a inteligência do homem ficaria muito para trás. Portanto, a primeira máquina ultrainteligente seria a última invenção do homem".[22]

Agora, uma mulher finalmente entrava para o clube — pelo menos, em tese. No MIT, o cientista de computação Joseph Weizenbaum escrevera anteriormente um sistema de IA chamado ELIZA, um programa de bate-papo nomeado em homenagem à personagem ingênua da peça teatral *Pigmaleão*[23] de George Bernard Shaw. Era um avanço importante para as redes neurais e para a inteligência artificial porque era uma tentativa inicial de processamento de linguagem natural, e o programa teve acesso a muitos scripts prescritos a fim de que conversasse com pessoas reais. O script mais famoso se chamava DOCTOR,[24] e simulava um psicólogo compreensivo que usava o reconhecimento de padrões para dar respostas bem parecidas com as respostas humanas.

O seminário de Dartmouth despertara interesse internacional, assim como seus pesquisadores, que inesperadamente se viram no centro das atenções. Eles eram astros do rock esquisitões, dando às pessoas comuns um vislumbre de uma nova visão fantástica do futuro. Você se lembra de Rosenblatt, o psicólogo que criou a primeira rede neural? Ele afirmara ao *Chicago Tribune* que, em breve, máquinas não teriam apenas programas ELIZA capazes de poucas centenas de respostas, mas que os computadores seriam capazes de ouvir reuniões e transcrevê-las "como um secretário". Sua promessa não era somente o maior "dispositivo de pensamento" já visto, mas também um que estaria operacional dentro de alguns meses.[25]

Mas e Simon e Newell, que construíram o Logic Theorist? Eles começaram a fazer previsões ousadas sobre a IA, dizendo que dentro de dez anos — *ou seja, em 1967* — os computadores seriam capazes de:

- vencer todos os grandes mestres de xadrez e serem os campeões mundiais;
- descobrir e revelar um novo teorema matemático importante; e
- compor o tipo de música que até mesmo os críticos mais ferrenhos gostariam.[26]

Enquanto isso, Minsky prevera que uma máquina inteligente poderia fazer muito mais do que ouvir textos ditados, jogar xadrez ou compor música. Ele alegava que, durante a sua vida, as máquinas conquistariam a inteligência artificial — isto é, os computadores seriam capazes de produzir pensamentos complexos, se expressar por meio da linguagem e fazer escolhas.[27]

Os pesquisadores do seminário de Dartmouth escreveram artigos e livros, e foram entrevistados pela televisão, rádios, jornais e revistas. Mas a ciência era difícil de explicar e, por isso, muitas vezes, as explicações eram distorcidas e as citações ficavam fora do contexto. Deixando os prognósticos extravagantes de lado, as expectativas do público em relação à inteligência artificial ficariam cada vez mais fantasiosas, em parte porque a história era noticiada de forma duvidosa. Por exemplo, a revista *Life* afirmara que Minsky disse: "Em um período de três a oito anos teremos uma máquina com a inteligência média de um ser humano normal. Quero dizer, uma máquina que conseguirá ler Shakespeare, trocar o óleo de um carro, fazer o joguinho político da empresa, contar uma piada e brigar."[28] Nesta mesma matéria, o jornalista se refere a Alan Turing como "Ronald Turing". Minsky, visivelmente entusiasmado, estava se comportando de forma descarada e não quis dizer em momento algum que robôs ambulantes e falantes estavam próximos de se tornar realidade. Porém, sem contexto e explicação, a opinião pública sobre a IA começou a se deturpar.

E a coisa só piorou quando, em 1968, Arthur Clarke e Stanley Kubrick decidiram fazer um filme sobre o futuro das máquinas com a inteligência média de uma pessoa comum. A história que eles queriam contar falava sobre a origem dos seres humanos e das máquinas pensantes — e eles pediram os conselhos de

Minsky. Se você ainda não adivinhou, é um filme conhecido, *2001: Uma Odisseia no Espaço,* que gira em torno de uma IA chamada HAL 9000. Ela aprendeu a criatividade e o senso de humor de seus criadores — e ameaçava matar qualquer um que quisesse desligá-la. Minsky até deu nome a um dos personagens, Victor Kaminski.

É justo dizer que, em meados da década de 1960, a IA entrou para o rol do *zeitgeist* e o futuro era alvo de um verdadeiro fetiche por parte das pessoas. As expectativas para o sucesso comercial da IA também cresciam, devido a um artigo publicado em uma revista especializada, e desconhecida, sobre a indústria do rádio. Com o título "Cramming More Components onto Integrated Circuits" [Estudo Aprofundado sobre os Componentes nos Circuitos Integrados, em tradução livre], a matéria escrita pelo cofundador da Intel, Gordon Moore, apresentou a teoria de que a densidade dos transistores que poderiam ser inseridos em uma placa de circuito integrado pelo mesmo preço dobraria a cada 18/24 meses. Esta ideia ousada ficou conhecida como a Lei de Moore e, desde o princípio, sua tese parecia estar no caminho certo. Os computadores se tornavam cada vez mais poderosos e capazes de executar uma infinidade de tarefas, e não estavam limitados à resolução de problemas matemáticos. Isso alimentava a comunidade de IA, pois significava que suas teorias poderiam seriamente ser testadas em breve. Isso também levantou a possibilidade fascinante de que os processadores de IA feitos pelo homem pudessem, em última instância, ultrapassar o processamento da mente humana, que tem uma capacidade de armazenamento biologicamente limitada.

Tamanho exagero, por conta desta matéria, mobilizou investimentos enormes em IA — ainda que aqueles que não faziam parte da rede de Dartmouth não entendessem bem o que a IA de fato era. Ainda não existiam produtos para mostrar e não havia meios de fazer o escalonamento de redes neurais e de toda a tecnologia necessária. Como agora as pessoas acreditavam na *possibilidade* de máquinas pensantes, isso foi o bastante para assegurar investimentos corporativos e governamentais significativos. Por exemplo, o governo dos EUA financiou um programa de IA ambicioso para tradução de idiomas. Era o auge da Guerra Fria, e o governo queria um sistema de tradução instantânea para o russo, que fosse eficiente, preciso e reduzisse os custos. Ao que tudo indicava, o aprendizado de máquina poderia fornecer uma solução por meio de um programa de tradução. Uma colaboração entre o Instituto de Línguas e Linguística da Universidade de Georgetown e a IBM deu vida a um protótipo de sistema de tradução automática russo-inglês que se limitava a um vocabulário de 250 palavras e era especializado somente em química orgânica. A demonstração pública bem-sucedida levou muitas pessoas a tirar conclusões precipitadas, e a tradução automática apareceu na primeira página do *New York Times* — e em meia dúzia de outros jornais.

O dinheiro estava entrando — nas agências governamentais, nas universidades e nas grandes empresas de tecnologia — e, por algum tempo, parecia que ninguém fecharia a torneira. Apesar dessas matérias e protótipos, a IA fica um pouco abaixo das expectativas das promessas e das previsões. Conforme se constatou mais tarde, progredir de forma significativa era um desafio muito maior do que os percursores contemporâneos imaginavam.

Não tardou para que houvesse exigências a fim de investigar os usos reais e a implementação prática da IA. A Academia Nacional de Ciências dos Estados Unidos instituíra um comitê consultivo a pedido da Fundação Nacional de Ciências dos EUA, do Departamento de Defesa e da Agência Central de Inteligência (CIA). Eles identificaram pontos de vista conflitantes sobre a viabilidade da tradução de idiomas estrangeiros com tecnologia de IA e concluíram que "não houve tradução automática de textos científicos como um todo e a possibilidade de uso imediato estava longe de ocorrer".[29] Um relatório posterior, elaborado para o Conselho Britânico de Pesquisas Científicas, afirmou que os principais pesquisadores haviam exagerado no progresso da IA e mostrava uma previsão pessimista para todas as áreas fundamentais de pesquisa no campo. James Lighthill, um matemático aplicado britânico em Cambridge, foi o principal autor do relatório; ele criticava duramente as primeiras técnicas de IA — ensinar um computador a jogar damas, por exemplo —, que jamais se desenvolveriam para a resolução de grandes problemas do mundo real.[30]

Na sequência dos relatórios, as autoridades escolhidas nos EUA e no Reino Unido demandavam respostas para uma pergunta nova: por que estamos financiando as ideias malucas dos cientistas teóricos? O governo dos EUA, incluindo a DARPA, suspendeu o financiamento para projetos de tradução automática. As empresas mudaram suas prioridades de pesquisa básica aprofundada em IA para programas de uso imediato que poderiam solucionar problemas. Se os primeiros anos após o seminário de Dartmouth foram caracterizados por grandes expectativas e otimismo, as décadas que se seguiram após esses relatórios inflexíveis ficaram conhecidas como inverno da IA. As fontes de financiamento secaram, os estudantes passaram para outros campos de estudo e o progresso de repente estacionou.

Até mesmo McCarthy se tornou muito conservador em suas previsões. "Os seres humanos podem fazer esse tipo de coisa de forma mais fácil porque faz parte de nós", disse ele.[31] Porém temos mais dificuldade em compreender como entendemos a linguagem — os processos físicos e cognitivos que fazem com que o reconhecimento da linguagem seja possível. McCarthy gostava de ilustrar uma gaiola para explicar o desafio do avanço da IA. Digamos que eu lhe pedisse para construir uma gaiola e não lhe desse nenhum outro parâmetro. Você provavelmente construiria uma gaiola com uma parte superior, inferior e com as laterais. Caso eu lhe desse algumas informações adicionais — a ave é um pinguim — logo, você poderia não colocar uma parte superior na gaiola. Portanto, a gaiola requerer uma parte superior ou não depende de algumas coisas: a informação que eu lhe dei e todas as associações que você já tem com a palavra "ave", como o fato de que a maioria delas voa. Nós partimos do princípio de algumas suposições e do contexto. Para que uma IA respondesse do mesmo jeito que respondemos, mais informações e instruções explícitas seriam exigidas.[32] O inverno da IA persistiria por mais de três de décadas.[33]

O que Viria a Seguir: Aprendendo a Jogar Jogos

Embora os financiamentos tenham congelado, muitos dos pesquisadores de Dartmouth prosseguiram com o trabalho em IA — e continuaram ensinando a novos alunos. Neste meio-tempo, a lei de Moore continuava a acertar em cheio, e os computadores se tornaram cada vez mais poderosos.

Na década de 1980, alguns desses pesquisadores descobriram como comercializar elementos da IA — e agora existia poder computacional suficiente e uma rede de pesquisadores em crescimento que estavam descobrindo viabilidade comercial em seu trabalho. Isso reacendeu a chama do interesse e, o mais importante, o fluxo de dinheiro para a IA. Em 1981, o Japão anunciou um projeto de dez anos para desenvolver uma IA chamada Fifth Generation, estimulando o governo dos EUA a fundar a Microelectronics and Computer Technology Corporation, um consórcio econômico-financeiro de pesquisa arquitetado para garantir a competitividade nacional. No Reino Unido, o financiamento que havia sido congelado no decurso do relatório inflexível sobre o progresso da IA por James Lighthill foi retomado. Entre 1980 e 1988, a indústria de IA cresceu exponencialmente de alguns milhões de dólares para bilhões.

Computadores mais rápidos, dotados de memória, podiam agora processar dados com mais eficácia, e o foco era a replicação dos processos de tomada de decisões de especialistas humanos, em vez de construir máquinas para tudo quanto é uso, como a fictícia HAL 9000. Esses sistemas estavam focados principalmente no uso de redes neurais para tarefas específicas, como jogos, e durante os anos 1990 e início dos anos 2000 houve alguns sucessos emocionantes. Em 1994, uma IA chamada CHINOOK jogou seis partidas de damas contra o campeão mundial Marlon Tinsley (todas terminadas empatadas). CHINOOK venceu quando Tinsley se retirou do jogo e renunciou o título do campeonato.[34] Em 1997, o supercomputador Deep Blue da IBM venceu o campeão mundial de xadrez Garry Kasparov, que sucumbiu ao estresse de um jogo de seis partidas contra um adversário aparentemente invencível. Em 2004, Ken Jennings venceu, feito estatisticamente improvável, 74 jogos consecutivos do *Jeopardy!*, estabelecendo um novo recorde mundial que na época entrou para o Guiness com o maior número de prêmios em dinheiro já conquistados em um game show. Então, quando ele aceitou participar do jogo contra o Watson da IBM em 2011, ele tinha confiança de que ganharia. Jennings fez aulas de IA e concluiu que a tecnologia não era avançada o bastante para fazer sentido em relação ao contexto, à semântica e ao jogo de palavras. Watson venceu Jennings esmagadoramente, que começou a perder a confiança no início do jogo.

O que sabíamos em 2011 era que a IA superava o desempenho humano durante determinadas tarefas de raciocínio porque ela podia acessar e processar quantidades colossais de informação sem sucumbir ao estresse. A IA poderia identificar o estresse, mas não tinha que lutar contra um sistema endócrino.

Até a data, o antigo jogo de tabuleiro Go fora o clímax para os pesquisadores de IA, pois poderia ser jogado usando somente estratégia convencional. Go é um jogo que se originou na China há mais de 3 mil anos e é jogado usando regras simples: dois jogadores se revezam colocando pedras brancas e pretas em um tabuleiro vazio. As pedras podem ser capturadas quando todas as interseções diretamente adjacentes a ela são ocupadas por pedras do oponente ou quando não há outros espaços abertos ou "liberdades". O objetivo é cercar o território no tabuleiro, mas isso exige psicologia e uma compreensão perspicaz do estado de espírito do oponente.

No Go, o tamanho tradicional do tabuleiro tem 19 linhas horizontais e 19 linhas verticais. Ao contrário de outros jogos, como o xadrez, as pedras do Go têm o mesmo valor relativo. Entre os dois jogadores, há 181 pedras pretas e 180 pedras brancas (a preta sempre é a primeira, por isso o número ímpar). No xadrez — que usa peças com diferentes valores —, o jogador com as peças brancas tem 20 movimentos possíveis e, em seguida, o jogador com as peças pretas tem 20 movimentos possíveis. Após a primeira jogada no xadrez, existem 400 posições possíveis no tabuleiro. Mas, no Go, existem 361 jogadas iniciais possíveis, uma em cada intersecção do que é basicamente um tabuleiro vazio. Após a primeira rodada de movimentos de cada jogador, existem 128.960 jogadas possíveis. No total, existem 10^{170} formações possíveis de tabuleiro — isso é mais do que todos os átomos conhecidos do Universo. Com tantas posições possíveis e movimentos em potencial, não existe uma estratégia definida para o jogo, como em damas e xadrez. Em vez disso, os grandes jogadores de Go confiam em cenários: se a adversária joga em um lugar específico, logo quais são os resultados possíveis, plausíveis e prováveis, dada sua personalidade, sua paciência e seu estado de espírito em geral?

Como o xadrez, o Go é um jogo perfeito de informação determinista, em que não existe um elemento do acaso secreto ou óbvio. Com o intuito de vencer, os jogadores precisam manter o equilíbrio emocional e devem se tornar mestres na arte da sutileza humana. No xadrez, é possível calcular a probabilidade dos movimentos futuros de um jogador; uma torre só pode se mover vertical ou horizontalmente pelo tabuleiro, o que restringe os movimentos em potencial. Sendo assim, é mais fácil entender quem está ganhando uma partida de xadrez bem antes de qualquer peça ser capturada ou um rei ser encurralado em um xeque-mate. Isso não acontece no Go. Às vezes, é necessário que um mestre Go de alta patente analise o que está acontecendo em um jogo e avalie quem está ganhando em determinado momento. A complexidade do Go o tornou o jogo favorito entre os imperadores, matemáticos e físicos — e é a razão pela qual os pesquisadores de IA sempre foram fascinados por ensinar as máquinas a jogar Go.

O Go sempre se mostrou um desafio considerável para os pesquisadores de IA. À medida que um computador fosse programado para aprender as regras, por que não programar regras para conhecer as características humanas do adversário? Ninguém jamais conseguiu conceber um algoritmo forte o suficiente para lidar com as complexidades excêntricas do jogo. Em 1971, o primeiro programa criado pelo cientista da computação Jon Ryder operava de uma perspetiva técnica, mas perdeu para um iniciante. Em 1987, um programa de computador mais poderoso chamado Nemesis competiu contra um humano pela primeira vez em um torneio ao vivo. Em 1994, o programa conhecido como Go Intellect provou ser um jogador competente. Porém, mesmo com a vantagem significativa de um handicap, ele ainda perdeu todos os três jogos — contra crianças. Em todos esses casos, os computadores faziam movimentos de jogo incompreensíveis, jogavam na ofensiva ou calculavam mal o comportamento do adversário.

Em algum momento, no meio de todo esse trabalho, existia um grupo de pesquisadores que, mais uma vez, estavam participando de seminários em redes neurais, uma ideia promovida por Marvin Minsky e Frank Rosenblatt durante o primeiro seminário em Dartmouth. O cientista em cognição Geoff Hinton e os cientistas de computação Yann Lecun e Yoshua Bengio acreditavam que os sistemas baseados em redes neurais não somente teriam aplicações práticas importantíssimas — como detecção automática de fraudes para cartões de crédito e reconhecimento ótico automático de caracteres para leitura de documentos e inspeções bancárias — como também seriam a base para o que a inteligência artificial se transformaria.

Fora Hinton, um professor da Universidade de Toronto, que imaginou um novo tipo de rede neural, uma rede composta de múltiplas camadas que extrairiam informações diferentes até reconhecerem o que procuravam. A única maneira de coletar esse tipo de conhecimento em um sistema de inteligência artificial, pensou ele, era desenvolver algoritmos de aprendizagem que permitissem que os computadores aprendessem sozinhos. Em vez de ensiná-los a realizar bem uma única tarefa restritiva, as redes seriam construídas para treinarem a si próprias.

Essas novas redes neurais "profundas" (DNNs) exigiriam um tipo de aprendizado de máquina mais avançado — "aprendizado profundo" — para ensinar os computadores a realizar tarefas semelhantes às humanas, porém com menos (ou até sem) supervisão humana. Uma vantagem imediata: escalabilidade. Em uma rede neural, alguns neurônios fazem algumas escolhas — mas o número de escolhas possíveis pode aumentar exponencialmente com mais camadas. Em outras palavras: os humanos aprendem individualmente, mas a humanidade aprende coletivamente. Imagine uma grande rede neural profunda, aprendendo como um todo unificado — com a possibilidade de aumentar a velocidade, a eficiência e a economia de custos ao longo do tempo.

Outra vantagem era a liberação desses sistemas para aprender sozinhos, sem que estivessem limitados às nossas habilidades cognitivas e à imaginação humana. O cérebro humano tem limites metabólicos e químicos que restringem o poder de processamento dos computadores úmidos dentro de nossas cabeças. Não conseguimos evoluir de modo expressivo por conta própria, e a escala temporal de evolução existente não se adéqua às nossas atuais aspirações tecnológicas. A promessa de aprendizado profundo acelerou a própria evolução da inteligência, que de início envolveria somente os seres humanos.

Uma rede neural profunda receberia um conjunto básico de parâmetros sobre as informações de uma pessoa e, a partir disso, o sistema começaria a funcionar e a aprender sozinho por meio do reconhecimento de padrões utilizando muitas camadas de processamento. Para os pesquisadores, o interessante do aprendizado profundo é que, desde a sua concepção, as máquinas tomam decisões imprevisíveis. Elas pensam de formas que nós humanos nunca imaginamos — ou somos capazes de pensar — e isso é de vital importância ao tentar resolver grandes problemas para os quais nunca existiram soluções claras.

A comunidade de IA rechaçou as redes neurais profundas como se fossem delírios fantasiosos da cabeça de um cientista trabalhando à margem de um campo científico. A dúvida das pessoas aumentou ainda mais quando ficou claro que, como os processos de aprendizado profundo acontecem em paralelo, eles não seriam passíveis de observação pelos pesquisadores de IA em tempo real. Alguém teria que construir o sistema e confiar que as decisões tomadas por ele eram as certas.

Ganhando e Perdendo

Hinton seguiu trabalhando, participando de seminários e promovendo a ideia com seus alunos, assim como com Lecun e Bengio, e publicou artigos a partir de 2006. Em 2009, o laboratório de Hinton implementou as redes neurais profundas para reconhecimento da fala, e em um encontro ocasional com um pesquisador da Microsoft chamado Li Deng teve os indícios de que a tecnologia poderia ser testada de modo concreto. Deng, um especialista chinês em aprendizado de máquina profundo, era pioneiro no reconhecimento da fala usando o aprendizado profundo em grande escala. Em 2010, a técnica foi testada no Google. Apenas dois anos depois, as redes neurais profundas estavam sendo usadas em produtos comerciais. Caso tenha usado o Google Voice e seus serviços de transcrição, isso foi um aprendizado profundo, e a técnica se tornou a base para todos os assistentes digitais que usamos hoje. Siri, Google e Alexa da Amazon são todos alimentados por um aprendizado de máquina profundo. A comunidade de pesquisadores interdisciplinares da IA crescera bastante desde o verão de Dartmouth. Todavia, essas três práticas-chave — em que as grandes empresas de tecnologia e pesquisadores acadêmicos trabalhariam juntos seria impulsionada pelo sucesso comercial do progresso da IA, e a rede de pesquisadores tenderia a ser homogênea — ainda existia muita coisa em jogo.

Todos os progressos feitos nos Estados Unidos não passaram despercebidos em Pequim. A China tinha agora um ecossistema de IA nascente e em evolução, e o governo estadual estava incentivando os pesquisadores a publicar seus trabalhos. O número de artigos científicos sobre IA publicados por pesquisadores chineses mais do que dobrou entre 2010 e 2017.[35] Para dizer a verdade, os documentos e patentes não significam necessariamente que a pesquisa seria difundida de modo generalizado, porém era uma indicação prévia de como os líderes chineses estavam atentos ao progresso feito no Ocidente — ainda mais quando se tratava do jogo Go.

Em janeiro de 2014, o Google havia começado a investir de forma massiva em IA, mais de US$500 milhões para adquirir uma startup de aprendizado de máquina profundo chamada DeepMind e seus três fundadores, o neurocientista Demis Hassabis, a ex-criança prodígio do xadrez Shane Legg, pesquisador de aprendizado de máquina, e o empresário Mustafa Suleyman. Parte do atrativo da equipe: eles desenvolveram um programa chamado AlphaGo.

Em poucos meses, eles estavam prontos para testar o AlphaGo contra um jogador humano. Uma partida foi organizada entre a DeepMind e Fan Hui, um jogador Go profissional nascido na China e um dos melhores mestres Go da Europa. Como jogar Go em um computador não é exatamente o mesmo que jogar em um tabuleiro físico, foi decidido que os engenheiros da DeepMind colocariam as jogadas do computador no tabuleiro e passariam para o computador as jogadas de Hui.

Antes do jogo, Toby Manning, que era um dos responsáveis da British Go Association, jogou AlphaGo em uma rodada de testes — e perdeu por 17 pontos. Manning cometeu alguns erros, mas o programa também cometeu. Um pensamento inquietante passou pela cabeça dele: e se o AlphaGo estivesse apenas jogando de modo tradicional? Seria possível que o programa estivesse jogando de forma defensiva o bastante para apenas vencer Manning, em vez de derrotá-lo por completo?

Os jogadores sentaram-se à mesa, Fan Hui usando uma camisa de botões listrada e uma jaqueta de couro marrom, Manning no centro e o engenheiro do outro lado. O jogo começara. Hui abriu uma garrafa de água e examinou o tabuleiro. Como era o jogar das pedras pretas, era ele que começava. Durante as primeiras 50 jogadas, foi um jogo tranquilo — Hui estava claramente tentando identificar os pontos fortes e fracos do AlphaGo. Um deles era: a IA não jogaria de forma agressiva, a menos que tivesse perdendo. Foi um jogo apertado, e a AlphaGo venceu por pouco, apenas 1,5 ponto.

Hui usou essa informação no segundo jogo. Se o AlphaGo não fosse jogar de forma agressiva, Hui partiria para o ataque. Mas então o AlphaGo começou a jogar mais rapidamente. Hui mencionou que talvez ele precisasse de um pouco mais de tempo para pensar entre os intervalos. Na jogada 147, Hui tentou impedir o AlphaGo de reivindicar um grande território no centro do tabuleiro, mas a jogada não deu certo, e ele foi forçado a abdicar.

No terceiro jogo, as jogadas de Hui foram mais agressivas e o AlphaGo não deixou barato. Na metade do jogo, Hui fez uma jogada exagerada e catastrófica, que foi penalizada pelo AlphaGo e, em seguida, outro grande erro, que acabou definitivamente com o jogo. Abalado com a decepção, Hui teve que pedir licença e tomar um pouco de ar do lado de fora a fim de que pudesse recuperar sua compostura e terminar a partida. Mais uma vez, o estresse levara o melhor de um grande pensador humano — enquanto a IA estava imune para perseguir implacavelmente seu objetivo.

O AlphaGo — um programa de IA — havia vencido um jogador profissional de Go 5-0. E venceu analisando menos posições do que o Deep Blue da IBM por várias ordens de grandeza. Quando o AlphaGo venceu um ser humano, ele não sabia que estava jogando, o que significa um jogo ou por que os humanos gostam de jogar.

Hanjin Lee, o melhor jogador profissional da Coreia, analisou os jogos depois. Em uma declaração pública oficial, ele disse: "Minha impressão geral foi de que o AlphaGo parecia mais forte que Fan, mas não sei dizer quanto... talvez se torne ainda mais forte quando enfrentar um adversário mais forte."[36]

Concentrar-se nos jogos — isto é, vencer os seres humanos em competições diretas — determinou o sucesso usando um conjunto relativamente limitado de parâmetros. E isso nos leva a uma nova questão filosófica desconcertante para nossa era moderna da IA. A fim de que os sistemas de inteligência artificial vençam — para atingir as metas que criamos para eles — teriam os humanos que perder de um jeito banal e absoluto?

* * *

O AlphaGo continuou participando de torneios, superando todos os adversários com habilidades magistrais e desmoralizando a comunidade profissional de Go. Depois de vencer o campeão número 1 do mundo por 3-0, a DeepMind anunciou que estava retirando o sistema de IA da competição, dizendo que a equipe se dedicaria a um novo conjunto de desafios.[37] Em seguida, a equipe começou a trabalhar em uma maneira de aperfeiçoar o AlphaGo, de um sistema poderoso que poderia ser treinado para derrotar os notáveis jogadores de Go para um sistema que poderia se treinar por conta própria e se tornaria tão poderoso quanto, sem depender de humanos.

A primeira versão do AlphaGo exigia que os humanos participassem do jogo e um conjunto inicial de dados de 100 mil jogos Go para aprender a jogar. A próxima geração do sistema fora construída para aprender da estaca zero. Assim como um jogador humano iniciante no jogo, esta versão — chamada AlphaGo Zero — teria que aprender tudo do zero, totalmente por conta própria, sem uma biblioteca disponível de jogadas ou mesmo uma definição do que as peças faziam. O sistema não apenas tomaria decisões — que eram o resultado proveniente de cálculos e poderia ser explicitamente programado —, como efetuaria escolhas que tinham a ver com a capacidade crítica.[38] Isso significava que os arquitetos do DeepMind utilizavam uma enorme quantidade de processamento, mesmo que não percebessem. A partir deste processamento, o Zero aprenderia as condições, valores e motivações para tomar suas decisões e escolher durante o jogo.

Zero competiu contra ele mesmo, aprimorando e ajustando seus processos de tomada de decisão sozinho. Cada jogo começava com algumas jogadas aleatórias, e, a partir de cada vitória, Zero atualizava seu sistema e depois jogava novamente, otimizando o que aprendeu. Foram necessárias somente 70 horas de jogo para Zero ganhar o mesmo nível de dinamismo que o AlphaGo tinha quando derrotou os melhores jogadores do mundo.[39]

E então uma coisa interessante aconteceu. A equipe da DeepMind empregou sua técnica a uma segunda instância do AlphaGo Zero usando uma rede maior e deixou que a IA do programa se treinasse por 40 dias. O programa não apenas reencontrou a soma total de conhecimento do Go acumulada por humanos, como também derrotou a versão mais avançada do AlphaGo 90% do tempo — utilizando estratégias completamente novas. Isso indicava que Zero se tornara simultaneamente um aluno melhor do que os maiores mestres Go do mundo, além de um professor melhor do que os seres humanos, e não compreendemos por completo o que ele fez para ficar tão inteligente assim.[40] O quão inteligente? Talvez você esteja se perguntando. A força de um jogador Go é medida usando o chamado Rating Elo, que determina uma probabilidade de vitória/perda com base no desempenho anterior. Os grandes mestres e campeões do mundo costumam ter classificações perto de 3,5 mil. Zero tinha uma classificação de mais de 5 mil. Em comparação, aqueles campeões mundiais brilhantes jogavam como amadores, e seria estatisticamente improvável que qualquer jogador humano pudesse vencer o sistema da IA.

Uma condição possibilitou esse tipo de aprendizado. Ao não usar nenhum dado ou conhecimento humano, os criadores do Zero eliminaram as restrições do conhecimento humano em relação à inteligência artificial. Acabou que os seres humanos teriam freado o avanço do sistema. A proeza foi arquitetar um sistema que tivesse a capacidade de pensar de um jeito totalmente novo e de fazer suas próprias escolhas.⁴¹ Era um avanço repentino e intempestivo, que pressagiava um futuro em que os sistemas de IA poderiam examinar os diagnósticos de câncer, avaliar os dados climáticos e analisar a pobreza de formas não humanas — ocasionando descobertas que os pesquisadores humanos nunca seriam capazes.

Como Zero jogou contra si próprio, descobriu as estratégias Go que os humanos desenvolveram ao longo de mil anos — ou seja, ele aprendeu a pensar como os humanos que o criaram. Nos estágios iniciais, cometeu os mesmos erros, identificou os mesmos padrões e variações e enfrentou os mesmos obstáculos que nós. Porém, uma vez que Zero ficou poderoso o bastante, deixou de lado nossas jogadas humanas e começou a ter preferências.⁴² Depois que decolou por conta própria, desenvolveu estratégias criativas que ninguém jamais havia visto antes, sugerindo que talvez as máquinas *já estivessem pensando* de modos conhecidos e desconhecidos para nós.

Zero demonstrara também que os algoritmos agora conseguiam aprender sem a orientação humana, e nós, humanos, estávamos retardando o avanço dos sistemas de IA. Significava que, em um futuro próximo, as máquinas poderiam ser livres para solucionar problemas que nós, por conta própria, não poderíamos prever ou resolver.

Em dezembro de 2017, a equipe da DeepMind publicou um artigo mostrando que Zero conseguia aprender em geral — não apenas Go, mas outras informações. Por conta própria, o programa estava jogando outros jogos, como xadrez e *shoji* (um jogo japonês parecido com o xadrez), que são sem dúvida menos complexos, mas ainda exigem estratégia e criatividade. Mas agora Zero estava aprendendo muito mais rápido que antes e conseguiu desenvolver um poder sobre-humano incompreensível, com menos de 24 horas de jogo. Desde então, a equipe começou a trabalhar na aplicação das técnicas que desenvolveu para o Zero com o objetivo de construir uma "máquina de aprendizado para usos gerais", um conjunto de algoritmos adaptativos que simulam nossos próprios sistemas biológicos, capazes de serem treinados. Em vez de alimentar os sistemas de IA com uma quantidade gigante de informações e um conjunto de instruções sobre como isso pode ser consultado, a equipe ensina às máquinas como aprender. Ao contrário dos humanos, que podem ficar cansados, entediados ou distraídos quando estudam, as máquinas perseguem implacavelmente um objetivo a todo custo.

Por algumas razões, este foi um momento decisivo na longa história da IA. Em primeiro lugar, o sistema se comportou de maneiras imprevisíveis, tomando decisões que não faziam o menor sentido para seus criadores. E derrotou um jogador humano de modos que não poderiam ser reproduzidos nem compreendidos em sua totalidade. Estes fatos prenunciavam um futuro no qual a IA poderia construir seus próprios caminhos neurais e ganhar conhecimento que talvez nunca entendêssemos. Em segundo lugar, arquitetou dois percursos paralelos que, no momento, a IA está trilhando: a China, apreensiva, gasta dinheiro a rodo e consome pessoas para que seus produtos domésticos fiquem mais competitivos; ao passo que, nos Estados Unidos, nossas expectativas são de que produtos fantásticos de IA cheguem ao mercado em breve. A viabilidade das redes neurais profundas e do aprendizado profundo é o que está por trás do frenesi atual em relação à IA — sem mencionar a explosão repentina de financiamento nos EUA, e as declarações da China a respeito de seus planos para o futuro.

Como uma unidade operacional dentro da Alphabet (holding do Google), a DeepMind tem 700 funcionários, alguns dos quais são os responsáveis por desenvolver produtos comerciais o mais rápido possível. Em março de 2018, o negócio de nuvem do Google anunciou que estava vendendo um serviço de conversão de texto em fala da DeepMind por US$16 por cada milhão de caracteres de texto processado.[43] Um dos anúncios mais recentes da conferência de I/O 2018 do Google foi o Duplex, um assistente de voz que faz chamadas automaticamente em nome dos clientes e conversa com recepcionistas para realizar reservas em restaurantes ou em salas de reuniões, com direito a interjeições de dúvidas, receio, aprovação ou negação. Este produto usa o WaveNet, um programa de IA que gera TTS e que faz parte do DeepMind.[44]

Enquanto isso, um grupo de pesquisadores de IA de um outro departamento da Alphabet, chamado Google Brain, revelou que eles haviam desenvolvido uma IA capaz de gerar suas próprias IAs. (Entendeu agora?) O sistema, chamado AutoML, automatizou o design de modelos de aprendizado de máquina empregando uma técnica chamada "aprendizado por reforço". O AutoML funciona como se fosse uma espécie de "pai" — uma DNN superior responsável que decidiria criar redes de IA "crianças" para tarefas específicas e restritas. Sem ninguém lhe pedir, o AutoML gerou um filho chamado NASNet e o ensinou a reconhecer objetos como pessoas, carros, semáforos, bolsas e muito mais por meio de vídeos. Não sobrecarregada pelo estresse, ego, dúvida ou falta de autoconfiança — características encontradas até mesmo nos mais inteligentes cientistas da computação — a NASNet tinha uma taxa de precisão de 82,7% na previsão de imagens. Isso significava que o sistema infantil de IA estava superando os programadores humanos — incluindo aqueles que originalmente criaram seus pais.[45]

A grande maioria das equipes que arquiteta sistemas projetados para fazer escolhas e tomar decisões é liderada por homens. Um grupo apenas um pouco mais diversificado do que os pesquisadores que se conheceram em Dartmouth devido a um grande crescimento: a China. Nos últimos anos, a China se tornou um importante polo de inteligência artificial, e isso se deve às enormes iniciativas financiadas pelo governo em universidades chinesas e pelas empresas como Baidu, Alibaba e Tencent.

Na realidade, o Baidu descobriu algo que até mesmo o Zero ainda não conseguia fazer: como transferir habilidades de um domínio para outro. É uma tarefa fácil para os humanos, porém complicada para a IA. O objetivo do Baidu era enfrentar esse obstáculo ensinando uma rede neural profunda a navegar em um mundo virtual 2D utilizando somente linguagem natural, assim como quando os pais conversam com seus filhos. O agente de IA do Baidu recebeu comandos como "Por favor, navegue até a maçã" ou "Você pode passar para a referência entre a maçã e a banana?" — e foi inicialmente recompensado pelas ações corretas. Ao que parece, é uma tarefa simples o suficiente, mas pare para pensar: no final do experimento, a IA do Baidu não só poderia entender a linguagem que, no início, não tinha sentido para ela, como o sistema também aprendeu o que é uma malha bidimensional, que poderia se mover em torno dela, como se movimentar, que bananas e maçãs existiam e como distingui-las.

* * *

No início deste capítulo, fiz quatro perguntas: *as máquinas pensam? O que significaria para uma máquina "pensar"? O que significa "pensar" para você, caro leitor? Como saberia que pensa de forma inédita?* Agora que você conhece o histórico dessas perguntas, o pequeno grupo de pessoas que estabeleceu os alicerces para a IA e as principais práticas ainda em voga gostaria de oferecer algumas respostas.

Sim, as máquinas conseguem pensar. Passar em um teste de conversação, como o teste de Turing, ou o mais recente esquema de Winograd — que foi proposto por Hector Levesque em 2011 e se concentra no raciocínio do senso comum, desafiando uma IA a responder a uma pergunta simples que tem pronomes ambíguos —, não avalia necessariamente a habilidade de um sistema de inteligência artificial em outras áreas.[46] Isso simplesmente comprova que uma máquina pode pensar usando uma estrutura linguística, como nós humanos. Todos concordam que Einstein era um gênio, ainda que os métodos de avaliar sua inteligência em voga na época — como passar em um teste na escola — provassem o contrário. Einstein pensava de modos que seus professores não conseguiam compreender — então, é claro, achavam que ele não era inteligente. Na realidade, naquela época não havia uma maneira significativa de avaliar a força do pensamento de Einstein. O mesmo acontece com a IA.

As máquinas pensantes podem tomar decisões e fazer escolhas que têm consequências diretas no mundo em que vivemos, e para fazerem isso precisam de um propósito e uma meta. Mais dia, menos dia, elas desenvolvem a capacidade de discernimento. São características que, segundo os filósofos e os teólogos, constituem a alma. Cada alma é uma manifestação da visão e do propósito de Deus; cada alma fora criada e agraciada por um criador *sui generis*. As máquinas pensantes também têm criadores — eles são os novos deuses da IA, e são em sua maioria homens, predominantemente na América, Europa Ocidental e China, que estão conectados de uma forma ou outra aos Nove Titãs da IA. A alma da IA é uma manifestação da visão e do propósito deles para o futuro.

E por fim, sim, as máquinas pensantes são capazes de pensar de forma inédita. Depois de aprender com a experiência, elas podem determinar que uma solução diferente é possível. Ou que uma nova classificação seja melhor. As IAs não precisam inventar uma nova forma de arte para nos mostrar criatividade.

O que significa que, de fato, as máquinas pensantes têm uma mente. Elas são jovens e ainda estão amadurecendo, e é provável que evoluam de maneiras que não entendemos. No próximo capítulo falaremos sobre o que constitui essa mente, os valores dos Grandes Titãs da IA e as imprevisíveis consequências sociais, políticas e econômicas em relação ao despertar da IA.

CAPÍTULO DOIS

O MUNDO ISOLADO DAS TRIBOS DE IA

O esforço hercúleo de séculos para construir uma máquina pensante somente há pouco tempo testemunhou grandes avanços. Porém, enquanto essas máquinas aparentemente "pensam", devemos esclarecer que elas certamente não pensam como *todos* nós o fazemos.

O futuro da IA está sendo engendrado por um número relativamente pequeno de pessoas que têm a mesma mentalidade de grupos pequenos e isolados. Mais uma vez, acredito que essas pessoas têm boas intenções. Mas, como acontece com todos os grupos isolados que trabalham em conjunto, seus preconceitos e miopia inconscientes costumam se tornar os novos sistemas de crença e comportamentos aceitos com o passar do tempo. As coisas que no passado pareciam anormais — até mesmo erradas — se normalizam como mentalidade habitual, e *esta* mentalidade está sendo programada em nossas máquinas.

Aqueles que trabalham com IA pertencem a uma espécie de tribo. São pessoas que vivem e trabalham na América do Norte e na China, que frequentam as mesmas universidades e adotam um conjunto de regras sociais. As tribos são predominantemente homogêneas, ricas e extremamente qualificadas. Os membros da tribo são em sua maioria do sexo masculino. Seus líderes — diretores-executivos, conselheiros, gerentes seniores — são, com raríssimas exceções, homens. A homogeneidade também é um problema do outro lado, em que os membros da tribo são majoritariamente chineses.

O problema com as tribos é o que as torna tão poderosas. Nos grupos isolados, o viés cognitivo é potencializado e se enraíza, passando despercebido pela consciência. O viés cognitivo substitui a mentalidade racional, o que retarda nosso entendimento e costuma ser mais cansativo. Quanto mais relacionada e estabelecida uma tribo fica, mais normal parece ser a mentalidade e o comportamento do grupo. Conforme você verá a seguir, é uma constatação que vale a pena lembrar.

O que as tribos de IA estão fazendo? Elas estão desenvolvendo sistemas de inteligência artificial estreita (ANI — *Artificial Narrow Intelligence*) capazes de realizar uma tarefa específica no mesmo nível ou melhor do que nós, humanos. As aplicações comerciais da ANI — e, consequentemente, da tribo — já estão tomando decisões em nosso nome a partir de nossas caixas de entrada de e-mail, quando pesquisamos coisas na internet, tiramos fotos com nossos telefones, dirigimos nossos carros e solicitamos cartões de crédito ou empréstimos. As tribos também estão construindo o que está por vir: sistemas de inteligência artificial geral (AGI — *Artificial General Intelligence*), que realizarão tarefas cognitivas generalizadas, pois são máquinas projetadas para pensar como nós. Todavia, quem, exatamente, é o "nós" a partir do qual esses sistemas de IA se alimentam? Quais valores, ideais e perspectivas de mundo estão sendo ensinados a esses sistemas?

A resposta simples não cabe a você — nem a mim. A inteligência artificial tem a mente de sua tribo, priorizando os valores, ideias e perspectivas de mundo de seus criadores. Mas também está começando a desenvolver uma mente própria.

Os Líderes da Tribo

A tribo da IA tem um grito de guerra apelativo e familiar: *Falhe rápido. Falhe mais vezes.* Na verdade, é uma versão do "mova-se rapidamente e quebre coisas" — lema oficial do Facebook até recentemente. A ideia de cometer erros e aceitar os fracassos entra em forte contradição com as enormes corporações norte-americanas, que evitam o risco e marcham a passos de tartaruga, mesmo sendo um objetivo nobre. Uma tecnologia complicada como a IA requer experimentos e a oportunidade de errar uma vez atrás da outra a fim de se ter êxito. Mas existe um porém. Tal mantra faz parte de uma ideologia subversiva difundida entre os Nove Titãs da IA: *Construa primeiro e peça perdão depois.*

Há pouco tempo, ouvimos muitos pedidos de perdão. O Facebook pediu desculpas pelas consequências de seu relacionamento com a Cambridge Analytica. Com o desenrolar desse escândalo, o Facebook anunciou em setembro de 2018 que um ataque expôs as informações pessoais de mais de 50 milhões de usuários, tornando-se uma das maiores violações de segurança na história digital. Entretanto, os executivos decidiram não notificar os usuários imediatamente.[1] Somente um mês depois o Facebook anunciou o Portal, uma videoconferência que competia com o Echo Show da Amazon, e teve que voltar atrás nas promessas de privacidade que havia feito anteriormente. A princípio, o Facebook disse que não usaria o Portal para coletar dados pessoais com o intuito de alcançar os usuários com anúncios. Mas, depois da pressão dos jornalistas, a empresa se viu prestando um esclarecimento esquisito: como o Portal não usava seus dados para exibir anúncios, os dados coletados em seus dispositivos — para quem você ligava, as músicas do Spotify que ouvia — podiam ser utilizados para atingir os usuários com anúncios do Facebook em outros serviços e redes.[2]

Em abril de 2016, o responsável pelo projeto do Google Brain, Jeff Dean, escreveu que a empresa havia excluído mulheres e negros durante uma sessão "Ask Me Anything" no Reddit. Não fora intencional, e sim um descuido, e acredito piamente que não foi uma exclusão deliberada, simplesmente não ocorreu aos organizadores se atentar à diversidade da sessão.

Dean afirmou que valorizava a diversidade e que o Google precisaria fazer melhor:[3]

> Uma das coisas que mais gosto no nosso Brain Residency Program é que os participantes são de diferentes nacionalidades, origens, e áreas de especialização (por exemplo, temos físicos, matemáticos, biólogos, neurocientistas, engenheiros elétricos e cientistas), e adotamos a pluralidade em nossas iniciativas de pesquisa. Em minha experiência, sempre que você reúne pessoas com diferentes

tipos de expertise, pontos de vista etc., acaba conseguindo coisas que ninguém conseguiria fazer individualmente, porque ninguém é dotado de todas as habilidades e expertise necessárias.[4]

Em junho de 2018, o Google divulgou um relatório de diversidade que, pela primeira vez, incluía os dados dos funcionários detalhados por categoria. No relatório, o Google afirmou que, globalmente, sua mão de obra correspondia a 69,1% de homens. Nos EUA, apenas 2,5% dos funcionários eram negros, enquanto 3,6% eram hispânicos e latinos. Para declarações ousadas do Google sobre a necessidade de diversificar a tecnologia, esses percentuais — já baixos — não mudaram muito nos anos anteriores, quando em 2014 sua mão de obra era 2% de negros e 3% de hispânicos e latinos.[5]

Em sua defesa, nos últimos anos o Google lançou uma iniciativa tendenciosa e inconsciente que inclui workshops e treinamentos para ajudar os funcionários a aprender mais a respeito dos estereótipos sociais e atitudes profundamente arraigadas em relação a gênero, raça, aparência, idade, educação, política e poder aquisitivo que podem ter sido incutidas à margem de seu próprio conhecimento consciente. Alguns googlers acharam que o treinamento fora mais superficial do que produtivo, e uma funcionária negra explicou que o treinamento focava as "relações interpessoais e sentimentos feridos, em vez de abordar a discriminação e a desigualdade, indicando aos funcionários que a diversidade é 'apenas outro ponto a se verificar'".[6]

No entanto, nos mesmos anos em que esse treinamento estava acontecendo, o Google recompensou com dinheiro a má conduta entre seus líderes. Andy Rubin, que criara o carro-chefe do Google, o sistema operacional Android, fora convidado a se demitir depois que uma funcionária membro da sua equipe fez uma revelação confiável de que ele a obrigou a fazer sexo oral. O Google pagou US$90 milhões pela demissão de Rubin — em pagamentos mensais de US$2,5 milhões nos dois primeiros anos e US$1,5 milhão por mês nos dois anos seguintes. O executivo do Google X, Richard DeVaul, assediou sexualmente uma mulher durante sua entrevista de emprego, dizendo-lhe que ele e a esposa tinham um relacionamento aberto, e mais tarde, no festival Burning Man, insistiu para que ela tirasse a blusa com o intuito de massageá-la. Como era de se esperar, ela não conseguiu o emprego. Ele se desculpou, mas não se demitiu. Um vice-presidente que ajudou a gerenciar o Google's Search teve problemas quando uma funcionária o acusou de apalpá-la — uma acusação que fora considerada verossímil, então ele foi demitido e o Google lhe pagou uma indenização multimilionária. Entre 2016 e 2018, o Google silenciosamente demitiu 13 gerentes por assédio sexual.[7]

Esses fatos destacam o impacto inexpressivo que muitos programas de treinamento com essas tendências inconscientes têm dentro da tecnologia e das empresas de capital de risco que a financiam. O motivo: enquanto as pessoas podem estar mais conscientes de seus preconceitos após o treinamento, elas não são necessariamente motivadas ou incentivadas a mudar seu comportamento.

Ao falarmos na ausência de diversidade dentro da comunidade de tecnologia, a conversa normalmente oscila entre gênero e raça. Entretanto existem outras facetas da humanidade que recebem pouca atenção, como a ideologia política e a religião. Uma análise de 2017 feita pela Stanford's Graduate School of Business, que entrevistou mais de 600 líderes e criadores de tecnologia, mostrou que a tribo se identificou predominantemente como democratas progressistas. Durante o ciclo eleitoral de 2016, eles apoiaram Hillary Clinton. A tribo é a favor de uma carga tributária maior sobre os indivíduos ricos, é pró-escolha, contra a pena de morte, quer o controle de armas e acredita que o casamento gay deve ser legalizado.[8]

Os dirigentes do alto escalão do Google, Apple, Amazon, Facebook, Microsoft e IBM não representam propriamente *todos* os norte-americanos e o mesmo pode ser dito de empresas de qualquer setor. A diferença é que essas empresas em particular estão desenvolvendo sistemas autônomos de tomada de decisão que são concebidos para representar todos os nossos interesses. A desaprovação era proveniente não apenas de mulheres e negros, mas de um grupo improvável de pessoas: conservadores e partidários do Partido Republicano. Em maio de 2018, o Comitê Nacional Republicano enviou uma carta a Mark Zuckerberg acusando o Facebook de preconceito contra os norte-americanos conservadores, que mencionava: "Nos últimos anos surgiram preocupações quanto à omissão do discurso conservador no Facebook... incluindo a censura de notícias conservadoras. Estamos apreensivos com as inúmeras acusações de que o Facebook bloqueou o conteúdo de jornalistas e grupos conservadores."[9] A carta, assinada por Ronna McDaniel, presidente do RNC, e Brad Parscale, gerente da campanha de reeleição do presidente Trump em 2020, reivindicava transparência em como os algoritmos do Facebook estipulam quais usuários veem anúncios políticos em seus feeds e uma análise do preconceito contra conteúdo e líderes conservadores.

A questão é que McDaniel e Parscale não estão errados. Durante o ciclo eleitoral de 2016, a equipe do Facebook *manipulou* propositadamente o ticker da barra lateral de tendências da plataforma para excluir notícias conservadoras — inclusive os stories que eram claramente anti-Clinton e já apresentavam as próprias tendências. Diversos "curadores de notícias" do Facebook, como eram chamados, disseram que foram orientados a "injetar" determinadas histórias na seção de notícias, mesmo que não fossem as tendências. Eles também impossibilitaram que histórias positivas sobre os candidatos do Partido Republicano, como Rand Paul, aparecessem. A equipe de curadoria de notícias do Facebook era constituída por um pequeno grupo de jornalistas que frequentaram principalmente as universidades privadas da Costa Leste ou da Ivy League e, para ser sincera, isso se coaduna diretamente com as narrativas apresentadas pelos conservadores durante décadas.

Em agosto de 2018, mais de 100 funcionários do Facebook usaram um fórum de discussão interno para reclamar sobre uma "monocultura política intolerante com pontos de vista diferentes". Brian Amerige, um engenheiro sênior do Facebook, escreveu: "Alegamos que todos os pontos de vista são bem-vindos, mas atacamos rapidamente — muitas vezes em multidões — qualquer um que apresente uma perspectiva que pareça estar em oposição à ideologia de esquerda."[10]

Falar sobre diversidade — pedir perdão e prometer fazer algo melhor — não é o mesmo que abordar a diversidade nos bancos de dados, algoritmos e estruturas que compõem o ecossistema da IA. Quando falar não leva à tomada de medidas, o resultado é um ecossistema de sistemas e de produtos que retratam um certo preconceito anti-humanístico. Observe algumas das consequências no mundo real: em 2016, um robô de segurança com IA feriu intencionalmente uma criança de 16 meses em um shopping do Vale do Silício.[11] O sistema de IA que alimenta o videogame *Elite: Dangerous* desenvolveu um conjunto de superarmas que os criadores nunca imaginaram, espalhando devastação no jogo e destruindo o progresso feito por todos os jogadores humanos reais.[12] Há uma infinidade de problemas quando se trata da segurança de IA, alguns dos quais bem sérios e evidentes: carros autônomos já avançaram sinais vermelhos e, em alguns casos, mataram pedestres. Os aplicativos de policiamento preditivo vivem incriminando equivocadamente os rostos dos suspeitos, colocando pessoas inocentes na cadeia. Existe também um número desconhecido de problemas que fogem à nossa atenção, porque ainda não nos prejudicaram pessoalmente.

Uma equipe bastante diversificada teria apenas uma característica elementar em comum: talento. Não haveria concentração de nenhum gênero, raça ou etnia, e as diferentes opiniões políticas e religiosas seriam representadas. A homogeneidade dentro das tribos da IA é um problema para os Nove Titãs da IA, mas que não começa com eles, e sim nas universidades onde as tribos se formam.

As tribos se organizam dentro de ambientes sociais concentrados, onde todos compartilham um propósito ou um objetivo comum, falam a mesma língua e trabalham respectivamente com a mesma intensidade. É onde um grupo de pessoas desenvolve um senso compartilhado de valores e propósitos. Este senso se forma em lugares como unidades militares, rodízios de estudantes nas universidades de medicina, cozinhas dos restaurantes cinco estrelas do Guia Michelin e irmandades de mulheres. Eles passam pelas situações de tentativa e erro, sucesso e fracasso, sofrimento e felicidade juntos.

Tomando um exemplo emprestado de um campo distinto da inteligência artificial, nos anos 1970 e 1980, Sam Kinison, Andrew Dice Clay, Jim Carrey, Marc Maron, Robin Williams e Richard Pryor dividiram durante um tempo o aluguel de uma casa na Cresthill Road, 8420, que se localizava na mesma rua do que se tornaria o lendário clube de comédia Comedy Store em Los Angeles. Eles eram apenas jovens que moravam em uma casa e tentavam se divertir em uma época na qual Bob Hope aparecia na TV falando coisas como "Nunca dou uma segunda chance das mulheres mudarem de ideia. Porque a primeira chance foi minha".¹³ Essa tribo rejeitava totalmente esse tipo de humor, que a geração anterior aperfeiçoou com esmero. Os valores dos membros dessa tribo eram extremamente diferentes: quebrar tabus, lutar contra a injustiça social e contar histórias hiper-realistas que não eram muito bem aceitas pelas pessoas sentadas na plateia. Eles preparavam suas breves cenas teatrais e observações juntos. Eles se consolavam depois de serem bombardeados no palco. Tentavam as coisas e aprenderam uns com os outros. Essa tribo de comediantes inovadora e brilhante estabeleceu os alicerces para o futuro do entretenimento norte-americano.¹⁴ Coletivamente, esse grupo de homens ainda exerce influência hoje.

De certa forma, a IA passou por uma drástica transformação semelhante por causa de uma tribo moderna que compartilhava os mesmos valores, ideias e objetivos. Os três pioneiros do aprendizado profundo discutidos anteriormente — Geoff Hinton, Yann Lecun e Yoshua Bengio — foram os Sam Kinisons e Richard Pryors do mundo da IA nos primórdios das redes neurais profundas. Lecun estudou com Hinton na Universidade de Toronto, onde o Instituto Canadense para Pesquisa Avançada (CIFAR) incutiu ideias na mente de um pequeno grupo de pesquisadores, que incluía Yoshua Bengio. Eles passavam a maior parte do tempo juntos, discutindo ideias, testando teorias e construindo a próxima geração de inteligência artificial. "Havia uma comunidade muito pequena de pessoas que não tirava isso da cabeça: em um futuro próximo, as redes neurais ocupariam uma posição de destaque", disse Lecun. "Precisávamos de um espaço seguro para ter pequenos seminários e reuniões com o intuito de desenvolver nossas ideias antes de publicá-las."¹⁵

Os vínculos fortes de uma tribo são forjados quando as pessoas trabalham, enfrentam obstáculos e comemoram êxitos juntas. Elas acabam desenvolvendo um conjunto de experiências compartilhadas, que se traduzem em um linguajar comum, que resulta em um conjunto comum de ideias, comportamentos e objetivos. Por isso, tantas histórias de startups, movimentos políticos e culturais avassaladores começam da mesma maneira: alguns amigos dividem um dormitório, casa ou garagem e trabalham intensamente em projetos semelhantes.

Enquanto os núcleos empresariais da IA moderna podem estar no Vale do Silício, Pequim, Hangzhou e Shenzhen, as universidades são a força vital das tribos da IA. Existem apenas alguns polos. Na América do Norte, incluem-se Georgia Institute of Technology, Stanford, UC Berkeley, University of Washington, Harvard, Cornell, Duke, MIT, Boston University, McGill University e a Université de Montréal. Estas universidades abrigam grupos ativos de pesquisa acadêmica com fortes laços industriais.

Normalmente as tribos obedecem a regras e rituais, então vamos explorar os rituais de iniciação das tribos da IA, que começam com uma educação universitária rígida.

Na América do Norte, a ênfase dentro das universidades concentrou-se nas habilidades técnicas — como no domínio das linguagens de programação R e Python, *know-how* em processamento de linguagem natural e estatística aplicada, assim como orientação à visão computacional, biologia computacional e teoria dos jogos. Não é bem visto ter aulas fora da tribo, como um curso sobre filosofia da mente, mulheres muçulmanas na literatura ou colonialismo. Se estamos tentando construir máquinas pensantes capazes de pensar como os seres humanos, aparentemente é um contrassenso excluir o aprendizado sobre a condição humana. Neste momento, cursos como esses são deliberadamente deixados de fora do conteúdo programático, e é difícil que eles tenham espaço como cursos opcionais fora deste conteúdo.

A tribo exige habilidades, e há um zilhão de coisas para estudar durante os quatro anos de graduação. Por exemplo, em Stanford, os alunos devem ter 50 horas de crédito de aulas intensivas de matemática, ciências e engenharia, além de 15 horas de cursos básicos de computação. Ainda que exista um curso de ética oferecido como parte do conteúdo programático, é uma das cinco disciplinas opcionais que são oferecidas somente para se atender às exigências.[16] Carnegie Mellon desenvolveu uma IA novinha em folha em 2018, que possibilitou à universidade um novo começo e a oportunidade de arquitetar uma IA moderna a partir do zero. Só que as regras e rituais da tribo imperam, e as habilidades técnicas são o que importam. Embora a graduação exija uma disciplina de ética e alguns cursos em ciências humanas, todos eles focam principalmente a neurociência (por exemplo, psicologia cognitiva, memória humana e cognição visual), o que faz sentido dado o elo entre a IA e a mente humana. Não existem cursos obrigatórios que ensinem os alunos a identificar tendências em conjuntos de dados, como aplicar a filosofia à tomada de decisões ou à ética inclusiva. Não existe um reconhecimento formal em todos os cursos de que a diversidade social e socioeconômica é de suma importância para uma comunidade no que diz respeito à biodiversidade.

As habilidades são ensinadas de modo empírico — o que significa que os alunos que estudam IA leem menos do que deveriam. Para aprender, eles precisam de bancos de dados lexicais, bibliotecas de imagens e redes neurais. Durante certo tempo, uma das redes neurais mais populares nas universidades se chamava Word2vec, e fora construída pela equipe do Google Brain. Era um sistema de duas camadas que processava texto, transformando palavras em números que a IA conseguia compreender.[17] Por exemplo, esta rede neural aprendeu que "o homem está mais para rei como a mulher está mais para rainha". Mas o banco de dados também decidiu que "o pai combina mais com médico e a mãe combina mais com enfermeira" e que "o homem está mais para programador de computador como a mulher está mais para dona de casa".[18] O próprio sistema ao qual os alunos foram expostos era tendencioso. Caso alguém quisesse analisar as repercussões mais abrangentes desse código-pai sexista, não havia aulas que promovessem este tipo de aprendizado.

Em 2017 e 2018, algumas dessas universidades criaram poucos cursos novos de ética em resposta aos desafios já impostos pela IA. O Berkman Klein Center, em Harvard, e o MIT Media Lab, em conjunto, ofereceram um curso novo sobre ética e regulamentação da IA.[19] O curso e as palestras eram formidáveis,[20] mas foram organizados na contramão dos caminhos padrões da ciência da computação de cada universidade — ou seja, o que estava sendo ensinado e discutido não tinha a oportunidade de se infiltrar lentamente em outras partes do conteúdo programático.

Não restam dúvidas de que a ética é uma exigência de todas as universidades que ensinam IA — é exigência dos padrões de credenciamento dos cursos de graduação. A fim de serem credenciados pelo Accreditation Board for Engineering and Technology (Conselho de Credenciamento de Engenharia e Tecnologia), os cursos de graduação de ciência da computação devem mostrar que os alunos têm uma "compreensão das questões e responsabilidades profissionais, éticas, legais, de segurança e sociais" e a "habilidade de analisar o impacto local e global da computação em indivíduos, organizações e sociedade". Contudo, posso lhe dizer por experiência própria, que realizar uma análise comparativa e avaliar este tipo de exigência é, na melhor das hipóteses, subjetivo e bastante difícil de se fazer com alguma precisão, ainda mais sem os cursos obrigatórios que todos os alunos deveriam fazer. Eu sou membro Accrediting Council on Education in Journalism and Mass Communications. Os conteúdos programáticos de jornalismo e de comunicação em massa tendem a focar as ciências humanas, que você pode achar que são habilidades mais interpessoais como reportagem, redação e produção de mídia. E, no entanto, nossas unidades acadêmicas se esforçam constantemente para satisfazer nossos próprios padrões de questões e responsabilidades sociais, incluindo a diversidade. As universidades não deixam de ser de qualidade para o credenciamento quando não atendem aos padrões de conformidade para a diversidade — isso não é exclusivo do conselho de credenciamento do qual faço parte. Sem impor os padrões de forma mais rigorosa e sem uma iniciativa verdadeira dentro das universidades, como um conteúdo programático de habilidades técnicas como a IA poderia contribuir, pelo menos um pouco, para solucionar o problema?

Cursar uma universidade não é nada fácil, e os novos incentivos de contratação de aluguel oferecidos pelos Nove Titãs da IA são competitivos. Apesar de os cursos opcionais sobre literatura africana ou a ética do serviço público sem dúvida ampliarem os horizontes de mundo daqueles que trabalham com IA, existe uma pressão exorbitante para manter o crescimento do ecossistema. A tribo, por sua vez, quer comprovar as habilidades para que, quando os graduados entrarem no mercado de trabalho, estejam preparados para lidar com os desafios de imediato e sejam membros produtivos da equipe. Na realidade, os cursos opcionais que poderiam ajudar os pesquisadores de IA a pensar de modo mais consciente a respeito de toda a humanidade provavelmente os prejudicaria durante o processo de recrutamento. Acontece que os Nove Titãs da IA utilizam um software alimentado por uma IA para peneirar os currículos, e ela é treinada para procurar palavras-chave específicas que descrevam habilidades técnicas. Um portfólio de cursos fora das premissas padrões seria uma anomalia ou deixaria o candidato invisível.

A análise detalhada dos currículos pela inteligência artificial evidencia que a tendenciosidade não se limita apenas à raça e ao gênero. Existe um preconceito até mesmo contra a filosofia, a literatura, a física teórica e a economia comportamental, já que os candidatos com muitos cursos opcionais fora do escopo tradicional da IA tendem a ser deixados de lado. O sistema de contratação da tribo, projetado para automatizar a tarefa laboriosa de fazer uma primeira triagem de milhares de currículos, possivelmente nem levaria esses candidatos, que têm uma formação acadêmica mais diversificada e desejável, em consideração.

Os líderes acadêmicos logo se prontificam ao afirmar que estão abertos a uma aula de ética obrigatória, mesmo que a tribo não exija um conteúdo programático mais abrangente (não exige mesmo). A inclusão de cursos de ciências humanas igualmente rigorosos, como literatura comparada e religiões do mundo, acabaria tirando as aulas obrigatórias de habilidade do planejamento. Os estudantes ficariam furiosos ao serem forçados a fazer cursos que parecem supérfluos, enquanto os parceiros do setor querem graduados preparados com habilidades de primeira linha. Em virtude da competição acirrada entre os estudantes melhores e mais gabaritados, por que qualquer um desses cursos de graduação de prestígio, como os da Carnegie Mellon e de Stanford, colocaria tudo a perder?

A tecnologia está evoluindo muito mais rápido do que os artifícios da academia. Um único curso de ética obrigatório — especificamente criado e adaptado para alunos que estudam IA — não terá efeito algum se o material não for atual e, sobretudo, se o que está sendo ensinado não surtir resultados em outras áreas do currículo. Mas, se o currículo não pode mudar, e quanto aos docentes? Talvez eles possam ser capacitados para solucionar o problema? É pouco provável que isso aconteça em grande escala. Os docentes são incentivados a não modificar seus planos de ensino para vincular o que estão ensinando a questões sobre valores tecnológicos, econômicos e sociais. Isso exigiria um tempo valioso, e poderia fazer com que seus planos de ensino fossem menos interessantes para os alunos. As universidades querem mostrar um histórico sólido de graduados empregados, e os empregadores querem graduados com habilidades técnicas. Os Nove Titãs da IA são parceiros destas universidades, que, por sua vez, dependem de seus recursos e financiamento. Contudo, me parece um bom momento para fazer perguntas complicadas sobre *"quem está no comando?"*; e isso deve ser questionado e discutido nos limites seguros de uma sala de aula, antes que os alunos se tornem membros de equipes que são constantemente postas à margem pelos prazos de produtos e metas de faturamento.

Caso as universidades sejam os lugares em que as tribos de IA se organizam, é fácil enxergar o motivo de existir tão pouca diversidade no campo em relação a outras profissões. Verdade seja dita, os executivos do setor tão logo acusam as universidades, culpando a pouca diversidade da mão de obra que eles tipificam como *"pipeline problem"* [problema em que grandes corporações e as universidades alegam que não existem minorias capacitadas o suficiente nas áreas de ciências, tecnologia, engenharia e matemática] da IA. Isso não é tão infundado. As tribos da IA se formam à medida que os professores ensinam os alunos em suas salas de aula e laboratórios, e que os alunos colaboram em projetos e tarefas de pesquisa. Esses docentes, seus laboratórios e a liderança deles dentro das unidades acadêmicas da IA são em sua grande maioria, mais uma vez, carentes de diversidade e exercidas por homens.

Nas universidades, os candidatos a doutorado desempenham três funções: colaboram na pesquisa, ensinam os alunos de graduação e lideram futuros trabalhos em seus campos. Somente 23% das mulheres recebem o título de doutorado em ciência da computação e apenas 28% delas recebem o título de doutorado em matemática e estatística, segundo os dados recentes do National Center for Education Statistics.[21] O *pipeline problem* acadêmico é revelador: as mulheres com doutorado não alcançam posições catedráticas ou funções de liderança na mesma proporção que os homens. Logo, não é surpresa nenhuma que as mulheres somem apenas 18% dos cursos de graduação em ciência da computação nos últimos anos — e isso, na verdade, caiu 37% em 1985.[22] Os candidatos de doutorado negros e hispânicos são lamentavelmente sub-representados, apenas 3% e 1%, respectivamente.[23]

À medida que a tribo cresce, ela está se expandindo dentro de uma bolha e reproduzindo alguns comportamentos terríveis. Pesquisadoras de IA dentro das universidades tiveram que enfrentar o assédio sexual, piadas inapropriadas e comportamentos inadmissíveis por parte de seus colegas homens. Como esse comportamento é normalizado, ele acompanha a tribo da universidade até o trabalho. Desse modo, isso não é um *pipeline problem*, e sim um problema de *pessoas*. As tribos da IA estão instigando uma cultura na qual as mulheres e determinadas minorias — como pessoa negras e hispânicas — são simplesmente excluídas.

Em 2017, um engenheiro do Google enviou um memorando, abominável, argumentando que as mulheres são biologicamente menos capazes de programar. O CEO do Google, Sundar Pichai, acabou respondendo com a demissão do indivíduo que elaborou o documento, mas também disse: "É justo discutir o que estava no memorando."[24] Culturas que são hostis aos membros que não fazem parte da tribo provocam um efeito cumulativo, resultando em uma mão de obra ainda menos diversificada. À medida que o trabalho em IA evolui para a construção de sistemas capazes de pensar e acompanhar a humanidade, populações inteiras estão sendo deixadas de fora do percurso do desenvolvimento.

Isso não quer dizer que não haja mulheres ou negros estudando nas universidades. A diretora do famoso Laboratório de Ciência da Computação e Inteligência Artificial (CSAIL) do MIT é Daniela Rus, uma mulher premiada com o MacArthur Fellowship, dentre suas muitas realizações profissionais e acadêmicas. Kate Crawford é professora benemérita de pesquisa da Universidade de Nova York e administra um novo instituto focado nas consequências sociais da IA. Existem, sim, mulheres e negros fazendo um trabalho extraordinário em IA — mas eles são extremamente sub-representados.

Se o objetivo da tribo é infundir um pensamento mais "humanista" na IA, isso está excluindo muitas pessoas do processo. Fei-Fei Li, que cuida do Laboratório de Inteligência Artificial de Stanford e é a principal cientista do Google Cloud em inteligência artificial e aprendizado de máquina, disse:

> Como educadora, como mulher, como minoria, como mãe, estou cada vez mais preocupada. A IA está prestes a efetuar as maiores

mudanças que a humanidade já viu e estamos perdendo uma geração diversificada inteira de tecnólogos e líderes. Se as mulheres e as minorias forem ignoradas — tecnólogos inquestionáveis colocando a mão na massa — estamos influenciando de um jeito errado os sistemas. Tentar reverter as consequências de uma década ou duas, a partir de agora, será bastante difícil, se não quase impossível.[25]

Tribos da China: A BAT

O Baidu, o Alibaba e a Tencent, conhecidos coletivamente como BAT, são a parte chinesa dos Grandes Titãs da IA. A tribo da IA que opera sob a égide da República Popular da China obedece a diferentes regras e rituais, entre eles o financiamento governamental substancial, a fiscalização e as políticas industriais designadas a impulsionar a BAT. Juntos, eles fazem parte de um plano de IA extremamente lucrativo e altamente organizado em nível estadual rumo ao futuro, no qual o governo exerce um controle excepcional. Esta é a corrida espacial da China, e nós somos o Sputnik da sua missão Apollo. Poderíamos ter colocado o satélite em órbita primeiro, mas a China colocou seu fundo de natureza contábil e financeira, seu sistema de educação, seus cidadãos e seu orgulho nacional em prol de sua empreitada pela IA.

As tribos chinesas da IA também começam nas universidades, onde há ainda mais foco em habilidades e aplicações comerciais. Como a China está interessada em potencializar a mão de obra capacitada do país o mais rápido possível, seus problemas de diversidade não são exatamente semelhantes aos do Ocidente, embora existam. Não se leva muito em consideração o gênero, então as mulheres são mais bem representadas. Dito isso, as aulas são ministradas em chinês, uma linguagem difícil para os estrangeiros aprenderem. Isso exclui os não falantes de chinês da sala de aula e promove também uma vantagem competitiva única, já que os estudantes universitários chineses costumam estudar inglês e podem frequentar um grupo mais abrangente de universidades.

Na China, o treinamento de IA começa antes de os estudantes entrarem na universidade. Em 2017, o Conselho de Estado da China pediu a inclusão dos princípios básicos e dos cursos de IA, o que significa que as crianças chinesas começam a aprender habilidades de IA no *ensino fundamental*. Atualmente, existe um livro escolar oficial, solicitado pelo governo, detalhando a história e os princípios básico da IA. Em 2018, 40 escolas do ensino médio serviram como projeto piloto de um curso obrigatório de IA,[26] e mais escolas serão incluídas quando novos professores estiverem disponíveis. E isso não deve demorar a acontecer: o Ministério da Educação da China divulgou um programa de capacitação em IA de cinco anos para suas universidades, que tem o objetivo de capacitar, pelo menos, 500 professores e 5 mil estudantes nas melhores universidades da China.[27]

A BAT faz parte da revolução da educação na China, viabilizando as ferramentas utilizadas em escolas e universidades, fabricando os produtos que os consumidores adolescentes e adultos usam, contratando graduados para a mão de obra e compartilhando pesquisas com o governo. A menos que você tenha vivido ou viajado para a China na última década, talvez não esteja familiarizado com o Baidu, o Alibaba e a Tencent. Todos eles foram fundados ao mesmo tempo, tomando as empresas de tecnologia que já existiam como modelo.

O Baidu começou em um piquenique no verão de 1998, no Vale do Silício — uma daquelas reuniões exclusivas para membros da IA regadas à cerveja e com jogos de dardos no gramado. Três homens, todos na faixa dos 30 anos, lamentavam como os mecanismos de busca tinham evoluído pouco. John Wu, que na época era o responsável pela equipe de mecanismos de busca do Yahoo, e Robin Li, engenheiro da Infoseek, acreditavam que os mecanismos de busca tinham um futuro brilhante. Eles já estavam de olho em uma nova startup promissora — o Google — e pensaram que poderiam construir algo semelhante para a China. Juntos com Eric Xu, um bioquímico, os três criaram o Baidu.[28]

A empresa recrutou pessoas nos polos universitários de IA, na América do Norte e na China. Recrutar pesquisadores talentosos que trabalhavam com aprendizado profundo no terreno alheio lhes rendeu bons frutos. Em 2012, o Baidu contatou Andrew Ng, um proeminente pesquisador do Google Brain. Ele crescera em Hong Kong e Singapura, e fez um tour pelos polos universitários da tribo de IA: graduado em ciência da computação em Carnegie Mellon, mestrado no MIT, PhD pela UC Berkeley, e na época estava de férias de Stanford, onde era professor. Ng era interessante para o Baidu por causa de um projeto impressionante de uma nova rede neural profunda, no qual ele vinha trabalhando no Google.

A equipe de Ng construiu um cluster de mil computadores que se treinavam para reconhecer gatos em vídeos do YouTube. Era um sistema fascinante. Sem ninguém lhe dizer o que era explicitamente um gato, a IA devorou milhões de horas de vídeos aleatórios, aprendeu a reconhecer objetos, descobriu que alguns desses objetos eram gatos e depois aprendeu o que era um gato. Por conta própria, sem intervenção humana. Pouco tempo depois, Ng estava no Baidu, que o recrutara para ser o cientista-chefe da empresa. (Inevitavelmente, o DNA do Baidu tem nucleotídeos dos cursos de IA ministrados na Carnegie Mellon, no MIT e na UC Berkeley.)

Hoje o Baidu passa longe de ser somente um mecanismo de busca. Ng passou a ajudar na promoção da plataforma de conversação em IA (chamada DuerOS), de assistentes digitais, de programas de carros autônomos, como também de outros frameworks de IA, todos em funcionamento — e isso levou o Baidu a começar a falar da IA em suas conferências de divulgação de lucros, bem à frente do Google. O Baidu tem um valor de mercado de US$88 bilhões e é o mecanismo de busca mais usado no mundo depois do Google — um belo de um feito, considerando que ele não é usado fora da China. Como o Google, o Baidu está desenvolvendo um conjunto de dispositivos domésticos inteligentes, como um robô familiar que combina reconhecimento de voz e reconhecimento facial. O Baidu anunciou uma plataforma aberta de condução autônoma chamada Apollo, e a esperança é de que, ao disponibilizar publicamente o código-fonte, o ecossistema ao redor da plataforma germine. Ela já tem 100 parceiros, dentre eles as montadoras Ford e Daimler, os fabricantes de chips NVIDIA e Intel, e os provedores de serviços de mapeamento como a TomTom. O Baidu fez uma parceria com a Access Services, sediada na Califórnia, com o intuito de lançar veículos autônomos para pessoas com problemas de mobilidade e deficiências. E também fez parceria com o Azure Cloud da Microsoft a fim de possibilitar que os parceiros não chineses da Apollo processassem grandes quantidades de dados de veículos.[29] Talvez você tenha ouvido falar que, nos últimos anos, o Baidu abriu um novo laboratório de pesquisa de IA em cooperação com o governo chinês — e os líderes do laboratório são as elites do Partido Comunista que já haviam trabalhado em programas militares do estado.[30]

O A na tribo BAT chinesa pertence ao Alibaba Group, uma plataforma gigantesca que funciona como intermediária entre os compradores e os vendedores por meio de uma vasta rede de sites, em vez de uma única plataforma. Ele foi fundado em 1999 por Jack Ma, um ex-professor que vivia cerca de 160 quilômetros a sudoeste de Xangai, que queria desenvolver uma versão híbrida da Amazon e do eBay para a China. Ma não sabia programar, então abriu uma empresa com um colega com quem frequentou a universidade. Apenas 20 anos mais tarde, o Alibaba tem um valor de mercado de mais de US$511 bilhões.

Entre seus sites estão o Taobao, por meio do qual nem compradores nem vendedores pagam taxas por suas transações. Em vez disso, o Taobao usa um modelo do estilo pay-to-play, cobrando os vendedores para classificá-los com a posição mais elevada no mecanismo de busca do site. (Isso imita parte do principal modelo de negócios do Google.) O Alibaba também criou sistemas de pagamento seguros, incluindo o Alipay, que se assemelha às funcionalidade e aos recursos do PayPal. A empresa lançou um sistema de pagamento digital de reconhecimento facial baseado em inteligência artificial que, em 2017, estreou em uma loja e permitia aos consumidores efetuar o pagamento ao tirar uma selfie com um breve sorriso, o famoso *smile to pay*.

Assim como a Amazon, o Alibaba também tem um alto-falante inteligente — chama-se Genie X1, que inclusive é menor e mais barato do que os dispositivos Alexa, da Amazon, e o Google Maps. O Genie X1 utiliza a tecnologia de reconhecimento de impressão de voz baseada em rede neural para identificar usuários, realizando a identificação deles automaticamente para que consigam vender e fazer compras. Mais de 100 mil Genie X1 da Alibaba estão sendo instalados nos hotéis Marriott em toda a China.

O Alibaba tem uma perspectiva mais ampla para o alcance da IA, que a empresa chama de seu ET City Brain. O programa consome enormes quantidades de dados locais, desde câmeras e sensores de cidades inteligentes até registros governamentais e contas individuais de mídia social. O Alibaba usa sua estrutura de IA para a modelagem preditiva: com o intuito de identificar de antemão o gerenciamento do tráfego, o desenvolvimento urbano, as necessidades de saúde pública e se pode haver instabilidade social à vista. Sob o comando de Ma, o Alibaba fez avanços na logística de entrega, vídeos online, data centers e computação em nuvem, investindo bilhões de dólares em diversas empresas na tentativa de criar um mastodonte digital que cresce exponencialmente, conectando comércio, casa, trabalho, cidades e governo. Na verdade, antes de a loja Amazon Go ser lançada em Seattle, o Alibaba inaugurou a Hema, uma operação de varejo multifuncional automatizada, que não envolvia transações de dinheiro e combinava produtos alimentares, um mercado de comida rápida com preço médio e serviço de entrega.

Existe mais um ponto em comum enigmático e digno de nota. Eu digo "enigmático" porque também é uma contradição. Em 2016, Ma comprou o *South China Morning Post*, que já fora o maior e mais influente jornal independente de Hong Kong. Foi uma venda importante, porque na China a maioria dos meios de comunicação são financiados pelo Estado, e o *SCMP* era conhecido por publicar matérias em língua inglesa que causavam forte impacto e criticavam o governo chinês.[31] Quando morava em Hong Kong, eu costumava beber com um grupo de repórteres do *SCMP* que eram os melhores em jornalismo investigativo. A compra de Ma foi uma demonstração de lealdade ao Partido Comunista. Três anos antes, Jeff Bezos comprara o *Washington Post*, uma jogada que fez dele um inimigo da Casa Branca e de Trump devido a uma reportagem investigativa obstinada do jornal, a análise crítica das políticas de administração e sua incansável busca de desmantelar a propaganda.[32]

Por último, o maior e mais influente membro da tribo BAT é a Tencent. O *T* no final de BAT é de uma empresa fundada em 1998 por dois homens, Ma Huateng e Zhang Zhidong. Originalmente, eles começaram com apenas um produto chamado OICQ e, caso o nome lhe pareça um tanto familiar, é porque foi uma cópia do ICQ, o serviço de mensagens instantâneas. Os dois acabaram enfrentando um processo judicial, porém se recusaram a abandonar seus planos e continuaram trabalhando em sua versão do sistema. Em 2011, a Tencent lançou o WeChat, que não apenas oferecia mensagens, como copiava os recursos e funções do Facebook. Em razão de o governo chinês ter bloqueado o Facebook a partir da restrição de acesso da própria internet do país, o WeChat estava pronto para explodir. Ele não era apenas popular nas universidades, mas estava sendo usado para recrutar novos talentos — e muito mais.

O WeChat conta com 1 bilhão de usuários ativos mensais e um apelido — "o app que serve para tudo". Acontece que, além das postagens e mensagens padrão de mídia social, ele é usado para se fazer praticamente tudo na China, desde o recrutamento de novos funcionários nas universidades e mensagens de texto até a realização de pagamentos e cumprimento da lei. Mais de 38 mil hospitais e clínicas têm contas WeChat, e 60% deles utilizam o serviço para a gestão de pacientes (por exemplo, agendamento de consultas e pagamentos).[33] É uma empresa alimentada por — e focada em — inteligência artificial, que considera "a IA como uma tecnologia primordial em todos os nossos diferentes produtos".[34] Convenientemente, o slogan corporativo oficial da Tencent é "Make AI Everywhere" ["A IA Está em Todos os Lugares", em tradução livre].

O Facebook pode ser a maior rede social do mundo, todavia a tecnologia da Tencent é, em muitos aspectos, muito superior. A Tencent criou um assistente digital chamado Xiaowei, um sistema de pagamento móvel (Tenpay), e um serviço de nuvem (Weiyun), além de lançar há pouco tempo um estúdio de cinema (Tencent Pictures). O YouTu Lab da Tencent é líder mundial em reconhecimento facial e de objetos, e viabiliza esta tecnologia para mais de 50 outras iniciativas da empresa. Eles também estão prosperando na saúde, por meio de parcerias com duas empresas de assistência médica do Reino Unido: Babylon Health, uma startup de telemedicina, e Medopad, que emprega a IA para monitoramento remoto de pacientes. A Tencent também investiu pesado em duas startups promissoras dos EUA em 2018, Atomwise e XtalPi, que estão focadas em aplicações farmacêuticas de IA.

Em 2018, a Tencent se tornou a primeira empresa asiática a superar o valor de mercado de US$550 bilhões e ultrapassou o Facebook, se transformando na empresa de mídia social mais valiosa do mundo.[35] E o mais surpreendente de tudo: menos de 20% da receita da Tencent provém da publicidade online, em comparação com os 98% do Facebook.[36]

O canal de talentos da BAT abrange os centros universitários norte-americanos da IA, e procura assegurar que as crianças estejam recebendo uma educação em IA ao mesmo tempo em que aprendem a adicionar e subtrair.

Isso não adiantaria de nada caso a BAT não fosse excepcionalmente bem-sucedida — e se não estivessem ganhando rios de dinheiro. E a BAT ganha toneladas de dinheiro. O mercado chinês é tão grande que as tribos da IA da China exercem um poder extraordinário — tanto na China quanto em outras partes do mundo. A comunidade global de IA presta atenção à China por causa de tamanho capital e por causa de seus números, difíceis de se menosprezar.

O Facebook pode ter 2 bilhões de usuários ativos mensais, mas esses usuários estão espalhados pelo mundo. Os 1 bilhão de usuários ativos do WeChat da Tencent estão predominantemente localizados em somente um único país. O Baidu contava com 665 milhões de usuários de busca móvel em 2017[37] — mais do que o dobro do número estimado de usuários móveis nos Estados Unidos.[38] Nesse mesmo ano, a Amazon teve sua melhor temporada de compras de datas comemorativas. Para termos uma dimensão, desde o Dia de Ação de Graças até o próximo Cyber Monday, os clientes da Amazon encomendaram 140 milhões de produtos, resultando em um total de US$6,59 bilhões em vendas.[39] Isso pode ter sido um recorde para a Amazon, mas nem chega perto do que o Alibaba vendeu na China em apenas 24 horas. O Alibaba vendeu para 515 milhões de clientes somente em 2017 e, naquele ano, seu Festival do Dia dos Solteiros — uma espécie de Black Friday misturada ao Academy Awards da China — registrou US$25 bilhões em compras online oriundas de 812 milhões de pedidos *em um único dia.*[40] A China tem o maior mercado digital do mundo, seja lá como você avalie a sua dimensão: mais de 1 trilhão de dólares gastos anualmente, mais de 1 bilhão de pessoas online e US$30 bilhões investidos em transações de capital de risco nas empresas de tecnologia mais importantes do mundo.[41]

Os investidores chineses contavam com uma fatia de 7% a 10% de todo o financiamento de startups de tecnologia nos Estados Unidos entre 2012 e 2017 — uma concentração significativa de riqueza proveniente de apenas uma região.[42] Hoje em dia, a BAT está completamente estabelecida em Seattle e no Vale do Silício, operando a partir de filiais com escritórios na lendária avenida

Sand Hill Road, na cidade de Menlo Park. Durante os últimos cinco anos, a BAT investiu quantias vultosas de dinheiro na Tesla, Uber, Lyft, Magic Leap (a fabricante de plataformas e headsets de realidade híbrida) e muito mais. O investimento de capital de risco das empresas BAT é convidativo não só porque elas se movimentam rapidamente e têm muito dinheiro, mas também porque um acordo BAT significa normalmente a entrada lucrativa no mercado chinês, que de outra forma seria impossível de se alcançar. Por exemplo, uma pequena startup de reconhecimento facial de Kansas City chamada Zoloz foi adquirida pelo Alibaba por US$100 milhões em 2016; tornou-se o elemento-chave do serviço de pagamento da Alipay e, no processo, ganhou acesso a centenas de milhões de usuários sem ter que lidar com as rígidas leis de privacidade na Europa ou com a ameaça de possíveis processos judiciais nos Estados Unidos. Contudo, esse investimento não ocorre sem uma contrapartida pesada. Os investidores chineses não esperam somente um retorno sobre seus investimentos — eles também exigem PI (propriedade intelectual).

Na China, a exigência da PI em troca de capital não é uma peculiaridade cultural ou um meio ganancioso de os investidores prosperarem. Faz parte de uma manobra coordenada do governo. A China tem uma visão clara de seu futuro imediato no que tange ao seu domínio global em economia, geopolítica e político-militar — e enxerga a IA como o caminho que leva a esse objetivo. Nesse sentido, manter o controle absoluto sobre a informação é uma questão primordial para os líderes estaduais, assim a China adotou um regime autoritário a respeito do conteúdo e dos dados de usuários, uma política industrial concebida a transferir propriedade intelectual de empresas norte-americanas para seus parceiros chineses. Entre os exemplos se evidenciam conjuntos de dados específicos, algoritmos e o design de processadores. Muitas empresas norte-americanas que esperam fazer negócios na China devem primeiro assumir o compromisso de entregar a propriedade intelectual de suas tecnologias. E já existem regulamentações novas em vigor, obrigando as empresas estrangeiras a localizar suas pesquisas e desenvolvimentos na China e também a armazenar os dados usados *in loco*. A armazenagem de dados *in loco* é uma questão difícil para as empresas estrangeiras, já que o governo chinês poderia invocar sua autoridade para analisar dados e burlar a criptografia a qualquer momento.

Pequim leva a sério o planejamento em longo prazo. É uma tradição que remonta ao presidente Mao, que inaugurou o primeiro dos muitos planos quinquenais da China em 1953. (O presidente Xi lançou o 13º plano quinquenal em 2016.)[43] Tanto os líderes do governo quanto os do Partido Comunista adotam a previsão estratégica — fazendo com que a China seja um dos poucos países do planeta que planeja e mapeia uma estratégia econômica, política, militar e social abrangente que engloba décadas a fio rumo ao futuro. O governo chinês tem a capacidade única de implementar qualquer política que desejar e fazer o que for necessário para cumprir sua estratégia nacional, incluindo seu plano de 2030 para transformar a China no "principal polo de inovação de IA do mundo" e agregar uma indústria no valor de US$150 bilhões à sua economia até 2030. É pouco provável que esse plano seja revogado por um novo governo, uma vez que em março de 2018 a China aboliu os limites de tempo do mandato, e efetivamente permitiu que o presidente Xi Jinping permanecesse no poder de modo vitalício.

Sob o domínio de Xi, a China vivenciou uma impressionante consolidação de poder. Ele fortaleceu o Partido Comunista, limitou o fluxo de informações e instituiu novas políticas para potencializar uma miríade de planos de longo prazo, que ele espera começar a colher os frutos na próxima década. Nos níveis mais altos do governo da China, a IA assume o caráter vital. Ao contrário do ex-líder do PCC Deng Xiaoping, cuja filosofia de governo era "esconder nossas capacidades e esperar a nossa hora", Xi está pronto para mostrar ao mundo o que a China pode fazer — e ele pretende definir o ritmo global.[44] No presente momento, a liderança dentro da China está olhando para o futuro e executando planos ousados e unificados. Por si só, isso concede à China uma vantagem incrível sobre o Ocidente e, o mais importante, delega superpoderes à BAT.

Isso tudo está acontecendo durante um período de forte crescimento econômico na China, cuja classe média está proliferando a uma velocidade vertiginosa. Até 2022, mais de três quartos da população urbana da China ganharão dinheiro suficiente para fazer parte da classe média. Em 2000, apenas 4% de sua população era considerada de classe média — é um crescimento assombroso projetado em um curto período de tempo. Empregos com salários mais altos em tecnologia, biociências e serviços provavelmente empurrarão grande parte desse grupo da atual classificação para a "classe média alta". As famílias chinesas não têm quase nada de dívidas. Embora seja verdade que a pobreza exista em todo o país, a atual geração de crianças chinesas tem melhores condições para ganhar mais, economizar mais e gastar mais do que seus pais.[45] (Espantosamente, 70% dos norte-americanos se consideram parte da classe média, mas os dados do Pew Research Center mostram que essa classe média anda encolhendo nas últimas quatro décadas[46] — menos da metade dos norte-americanos ganha o suficiente para se enquadrar na categoria.)[47]

A China é uma força econômica poderosa e difícil de ignorar. A Marriott fechou um acordo para instalar 100 mil dos alto-falantes inteligentes da Alibaba em seus hotéis em toda a China, mas, quando Pequim descobriu que o hoteleiro listou Hong Kong, Taiwan, Tibete e Macau como países independentes em um questionário enviado por e-mail para recompensas dos membros do clube, os executivos da Marriott receberam uma notificação imediata de retirada. O governo informou à Marriott para encerrar suas atividades de todos os seus sites e aplicativos chineses, e a empresa cedeu. A Marriott, que vem expandindo por toda a China a fim aproveitar o mercado de sua crescente classe média, abriu recentemente mais de 240 hotéis e resorts de alto padrão. O presidente da empresa, Arne Sorenson, se viu publicando um surpreendente pedido de desculpas no site da empresa:

> A Marriott International respeita e apoia a soberania e integridade territorial da China. Lamentavelmente, duas vezes nesta semana, tivemos incidentes que sugeriam o oposto: o primeiro, identificando de forma errada determinadas regiões da China, incluindo o Tibete, como países, em um menu suspenso em uma pesquisa que enviamos aos nossos membros do programa de fidelidade; e o segundo, no descuidado "like" de um associado a um tuíte que sugeriu erroneamente nosso apoio a essa tratativa. Nada poderia estar mais errado: não apoiamos ninguém que subverte a soberania e a integridade territorial da China, e não pretendemos incentivar ou incitar tais pessoas ou grupos. Reconhecemos a gravidade da situação e pedimos sinceras desculpas.[48]

A China também é uma força geopolítica que se tornou poderosa demais para subverter. Está pressionando os governos estrangeiros em outro esquema nacional de longo prazo chamado Iniciativa do Cinturão e Rota, uma ambiciosa política externa que propõe a repaginação das rotas da Rota da Seda, que conta com 2 mil anos, de acordo com o século XXI. A China está gastando US$150 bilhões por ano em 68 países para modernizar a infraestrutura, como estradas, trilhos de alta velocidade, pontes e portos. Isso dificulta que um desses países escape à política e à influência econômica exercida por Pequim durante um período em que os Estados Unidos recuam. Assim que a balança oscilou entre a incerteza e a instabilidade dentro da administração Trump, o presidente Xi firmou a China como um ponto de equilíbrio. Sem os Estados Unidos no comando, Xi começou a preencher a lacuna na liderança global.

Por exemplo, durante sua campanha, Donald Trump tuitou negando veementemente a realidade da mudança climática, incluindo uma teoria de conspiração bizarra de que se tratava de uma grande farsa perpetuada pelos chineses, que queriam somente prejudicar nossa economia.[49] Óbvio que não é verdade. Na última década, a China vem firmando alianças para reduzir os resíduos plásticos globais, realizar a transição para a energia renovável e eliminar seus próprios poluentes industriais. Aliás, o país não teve escolha: décadas importando lixo, o que lhe rendeu a alcunha de lixeira do mundo, resultaram em poluição monstruosa, disseminação de doenças e redução da expectativa de vida no país. Em 2017, o governo anunciou que a China, que comprou e processou 106 milhões de toneladas de sucata desde 1992, não importaria mais o lixo do mundo.[50] Como os EUA não têm um planejamento de longo prazo, não temos um plano alternativo pronto. Atualmente, não temos nenhum outro lugar para enviar nosso lixo, o que significa que a China está impelindo outros países ao redor do mundo a pararem de usar materiais que não podem ser reciclados. A China rapidamente se tornou líder global em sustentabilidade e é poderosa o bastante para ditar as regras.

Na China, as pessoas gostam das *chengyu*, expressões idiomáticas chinesas que visam transmitir um pouco de sabedoria. Lembro-me de uma delas que descreve este momento específico: 脱颖而出, que se traduz em "a semente se despoja de sua casca e frutifica".[51] Agora o país mostra plenamente ao mundo sua força e seu poder, publicamente.

A consolidação do poder de Xi, junto com a ascensão econômica e a influência da China, criou as condições perfeitas para que as tribos da IA prosperassem, sobretudo dado a iniciativa unificada da IA em todos os cantos do país. Existe um parque de pesquisa de US$2 bilhões que está sendo construído nos arredores de Pequim, que se concentrará em aprendizado profundo, computação em nuvem e biometria e contará com um laboratório de pesquisa e desenvolvimento em nível estadual. O governo não está somente investindo na BAT, mas também a protege contra a competição ferrenha do mundo. O governo chinês baniu o Google e o Facebook do país, e impossibilitou a entrada da Amazon no mercado. As empresas BAT são o coração do plano de 2030 do governo, que depende de modo providencial de suas tecnologias: sistemas de condução autônoma do Baidu, IoT do Alibaba e sistemas de varejo conectados, e o trabalho da Tencent em interfaces de conversação e assistência médica.

* * *

Por isso, as tribos da IA da China devem estar preocupadas com você, independentemente de que lugar no mundo você vive.

Em primeiro lugar, a economia da China vem crescendo a um ritmo acelerado, e o rápido desenvolvimento da IA potencializará a escalada do país. No final de 2017, por meio da modelagem e da análise da minha equipe do Future Today Institute, demonstrei que a IA tem o potencial de impulsionar a economia da China em 28% até 2035. A IA — alimentada pelo grande número de chineses e seus dados, automação abrangente, aprendizado de máquina, autocorreção em escala e melhorias dos investimentos eficientes — estimulará o crescimento em toda a manufatura, agricultura, varejo, fintech e serviços financeiros, transporte, serviços públicos, assistência médica e mídia de entretenimento (incluindo plataformas) chineses.

Neste exato momento, não há outro país na Terra com tantos dados quanto a China, tantas pessoas quanto a China e tantos eletrônicos *per capita*. Nunca em nossas vidas nenhum outro país esteve em condições de ser maior do que a economia dos Estados Unidos. Nenhum outro país tem mais potencial para influenciar o ecossistema, o clima e os padrões climáticos do nosso planeta — levando à sobrevivência ou à catástrofe — do que a China. Nenhum outro país reconciliou o mundo desenvolvido e em desenvolvimento como a China. Como poder comunista e força motriz econômica, o país é um parceiro que agora é grande demais para ser ignorado, um adversário político que tem pontos de vista extremamente diferentes no que diz respeito aos direitos humanos e um canal para alianças globais. O aumento da riqueza vem acompanhado do poder. A China está se posicionando para influenciar a oferta global de dinheiro e comércio internacional, destituindo inevitavelmente outros países dessas posições de poder e influência, além de enfraquecer os ideais democráticos ao redor do mundo.

Em segundo lugar, a China alavancará seus avanços em IA e estímulo econômico a fim de modernizar seu poderio militar, conquistando uma vantagem sobre as nações ocidentais. Essa transição já começou como parte de um programa de vigilância doméstica aerotransportado, de codinome Dove. Mais de 30 agências militares e governamentais colocaram em campo "aves espiãs" que se parecem com pássaros brancos, imitando o bater biológico das asas. Os drones são parte de um programa de drones inspirados de forma biológica, com o intuito de sabotar radares e burlar a detecção humana.[52] Os drones registram o movimento, e um sistema de inteligência artificial procura padrões, reconhece rostos e identifica anomalias. Contudo, os pássaros espiões, ainda que pareçam assustadores, são a menor das suas preocupações.

No final de 2017, um relatório não divulgado do Pentágono, obtido por repórteres da Reuters, alertou que as empresas chinesas estavam burlando a vigilância dos EUA e obtendo acesso à tecnologia confidencial de inteligência artificial para possíveis aplicações militares por meio da compra de participações em empresas norte-americanas. O Exército de Libertação do Povo da China (PLA) está investindo pesado em uma série de projetos e tecnologias relacionados à IA, ao mesmo tempo em que os institutos de pesquisa do PLA fazem parceria com a indústria de defesa chinesa.[53]

A China não travou uma guerra física em nenhum país desde o Conflito Sino-Vietnamita de 1979. E, aparentemente, a China não tem adversários militares à altura — não sofreu ataques terroristas, não tem relações antagônicas com os suspeitos de costume (por exemplo, Rússia, Coreia do Norte) e não fez inimigos de outras nações. Então, por que a força militar?

Porque no futuro as guerras serão travadas por meio de código, e não combate corpo a corpo. Ao empregar técnicas de IA, um exército pode "vencer" desestabilizando uma economia em vez de explodir os campos e os centros das cidades. A partir dessa perspectiva, e tendo em conta a marcha unificada chinesa rumo ao progresso da inteligência artificial, a China está perigosamente à frente do Ocidente.

Em minha opinião, chegamos a essa conclusão tarde demais. Em minhas reuniões no Pentágono com funcionários do Departamento de Defesa, levou muito tempo para chegarmos a uma visão alternativa no que diz respeito ao futuro da guerra (código versus combate) e a um alinhamento de todas as partes. Por exemplo, em 2017, o DoD montou uma equipe multifuncional de guerra algorítmica para trabalhar no chamado Project Maven — um sistema de visão computacional e aprendizado profundo que reconhece por conta própria objetos a partir de imagens estáticas e vídeos. A equipe não tinha os recursos necessários de inteligência artificial, de modo que o DoD contratou o Google para ajudar a treinar sistemas de IA com o objetivo de analisar os registros dos drones. Porém ninguém informou aos funcionários designados do Google que o projeto para o qual eles trabalhavam era um projeto militar, e isso provocou uma reação negativa de ampla repercussão. Quatro mil funcionários do Google assinaram uma petição contestando o Project Maven. Eles bancaram um anúncio em uma página inteira do *New York Times* e, no final das contas, dezenas de funcionários se demitiram.[54] Por fim, o Google disse que não renovaria seu contrato com o DoD.

A Amazon também foi atacada por causa do contrato com o Pentágono no valor de US$10 bilhões. Em outubro de 2018, o comitê da House Appropriations nomeou Tom Cole, um republicano de Oklahoma, e Steve Womack, republicano do Arkansas, acusando o DoD de conspirar com a Amazon com o intuito de personalizar o contrato para que nenhum outro gigante tecnológico fosse elegível. Mas esta não foi a única acusação. Houve uma pequena onda de conflitos de opiniões na Amazon. Alguns de seus funcionários ficaram indignados com o fato de a empresa fazer qualquer trabalho com os militares dos EUA, ao passo que outros não gostaram nada de que a tecnologia de reconhecimento facial da empresa fosse utilizada pela polícia. Em resposta, Jeff Bezos disse ao público em uma conferência: "Se as grandes empresas de tecnologia derem as costas para o Departamento de Defesa dos EUA, este país enfrentará problemas."[55]

Enquanto nos EUA nossos gigantes da tecnologia navegam em águas perigosas entre a segurança nacional e a total transparência, os relacionamentos que a BAT tem com o governo da China são exatamente o oposto. Mas veja um exemplo estarrecedor: a postura atual das Forças Armadas dos Estados Unidos é que um humano deve sempre participar, independentemente de quanto a IA, os sistemas não tripulados e os robôs se tornem avançados. Isso garantirá que, algum dia, não possamos ceder autoridade letal ao software. Esse não é o caso da China.[56] O Tenente-general do PLA Liu Guozhi, que dirige a Comissão de Ciência e Tecnologia do Exército Chinês, é citado como advertência: "(Nós) devemos... agarrar a oportunidade para mudar os paradigmas."[57] Fora uma maneira indireta de anunciar a intenção da China de restabelecer sua hegemonia militar.

Em terceiro lugar, se as vantagens econômicas e militares não forem preocupantes o suficiente, a opinião da China sobre a privacidade será. Mais uma vez, por que você se importaria com isso se não é um cidadão chinês? Porque governos autoritários se formam o tempo todo e costumam seguir à risca as cartilhas dos regimes instituídos. Com o crescimento do nacionalismo globalmente, a forma como a China está usando a IA poderia se tornar um modelo em outros países nos próximos anos. Isso poderia desestabilizar os mercados, o comércio e o equilíbrio geopolítico.

No que mais tarde será visto como um dos experimentos sociais mais difundidos e insidiosos com a humanidade, a China está usando a inteligência artificial em uma manobra para promover uma população obediente. O plano IA 2030 do Conselho de Estado explica que a IA "elevará significativamente a capacidade e o nível de governança social" e será confiável para desempenhar "um papel insubstituível na manutenção efetiva da estabilidade social".[58] Isso está sendo colocado em prática por meio do Sistema Nacional de Pontuação de

Crédito Social da China, que, de acordo com a Carta Magna do Conselho de Estado, "permitirá que as pessoas confiáveis percorram todo o mundo sob o céu, e dificultará para os desrespeitosos um único passo".[59] Essa é uma ideia que remonta a 1949, quando o Partido Comunista assumiu o poder pela primeira vez e começou a experimentar diversos regimes de controle social. Durante o governo de Mao Tsé-Tung, nos anos 1950, o policiamento social passou a ser a norma: os trabalhadores eram forçados a organizar grupos agrícolas comunitários e recebiam classificações baseadas em seus resultados. Indivíduos policiavam uns aos outros como membros de grupos agrícolas, e essa classificação ditava o quanto de acesso alguém tinha aos bens públicos. O sistema caiu por terra sob o comando de Mao e entrou em colapso novamente na década de 1980 porque, como se provou, os seres humanos não são juízes adequados uns dos outros — eles são motivados por suas próprias necessidades individuais, inseguranças e preconceitos.

Em 1995, o então presidente Jiang Zemin imaginou um sistema de policiamento social que alavancasse a tecnologia — e em meados dos anos 2000, o governo chinês trabalhava para construir e implementar um sistema de pontuação que funcionasse automaticamente.[60] O governo firmou parceria com a Universidade de Pequim a fim de instituir o Centro de Pesquisa de Crédito da China com o intuito de pesquisar como construir e implementar um sistema nacional de pontuação de crédito social baseado em IA. Isso explica parcialmente a insistência do atual presidente em relação à IA. Ele promete não apenas fazer valer essa ideia proposta no início do Partido Comunista, como, o mais importante, mantê-lo no poder.

Na cidade de Rongcheng, um sistema de pontuação de crédito social algorítmico já provou que a IA funciona. Seus 740 mil cidadãos adultos recebem mil pontos para começar e, dependendo do comportamento, os pontos são adicionados ou descontados. Um "ato heroico" pode render 30 pontos para um cidadão, enquanto a avançar um semáforo desconta automaticamente 5. Os cidadãos são rotulados e classificados em diferentes categorias, que variam entre A+++ e D, e suas escolhas e capacidade de ir e vir livremente são ditadas por sua nota. A categoria C pode descobrir que eles devem primeiro pagar uma caução para alugar uma bicicleta pública, ao passo que a categoria A pode alugá-las por

90 minutos sem pagar nada adiantado. Em Rongcheng, as pessoas não são as únicas a serem pontuadas; as *empresas* também recebem pontos por comportamento — e sua capacidade de fazer negócios depende muito da classificação de suas categorias.[61]

Microfones direcionais e câmeras inteligentes com tecnologia IA agora pontuam as rodovias e ruas de Xangai. Os motoristas que buzinam em excesso recebem automaticamente uma multa via o WeChat da Tencent, enquanto seus nomes, fotografias e números de carteira de identidade nacional são exibidos em painéis de LED nos arredores da cidade. Se um motorista parar no acostamento de uma rodovia por mais de sete minutos, tal ação acionará outra multa instantânea.[62] Não é apenas a notificação e a multa — os pontos são deduzidos na pontuação de crédito social do motorista. À medida que pontos suficientes são deduzidos, eles terão dificuldades para reservar passagens aéreas ou conseguir um novo emprego. Existe um episódio popular de *Black Mirror* prenunciando um futuro distópico como este. Em Xangai, esse futuro já chegou.

A vigilância em nível estadual é possibilitada pela BAT, que por sua vez é incentivada pelas muitas políticas institucionais e industriais da China. O serviço de crédito Zhima do Alibaba não divulgou publicamente que faz parte do sistema nacional de crédito; no entanto, o sistema *calcula* a linha de crédito disponível de uma pessoa com base em coisas como o que ela compra e quem são seus amigos na rede social da Alipay. Em 2015, o diretor de tecnologia da Zhima Credit afirmou publicamente que comprar fraldas seria considerado "um comportamento responsável", ao passo que jogar videogames por muito tempo seria considerado um demérito.[63]

Lembre-se de nossa discussão anterior sobre a introdução da Police Cloud da China, que fora arquitetada para monitorar e rastrear pessoas com problemas de saúde mental, que criticassem publicamente o governo ou que fossem minorias étnicas. O Programa de Operações Integradas utiliza a IA para detectar desvios de padrões, como pedestres caminhando em lugares que não são permitidos segundo as leis de trânsito, de acordo com taxa de pontuação de crédito social da China e conforme a classificação dos cidadãos com base em seu comportamento. A tomada de decisões dos sistemas de IA usam essas pontuações para determinar quem pode obter um empréstimo, quem pode viajar e até onde seus filhos podem frequentar a escola.

Robin Li, um dos fundadores do Baidu, alegou que, para os chineses, a privacidade não é um valor fundamental como é no Ocidente. "O povo chinês é mais aberto ou menos suscetível à questão da privacidade", disse Li em uma audiência no Fórum de Desenvolvimento da China, em Pequim. "Se eles são capazes de negociar privacidade por conveniência, segurança e eficiência, em muitos casos estão dispostos a fazer isso."[64] Ou, talvez, tenha mais a ver com as consequências.

Eu diria que a pontuação de crédito social nacional da China não tem a ver com o fortalecimento do Partido Comunista ou com um meio complicado de conquistar vantagem estratégica sobre aqueles que trabalham com a IA no Ocidente. Pelo contrário, trata-se de exercer um controle total para moldar nossa economia global. No início de 2018, o presidente Xi informou à agência de notícias estatal *Xinhua* que "gastamos menos dinheiro e, mesmo com olhares de desaprovação, construímos 'duas bombas e um satélite'", que era uma referência a um programa de armas militares desenvolvido com o apoio de Mao. "Isso aconteceu porque usamos o que há de melhor no sistema socialista. Concentramos nossos esforços para fazer grandes coisas. O próximo passo é fazer o mesmo com a ciência e a tecnologia. Temos que abandonar falsas esperanças e confiar em nós mesmos."[65]

Xi repudia as noções de economias de mercado, uma internet livre e um ecossistema diversificado de ideias concorrentes e complementares. A economia doméstica rigidamente controlada da China impede a concorrência. O governo está habilitando as "splinternets", em que as regras da internet dependem da localização física do usuário. O país está centralizando a política cibernética, reprimindo a liberdade de expressão e afirmando-se em todos os aspectos da terceira era da computação mediante o controle regulatório: a infraestrutura da internet, o fluxo global de dados e o hardware estão cada vez mais sujeitos à aprovação de Pequim. Em um evento em 2016, Xi disse que, de agora em diante, o governo passaria a ter o total poder discricionário para determinar como ele protegeria as redes, os dispositivos e os dados.⁶⁶

Tal poder exercerá controle considerável ao seduzir seus parceiros da Iniciativa do Cinturão e Rota com os projetos pilotos de infraestrutura e tecnologia. A Tanzânia foi selecionada como a parceira do piloto — e, talvez não por coincidência, agora o país tenha adotado muitas das ciberpolíticas da China. O governo da Tanzânia recebeu assistência técnica de seus parceiros chineses, e um representante governamental da Tanzânia disse que "nossos amigos chineses conseguiram bloquear a mídia estrangeira em seu país e substituíram-na por seus sites locais seguros, construtivos e populares".⁶⁷ A mesmíssima coisa ocorre em outras partes da África. Atualmente, o Vietnã adotou as rigorosas leis de cibersegurança da China. Em junho de 2018, a Índia considerava uma legislação que retratasse as exigências da China para o armazenamento de dados domésticos e o fornecimento de tecnologias domésticas de segurança cibernética.⁶⁸

Mas e se a China começar a influenciar seus parceiros da Iniciativa do Cinturão e Rota de tal forma que uma de suas principais exportações seja seu sistema nacional de pontuação de crédito social? Não é difícil enxergar como as autocracias do mundo, entre elas a Turquia e Ruanda, podem ser possíveis compradoras da tecnologia de vigilância da China. E quanto aos outros países, como o Brasil e a Áustria, que cederam ao populismo e, neste momento, têm líderes nacionalistas? E se uma agência governamental em *seu país* esteja sendo influenciada ou esteja pensando seriamente em adotar um sistema de pontuação de crédito social, que comece a monitorá-lo sem o seu consentimento explícito? Você saberia que teve uma pontuação, talvez uma que o colocou em uma lista de observação?

Mas e se as empresas estrangeiras forem avaliadas por sistemas de categorias e receberem tratamento preferencial ou forem impedidas de fazer negócios com a China — ou até mesmo umas com as outras? À medida que a economia da China cresce, o que acontece se esse poder e influência se alastrar por meio da internet, de nossos gadgets e dispositivos, e da própria IA?

E se a China criar uma pontuação de crédito social para pessoas fora de suas fronteiras, usando dados que ela extrai da internet gratuita e aberta e das redes sociais do Ocidente? E se ela estiver acumulando todos os dados ambientais que você deixou para trás após visitar a Grande Muralha e a Cidade Proibida? E quanto a todas as operações de hackers que ouvimos com frequência, em que grandes violações de dados parecem ser provenientes de redes localizadas na China?

Existe outra razão pela qual devemos nos preocupar com os planos da China, e isso no leva de volta ao lugar onde as tribos da IA se organizam: a educação. A China está absorvendo ativamente professores e pesquisadores dos polos de IA no Canadá e nos Estados Unidos, oferecendo-lhes pacotes convidativos de repatriação. Já vivemos uma escassez de cientistas de dados treinados e especialistas em aprendizado de máquina. Exaurir as pessoas pouco a pouco em breve criará uma verdadeira lacuna de talentos no Ocidente. Sem dúvidas, esse é o jogo de longo prazo mais inteligente da China — porque faz com que o Ocidente perca sua capacidade de competir no futuro.

O canal de talentos da China está absorvendo os pesquisadores de volta ao continente como parte do intitulado Plano Mil Talentos. A expansão crescente da BAT criou demanda por pessoas talentosas — a maioria delas estudou nos Estados Unidos e atualmente trabalha em universidades e empresas norte-americanas. Este programa do governo tem como alvo os principais tecnólogos e acadêmicos experientes, oferecendo-lhes uma espécie de bilhete da loteria premiado: proporcionar-lhes incentivos financeiros convincentes (tanto pessoais quanto projetos de pesquisa) e uma chance de ingressar em um ambiente de pesquisa e desenvolvimento imune às restrições regulamentais e administrativas comuns dos Estados Unidos. Mais de 7 mil pessoas foram aceitas no programa até agora e receberam uma bonificação especial do governo chinês: 1 milhão de yuans (cerca de US$151 mil), um orçamento inicial de pesquisa pessoal de 3 a 5 milhões de yuans (US$467 mil–US$778 mil), auxílio moradia e educacional, auxílio refeições, reembolso de deslocamentos, assistência para ajudar os cônjuges a conseguir novos empregos e até mesmo viagens pagas para visitar sua casa.[69] Todos esses repatriados — de alguma forma, mesmo que seja a passos lentos — acabam usando seus talentos em nome da BAT.

A Tribo dos Estados Unidos: A MÁFIA-G

Se a IA for a corrida espacial da China, o país está atualmente em posição de vencer e conquistar uma vitória das grandes. Durante os últimos dois anos, quando a IA ultrapassou marcos importantes, a administração Trump desviou dinheiro da pesquisa de ciência e tecnologia, espalhou informações falsas sobre o impacto da IA em nossa mão de obra, afastou-se de nossos parceiros estratégicos globais e insultou repetidas vezes a China com taxas.

Em breve, tentaremos compreender que nossos legisladores não têm uma grande estratégia para a IA, muito menos uma estratégia de longo prazo. Preencher as lacunas é o oportunismo e o impulso para o sucesso comercial. As grandes empresas norte-americanas podem ter sucesso individual, todavia não fazem parte de uma iniciativa coordenada a fim de se reunir e centralizar o poder econômico e militar nos Estados Unidos. Não que eles poderiam — ou deveriam — concordar com esse esquema.

A origem da parte norte-americana dos Nove Titãs da IA é agora uma história conhecida, porém menos conhecidas são as mudanças significativas que estão por vir na relação entre os membros dos Nove Titãs da IA dos Estados Unidos, seus dados e os dispositivos que você usa.

A fatia norte-americana dos Nove Titãs — Google, Microsoft, Amazon, Facebook, IBM e Apple — é criativa, inovadora e responsável pelos maiores progressos em IA. Eles funcionam como uma *máfia* no sentido mais puro da palavra (e não pejorativo): trata-se de uma super-rede fechada de pessoas com interesses e origens semelhantes trabalhando em um campo que tem uma influência controladora sobre nossos futuros. Neste momento em particular, o Google exerce o máximo de influência sobre o campo da IA, nossos negócios, nosso governo e nosso dia a dia. Por isso, vamos nos referir às empresas norte-americanas como a MÁFIA-G. Não é de se espantar que elas tenham despertado tanta imitação na China ou que, em grande parte, tenham sido impedidas de fazer negócios em terras chinesas. Elas não começaram como empresas de IA, mas nos últimos três anos todas as seis mudaram seu centro de gravidade para se concentrar na viabilidade comercial da IA, a despeito da pesquisa e do desenvolvimento, parcerias e novos produtos e serviços.

Na China, o governo exerce controle sobre a BAT. Nos Estados Unidos, a MÁFIA-G exerce poder e influência consideráveis sobre o governo, em parte devido ao sistema de economia de mercado dos EUA e porque temos uma aversão categórica cultural em relação ao forte controle governamental dos negócios. Mas existe outra razão pela qual a MÁFIA-G é tão influente — ela fora ignorada pelos legisladores de Washington. Enquanto Xi estava consolidando o poder doméstico e lançando publicamente seu plano de 2030 visando a supremacia global da IA, o vice-assistente de política tecnológica de Trump, Michael Kratsios, disse a um grupo de líderes do setor reunidos na Casa Branca que o melhor caminho para os Estados Unidos era que o Vale do Silício traçasse seu próprio curso independentemente, sem a intervenção do governo.[70]

Existe uma falta de equilíbrio de poder porque o governo dos EUA não conseguiu construir as redes, os bancos de dados e a infraestrutura de que precisa para operar. Logo, o país precisa da MÁFIA-G. Por exemplo, o negócio de computação em nuvem da Amazon provavelmente chegará perto dos US$4,6 bilhões em 2019 — ao passo que a empresa espacial privada de Jeff Bezos, a Blue Origin, deve começar a apoiar a NASA e o Pentágono em diversas missões. Nos Estados Unidos, o governo confia na MÁFIA-G e, como somos uma economia orientada para o mercado, com leis e regulamentos em vigor para proteger as empresas, o Vale do Silício tem uma quantidade significativa de influência. Permita-me que eu seja muito clara: não invejo o papel da MÁFIA-G como empresas bem-sucedidas e lucrativas. Tampouco acredito que ganhar muito dinheiro seja negativo. A MÁFIA-G não deve sofrer restrições ou regulamentações em sua busca pelo lucro, desde que não esteja infringindo outras leis.

Mas toda essa oportunidade tem um preço. Existe uma pressão gigantesca para a MÁFIA-G construir aplicações práticas e comerciais para IA o mais rápido possível. No espaço digital, os investidores estão habituados a ganhos rápidos e inesperados. O Dropbox, uma plataforma de compartilhamento de arquivos, alcançou uma valorização de US$10 bilhões apenas seis anos após seu lançamento. A empresa de capital de risco do Vale do Silício, a Sequoia Capital, detinha uma participação de 20% quando o Dropbox fez sua Oferta Pública Inicial, fazendo com que suas ações valessem US$1,7 bilhão.[71] No Vale do Silício, as startups avaliadas em mais de US$1 bilhão são chamadas de "unicórnios" e, com uma avaliação dez vezes maior, o Dropbox é conhecido como "superunicórnio". Em 2018, havia unicórnios e superunicórnios o bastante para lotar um zoológico do Vale do Silício, e muitos deles eram parceiros da MÁFIA-G, incluindo SpaceX, Coinbase, Peloton, Credit Karma, Airbnb, Palantir e Uber. O dinheiro rápido vem com a crescente expectativa de que o produto ou serviço começará a recuperar seu investimento, seja por meio de adoção generalizada, aquisição ou campanha publicitária no mercado.

Você tem um relacionamento pessoal com a MÁFIA-G, mesmo que não use seus produtos conhecidos. A teoria dos "seis graus de separação" é um jeito matemático de explicar como estamos todos conectados — você está a um grau de separação longe de qualquer um que conheça e a dois de pessoas que eles conhecem, e assim por diante. Surpreendentemente, existem poucos graus de separação entre você e a MÁFIA-G, mesmo se você estiver offline.

Dois terços dos adultos norte-americanos usam o Facebook agora,[72] e a maioria dessas pessoas utiliza a rede social pelo menos uma vez por dia, o que significa que, mesmo que não a utilize, é muito provável que alguém que esteja próximo a você use. Existe no máximo um ou dois graus de separação entre você e o Facebook, ainda que nunca tenha gostado da postagem de alguém e mesmo que tenha excluído sua conta. Quase metade de todos os lares norte-americanos é assinante da Amazon Prime, então você tem um grau de separação de um a três entre você e a Amazon.[73] Se visitou um consultório médico na última década, existe somente um grau de separação entre você, a Microsoft e a IBM. No total, 95% dos norte-americanos têm smartphones,[74] dando-lhe somente um grau de separação entre você e o Google ou a Apple.

Apenas por estar vivo nas últimas duas décadas, você tem gerado dados para a MÁFIA-G, ainda que não utilize seus serviços e produtos. Isso porque adquirimos um grande número de gadgets e dispositivos inteligentes que geram dados — nossos telefones celulares, dispositivos GPS, alto-falantes inteligentes, TVs e PVRs conectados, câmeras de segurança, monitores fitness, monitores de jardim sem fio e equipamentos de ginástica conectados — e porque grande parte de nossas comunicações, compras, trabalho e vida diária acontecem nas plataformas da MÁFIA-G.

Nos Estados Unidos, terceiros podem obter acesso a todos esses dados para fins comerciais ou para fazer com que os diversos sistemas em que confiamos fiquem mais úteis. Agora, você pode comprar em muitos sites usando o cartão de crédito e o endereço que armazenou na Amazon, ou entrar em muitos sites diferentes utilizando suas credenciais do Facebook. A capacidade de usar a MÁFIA-G para outros serviços está vinculada a todos os dados que geramos — na forma de fotos, arquivos de áudio, vídeos, informações biométricas, uso digital e afins. Todos os nossos dados são armazenados na "nuvem", uma palavra que se refere ao software e serviços que são executados na internet, e não em seu dispositivo pessoal. E — não é de se admirar — existem quatro provedores principais de nuvem: Google, Amazon, Microsoft e IBM.

Você acessou a nuvem diretamente (por exemplo, criando documentos e planilhas do Google compartilhados) e indiretamente (quando seu telefone celular sincroniza e faz o backup automático das fotos tiradas). Caso tenha um iPhone ou iPad, está usando a nuvem privada da Apple. Se acessou o Healthcare.gov nos EUA, estava na nuvem da Amazon. Caso seu filho tenha tido uma festa de aniversário na Build-A-Bear, ele estaria usando a nuvem da Microsoft. Na última década, a nuvem se tornou um grande negócio — tanto que nem a consideramos muito interessante, notável ou tecnologicamente empolgante. Apenas existe, como eletricidade e água corrente, e só pensamos nela quando nosso acesso é interrompido.

Todos nós estamos gerando dados, usando e confiando cegamente nas tribos de inteligência artificial e nos sistemas comerciais que elas criaram. Nos EUA, nossos dados são muito mais reveladores do que o número da previdência social que aprendemos a guardar com tanto cuidado. Com nossos números da previdência social, alguém pode abrir uma conta bancária ou fazer um financiamento de carro. Com os dados que gerados na nuvem, a MÁFIA-G poderia, teoricamente, afirmar se você está grávida e ninguém sabe, se seus funcionários o acham incompetente ou se está enfrentando uma doença terminal — e a MÁFIA-G provavelmente saberia tudo isso antes mesmo de você. A perspectiva divina que a MÁFIA-G tem em nossas vidas não é de todo ruim. De fato, existem inúmeras formas de minerar nossos dados pessoais a fim de se gerar informações úteis, o que pode resultar em uma vida mais saudável e feliz para todos nós.

Por mais poderosos que possam parecer a nuvem e a IA da MÁFIA-G, ela ainda é prejudicada por algumas limitações: o hardware. A arquitetura atual da IA tem sido boa o suficiente para criar produtos específicos com inteligência artificial, como o filtro de spam do Gmail ou o serviço de transcrição de "visual voicemail" da Apple. Mas também deve buscar as aplicações gerais da inteligência artificial (AGI), um jogo de longo prazo que agora se pode enxergar lá no horizonte. E isso exige hardware de IA personalizado.

A razão pela qual a AGI requer hardware personalizado tem algo a ver com John von Neumann, o cientista da computação mencionado anteriormente, que desenvolveu a teoria por trás da arquitetura dos computadores modernos. Lembre-se: na época de von Neumann, os computadores eram alimentados com programas e dados separados para processamento — em sua arquitetura, os programas de computador e os dados eram armazenados na memória da máquina. Tal arquitetura ainda existe em nossos modernos notebooks e desktops, com dados se movimentando entre o processador e a memória. Na hipótese de você não ter dados o bastante, a máquina esquentaria, você receberia uma mensagem de erro ou simplesmente ela desligaria. É um problema conhecido como "gargalo de von Neumann". Não importa a potência do processador, a memória do programa e a memória de dados causam o gargalo de von Neumann, restringindo a taxa de transferência de dados. Quase todos os nossos computadores atuais têm como base a arquitetura de von Neumann, e o problema é que os processadores existentes não podem executar programas de modo mais rápido do que são capazes de recuperar as instruções e os dados da memória.

O gargalo é um grande problema para a IA. Hoje em dia, quando você fala com sua Alexa ou Google Home, sua voz está sendo gravada, analisada e transmitida para a nuvem em busca de uma resposta — dada a distância física entre você e os inúmeros datacenters envolvidos, chega a ser espantoso que a Alexa consiga responder dentro de um segundo ou dois. Como a IA está presente em outros dispositivos nossos — na forma de smartphones com sensores biométricos, câmeras de segurança que focam nossos rostos, carros que dirigem sozinhos ou robôs de precisão capazes de fazer a entrega de remédios — um delay de um ou dois segundos no processamento provocaria um resultado catastrófico. Um carro autônomo não pode realizar o procedimento de ping/latência da nuvem para cada ação, pois existem muitos sensores que precisam continuamente alimentar os dados para processamento.

A única solução é aproximar a computação da fonte dos dados, coisa que reduzirá a latência ao mesmo tempo que economiza largura de banda. Este novo tipo de arquitetura é chamado de "computação de borda" e é a evolução inevitável da arquitetura do hardware e sistemas de IA. A fim de que a IA progrida para os próximos estágios de desenvolvimento, o hardware precisa recuperar o atraso. Em vez de usar a nuvem da MÁFIA-G, em que ainda temos alguma possibilidade de definir permissões e configurações, em breve precisaremos convidá-los a participar de *todas* as máquinas que usamos. Ou seja, em algum momento na próxima década, o resto do ecossistema da IA acabará sendo canalizado em poucos sistemas da MÁFIA-G. Todas as startups e atores coadjuvantes — sem mencionar você nem eu — terão que aceitar uma nova ordem e jurar fidelidade a apenas alguns provedores comerciais, que agora desempenham o papel de sistemas operacionais em nossa vida cotidiana. Uma vez que seus dados, gadgets, eletrodomésticos, carros e serviços estiverem emaranhados, você não terá como escapar. À medida que comprar mais coisas — como telefones celulares, geladeiras conectadas ou fones de ouvido inteligentes —, você descobrirá que a MÁFIA-G se tornou o sistema operacional de sua vida cotidiana. É uma oferta para a humanidade difícil de recusar.

Os cálculos de aprendizado profundo precisam de hardware especializado porque exigem potência. Como favorecem a otimização em detrimento da precisão e são basicamente compostos de operações densas de álgebra linear, faz sentido que uma arquitetura nova de rede neural resulte em maior eficiência e, o mais importante, em velocidade no processo do design e da implementação. Quanto mais rápido as equipes de pesquisa puderem desenvolver e testar os modelos para o mundo real, mais perto chegarão dos casos de uso prático da IA.

Por exemplo, o treinamento de um modelo complicado de visão computacional atualmente demora semanas ou meses — e o resultado final somente demonstra que são necessários ajustes adicionais, o que significa começar tudo do zero. Um hardware melhor permite treinar modelos em questão de horas, ou mesmo em minutos, o que poderia ocasionar progressos semanais — ou até mesmo diários.

Por conta disso, o Google criou seu próprio chip personalizado, chamado TPUs (Unidades de Processamento de Tensor). Esses chips podem suportar seu framework IA de aprendizagem profunda, o TensorFlow. Em junho de 2018, o TensorFlow era a plataforma de aprendizado de máquina número um do GitHub, a maior plataforma online do mundo, na qual os desenvolvedores de software armazenam seus códigos. O download do TensorFlow foi feito mais de 10 milhões de vezes por desenvolvedores que vivem em 180 países e, no momento em que este livro estava sendo escrito, havia 24,5 mil repositórios ativos.[75] Somando-se ao framework, o Google lançou produtos adicionais, como o TensorFlow-GAN (uma biblioteca para módulos de rede gerativa adversária) e o TensorFlow Object Detection API (que ajuda os desenvolvedores a projetar modelos mais precisos de aprendizado de máquina para visão computacional). Os TPUs já estão sendo usados nos data centers do Google — eles potencializam modelos de aprendizado profundo em todas as consultas de pesquisa da empresa.

Não é à toa que o Google tentou adquirir o GitHub, que é usado por 28 milhões de desenvolvedores em todo o mundo, e é uma plataforma importante para os Nove Titãs da IA. Mas em junho de 2018, o Google perdeu o lance — para quem vocês imaginam? — para a Microsoft.[76]

O Facebook firmou uma parceria com a Intel com o intuito de desenvolver um chip IA para fins internos de pesquisa e desenvolvimento, que a empresa precisava a fim de impulsionar a eficiência para uma experimentação mais rápida. A Apple desenvolveu seu próprio chip "neural engine" para usar dentro de seu iPhone X, enquanto a Microsoft desenvolveu chips IA para seu headset de realidade híbrida HoloLens e para sua plataforma de computação em nuvem Azure. A BAT também está arquitetando seus próprios chips: em 2017, o Alibaba começou um recrutamento em massa no Vale do Silício para "arquitetos de chip

IA"[77] e, em 2018, lançou seus próprios chips personalizados — o Ali-NPU — que estão disponíveis em sua nuvem pública para qualquer um usar.

Com o intuito de antecipar as necessidades de um futuro próximo que exige um melhor desempenho, há muitos anos, a IBM desenvolveu seu chip neuromórfico TrueNorth e já está progredindo em um novo tipo de hardware que pode fazer com que as redes neurais fiquem 100 vezes mais eficientes. Para contextualizar, seria como comparar um ábaco feito de paus e pedras com o transportador de *Jornada nas Estrelas*. O novo tipo de chip usa dois tipos de sinapses, um para memória de longo prazo e outro para cálculo de curto prazo.

Estamos falando de nossas preferências modernas como "Você usa Windows ou Mac?" temperadas com algumas doses de anabolizantes. A maioria desses chips opera em frameworks que os Nove Titãs da IA classificam como "open source" — ou seja, os desenvolvedores podem acessar, usar e aprimorar os frameworks sem pagar nada. Mas o hardware em si é uma exclusividade e os serviços vêm com taxas de assinatura. Na prática, isso significa que, depois que um aplicativo for desenvolvido para um framework, será extremamente difícil migrá-lo para outro local. Desta forma, as tribos da IA estão inscrevendo novos membros — e um rito de iniciação é beijar o anel de um framework da MÁFIA-G.

Em uma campanha para comercializar a IA, a MÁFIA-G está recrutando desenvolvedores de modos criativos. Em maio de 2018, o Google e a plataforma de aprendizado online Coursera lançaram uma especialização nova em aprendizado de máquina. Porém você tem que usar o TensorFlow. O curso de cinco partes, que inclui um certificado para graduados, é descrito como uma forma de qualquer pessoa estudar sobre aprendizado de máquina e redes neurais. Os alunos precisam de dados e estruturas do mundo real, portanto aprendem no framework do Google.

O hardware faz parte da estratégia de IA da MÁFIA-G, que também tem conexões com o governo, de modos diferentes dos que vimos na China, mas que devem ser igualmente preocupantes, ainda que você não seja cidadão norte-americano. Isso porque, nos Estados Unidos, a IA serve a três mestres: Capitol

Hill, Wall Street e Vale do Silício. As pessoas que, de fato, elaboram as políticas e regulamentam o debate estão no Congresso, ou são funcionários federais de carreira que tendem a permanecer em seus empregos por décadas. Porém aqueles que definem as prioridades para esta política — nosso presidente e os chefes das grandes agências do governo (por exemplo, a Comissão de Comunicações Federais, o Departamento de Justiça e assim por diante) entram e saem do escritório em poucos anos. Não existe nenhum objetivo ou direcionamento nacional claro para a IA.

Somente há pouco que a China e seus planos para IA foram alvo de uma atenção mais acentuada — e isso se deve, sobretudo, porque o presidente Xi publicou um plano estratégico de longo prazo focado em IA e no uso de dados. Os norte-americanos têm algo chamado Comitê de Investimentos Estrangeiros nos Estados Unidos, ou CFIUS, que é um grupo bipartidário liderado pelo secretário do Tesouro e formado por membros dos departamentos do Tesouro, Justiça, Energia, Defesa, Comércio, Estado e Segurança Nacional. A função desse comitê é analisar e investigar negócios que possam colocar a segurança nacional em risco. Fora o CFIUS, que impediu a Broadcom, de Singapura, de adquirir a Qualcomm, fabricante de chips de San Diego. O CFIUS também rejeitou uma oferta de aquisição da MoneyGram, com sede em Dallas, pela empresa de pagamentos eletrônicos Ant Financial, controlada pelo Alibaba. À época em que este livro foi escrito, o CFIUS não estava focado em inteligência artificial, embora houvesse propostas para expandir seu alcance a fim de refrear os investimentos da China em empresas norte-americanas.

Neste ínterim, no Vale do Silício, é comum os funcionários se deslocarem de uma empresa à outra, enquanto os líderes tribais da IA tendem a ter uma posição mais sólida dividindo o tempo entre a MÁFIA-G e as universidades. Portanto, a IA continua percorrendo sua trajetória de desenvolvimento como o mantra da tribo — *construa primeiro e peça perdão depois* — que cresce cada vez mais. Durante anos, o Google digitalizou e indexou livros protegidos por direitos autorais sem primeiro pedir permissão, e a empresa acabou sofrendo uma ação judicial coletiva de editores e autores. O Google capturou imagens de nossas casas e bairros e as disponibilizou para que fossem pesquisáveis no

Google Maps sem antes nos pedir permissão (evitam pessoas sempre que possível e seus rostos ficam desfocados). A Apple descontinuou a produção de seus iPhones mais antigos à medida que seus novos modelos chegavam às prateleiras e pediu desculpas. A Post-Cambridge Analytica e o CEO do Facebook, Mark Zuckerberg, publicaram um pedido de desculpas geral em seu mural no Facebook, escrevendo: "Para aqueles que prejudiquei este ano, peço perdão e tentarei ser melhor. Pela maneira como meu trabalho foi usado para dividir as pessoas em vez de nos unir, peço perdão."

Entretanto, a MÁFIA-G tende a sofrer surtos rápidos de desenvolvimento até que algo de ruim aconteça, e então o governo se envolve. As políticas de dados do Facebook só chamaram atenção de Washington quando um ex-funcionário da Cambridge Analytica decidiu revelar tudo, explicando a facilidade com que nossos dados foram copiados e compartilhados. Em 2016, após um tiroteio em San Bernardino, na Califórnia, o governo federal tentou obrigar a Apple a criar uma back door no iPhone que pertencia ao terrorista. As agências governamentais e as autoridades legais argumentaram que quebrar a criptografia do telefone e entregar os dados privados era do interesse do público, enquanto os advogados defendiam a privacidade e que isso violaria as liberdades civis. A polícia conseguiu desbloquear o telefone sem a ajuda da Apple, por isso nunca descobrimos qual das partes tinha razão. Nos Estados Unidos, pode-se valorizar a privacidade, mas não há leis claras que abordem dados em pleno século XXI.

No verão de 2018, a equipe do gabinete do senador Mark Warner (DVA) distribuiu um documento político destacando uma série de propostas para frear nossos gigantes da tecnologia. Eles variavam entre elaborar uma nova legislação abrangente para espelhar as regras rígidas do GDPR da Europa e uma proposta que designasse plataformas web como fiduciários de informação que teriam que seguir um código de conduta obrigatório, não muito diferente dos escritórios de advocacia.[78] Alguns meses depois, o CEO da Apple, Tim Cook, foi ao Twitter postar uma mensagem sobre o futuro da privacidade, os grandes gigantes da tecnologia e os Estados Unidos. Em 24 de outubro, ele escreveu que as empresas deveriam ser responsáveis pela proteção total da privacidade do usuário. "As empresas devem reconhecer que os dados pertencem aos usuários e devemos facilitar que as pessoas obtenham uma cópia de seus dados pessoais, bem como corrigi-los e excluí-los", escreveu ele, continuando: "Todos têm direito à segurança de seus dados."[79] Ao pressentir que a regulação está se tornando uma possibilidade concreta nos EUA, a Apple vem promovendo seus serviços de proteção de dados e as proteções de privacidade incorporadas em seus sistemas operacionais móveis e de computador.

Concordamos com a segurança constante em troca de serviços. Isso possibilita que a MÁFIA-G gere receita para que possa melhorar e expandir suas ofertas para nós, sejam consumidores individuais ou clientes corporativos, como empresas, universidades, organizações sem fins lucrativos ou agências governamentais. É um modelo de negócios baseado no capitalismo de segurança. O que, se estivermos sendo bem honestos, é um sistema com o qual estamos acostumados nos EUA — caso contrário, não estaríamos mais utilizando serviços como Gmail, Microsoft Outlook e Facebook. Para trabalhar adequadamente, eles devem ter acesso a nossas trilhas de dados, que são extraídas, refinadas e empacotadas. Estou supondo que você use pelo menos um dos produtos e serviços oferecidos pela MÁFIA-G. Utilizo muitos deles com o pleno conhecimento do preço que estou pagando.

A questão implícita é que em breve não confiaremos somente na MÁFIA-G com nossos dados. À medida que passamos da IA estreita para a IA geral capaz de tomar decisões complexas, estaremos convidando-os diretamente para nossos armários de remédios e geladeiras, nossos carros e armários; além de óculos, pulseiras e fones de ouvido conectados e, logo, até nossas roupas. Isso permitirá que a MÁFIA-G automatize tarefas repetitivas para nós, nos ajude a tomar decisões e gaste menos de nossa energia mental pensando lentamente. Teremos zero grau de separação entre nós e a MÁFIA-G. Será impossível para os legisladores fazer valer qualquer autoridade, uma vez que toda a nossa existência estará interligada com essas empresas. Mas, em troca, do que exatamente estaríamos abrindo mão?

* * *

Os Nove Titãs da IA — a BAT (Baidu, Alibaba e Tencent) da China e a MÁFIA-G dos Estados Unidos (Google, Microsoft, Amazon, Facebook, IBM e Apple) — estão desenvolvendo as ferramentas e o ambiente que potencializarão o futuro das atividades da inteligência artificial. Eles são membros da tribo da IA, formados em universidades onde insuflam ideias e objetivos compartilhados, que se tornam ainda mais enraizados quando os formados ingressam no mercado de trabalho. O campo da IA não é imutável. À medida que a inteligência artificial para usos específicos evolui para a inteligência artificial de uso geral, os Nove Titãs desenvolvem novos tipos de sistemas de hardware e recrutam desenvolvedores que não conseguem escapar de seus frameworks.

O modelo de consumismo norte-americano da IA não é de todo maligno. Nem o modelo centralizado pelo governo da China. A própria IA não é necessariamente prejudicial à sociedade. No entanto, a MÁFIA-G é composta de empresas de capital aberto, com fins lucrativos, que precisam responder a Wall Street, independentemente das intenções altruístas de seus líderes e funcionários. Na China, a tribo BAT está em dívida com o governo chinês, que já decidiu o que é melhor para os chineses. O que quero saber — e o que você deveria exigir uma resposta — é: o que é melhor para toda a humanidade? Conforme a IA amadurece, como as decisões que tomamos hoje se refletem nas decisões que as máquinas tomarão em nosso nome futuramente?

CAPÍTULO TRÊS

CORTES DE FOLHAS DE PAPEL: AS CONSEQUÊNCIAS INDESEJADAS DAS IAS

"Primeiro criamos nossos hábitos, depois nossos hábitos nos criam."
—JOHN DRYDEN

"Você é meu criador, mas eu sou seu mestre."
—MONSTRO DE FRANKENSTEIN (DE MARY SHELLEY)

Ao contrário de todas as histórias trágicas que você ouviu e leu, nas quais a IA desperta repentinamente e decide destruir a humanidade, não haverá um evento único quando a tecnologia se tornar a protagonista e as coisas terminarem mal. O que estamos prestes a experimentar é mais como uma série gradual de cortes provocados por folhas de papel. Se pegar uma folha de papel e ela cortar o seu dedo, apesar de ser desagradável, você ainda continua com seus compromissos diários. Agora, se todo o seu corpo sofrer inúmeros cortes minúsculos provocados por uma folha de papel, você não morrerá, porém viver será uma verdadeira agonia. Suas tarefas cotidianas — calçar os sapatos e vestir as meias, comer tacos, dançar no casamento de uma prima — não seriam possíveis. Seria necessário aprender a viver uma vida diferente, restritiva e com consequências dolorosas.

Já sabemos que aprender ética e priorizar a inclusão não é obrigatório nas universidades, lugar em que as tribos da IA se formam, e nem nos Nove Titãs da IA, empresas em que as tribos acabam trabalhando juntas. Sabemos que o consumismo impulsiona a intensidade dos projetos e pesquisa de IA dentro da MÁFIA-G e que as BATs estão focadas em um plano centralizado do governo chinês. Fica cada vez mais evidente que talvez ninguém — nem uma agência de regulamentação global (algo semelhante à Agência Internacional de Energia Atômica), tampouco um grupo de universidades ou mesmo um grupo de pesquisadores — esteja fazendo perguntas complexas sobre a lacuna que está sendo criada, contrapondo nossos valores humanos em relação ao valor substancial econômico do plano da China de hegemonia da IA e dos objetivos comerciais do Vale do Silício. Alcançar um equilíbrio entre os dois não fora uma prioridade no passado, porque os Nove Titãs da IA têm sido grandes catalisadores de riqueza, eles desenvolvem serviços e produtos bacanas que todos nós gostamos de usar, e nos fazem sentir como mestres em nossos próprios domínios digitais. Não exigimos respostas a perguntas sobre os valores porque, no momento, sentimos que nossas vidas estão melhores com os Nove Titãs da IA fazendo parte dela.

Todavia, já estamos sofrendo os cortes de papel ocasionados pelas crenças e motivações dos criadores da IA. Os Nove Titãs não estão apenas arquitetando hardware e código, mas construindo máquinas pensantes que espelham os valores da humanidade. Hoje em dia, o abismo que existe entre as tribos da IA e as pessoas comuns já provoca consequências alarmantes.

Os Valores do Algoritmo

Você já se perguntou por que o sistema de inteligência artificial não é mais transparente? Já pensou em quais conjuntos de dados estão sendo usados — incluindo seus próprios dados pessoais — a fim de ajudar a IA a aprender? Em quais circunstâncias a IA está sendo ensinada a abrir exceções? Como os criadores equilibram a comercialização da IA com os desejos humanos básicos, como privacidade, segurança, sentimento de pertencimento, autoestima e autorrealização? Quais seriam os imperativos morais da tribo de IA? Qual seria sua noção de certo e errado? Eles estão ensinando empatia à IA? (A propósito, tentar ensinar empatia humana à IA seria uma pretensão útil e nobre?)

Cada um dos Nove Titãs tem um conjunto de valores formalmente adotados, mas que não respondem a essas perguntas. Pelo contrário, esses valores estipulados são crenças profundamente arraigadas que unificam, inspiram e entusiasmam funcionários e acionistas. Os valores de uma empresa funcionam como um algoritmo — um conjunto de regras e instruções que influenciam a cultura do escritório, o estilo de liderança e desempenham um grande papel em todas as decisões tomadas, da diretoria às linhas de código. A ausência da expressão de determinados valores também é acentuada, porque, fora dos holofotes, eles se tornam difíceis de enxergar e são facilmente esquecidos.

De início, o Google tinha como base um valor simples e essencial: "Não seja desumano."[1] Em sua proposta de oferta pública inicial de 2004, os fundadores Sergey Brin e Larry Page escreveram: "Eric [Schmidt], Sergey e eu pretendemos gerir o Google de modo diferente, colocando em prática os valores desenvolvidos como uma empresa privada rumo ao seu futuro como empresa pública. Buscamos otimização em longo prazo, em vez de tentar produzir lucros astronômicos a cada semestre. Estimularemos projetos selecionados de alto risco e alto retorno, e gerenciaremos nosso portfólio de projetos. Viveremos de acordo com nosso princípio de 'não sermos desumanos', assegurando a confiança do usuário."[2]

Os "princípios de liderança" da Amazon estão enraizados na estrutura de gerenciamento, e a essência desses valores está fundamentada na confiança, métricas, velocidade, simplicidade e resultados. Seus princípios difundidos incluem o seguinte:

- "Os líderes começam com o cliente e trabalham em todas as direções energicamente para conquistar e manter a confiança do cliente."
- "Os líderes buscam incansavelmente padrões elevados", que talvez as pessoas de fora pensem que "são excessivamente altos".
- "Muitas decisões e ações são reversíveis e não precisam de estudo extensivo. Nós valorizamos o risco calculado."
- "Faça mais com menos. Não há pontos complementares para aumentar o efetivo, o tamanho do orçamento ou a despesa fixa."[3]

O Facebook lista cinco valores essenciais, que incluem "ser ousado", "focar o impacto", "agir rápido", "ser aberto" sobre o que a empresa está fazendo e "agregar valor" aos usuários.[4] Enquanto isso, a "filosofia de gestão" da Tencent prioriza "treinar e estimular os funcionários a alcançar o sucesso" com base em "uma atitude de confiança e respeito" e tomar decisões com base em uma fórmula que se chama "Integridade + Proatividade + Colaboração + Inovação".[5] No Alibaba, "um foco inabalável no atendimento das necessidades de nossos clientes" é vital, assim como o trabalho em equipe e a integridade.[6]

Se eu desenhasse um diagrama de Venn de todos os valores e princípios operacionais dos Nove Titãs da IA, veríamos a sobreposição de alguns elementos-chave. Todos esperam que os funcionários e as equipes persigam uma melhoria profissional incessante, desenvolvam produtos e serviços sem os quais os clientes não consigam viver e gerem resultados para os acionistas. E, acima de tudo, eles valorizam a confiança. Os valores não são extraordinários — na verdade, eles se parecem com os valores da maioria das empresas norte-americanas.

Como a IA representa um grande impacto em toda a humanidade, os valores dos Nove Titãs da IA devem ser explicitamente detalhados — e devemos esperar deles um padrão ainda mais elevado do que das outras empresas.

O que está faltando é promulgar a exigência de que a humanidade deve estar no centro do desenvolvimento da IA, e que todas as iniciativas futuras devem se concentrar em melhorar a condição humana. Isso deve ser declarado explicitamente — e essas palavras devem repercutir em outros documentos da empresa, em reuniões de liderança, em equipes de IA e durante as vendas e comercialização. Entre os exemplos figuram os valores tecnológicos que se estendem além da inovação e eficiência, como a acessibilidade — milhões de pessoas têm necessidades especiais diferentes ou têm dificuldade para falar, ouvir, ver, digitar, entender e pensar. Ou valores econômicos que englobariam o poder das plataformas para crescer e distribuir o bem-estar material sem privar indivíduos ou grupos. Ou valores sociais, como integridade, inclusão, tolerância e curiosidade.

À medida que eu escrevia este livro, o CEO do Google, Sundar Pichai, anunciou que a empresa havia elaborado um novo conjunto de princípios básicos para reger o trabalho da empresa em relação à IA. No entanto, esses princípios não foram longe o bastante para definir a humanidade como o centro do futuro trabalho de IA do Google. O anúncio não fazia parte de um realinhamento estratégico dos valores essenciais da empresa; era uma medida preventiva, devido à repercussão interna do desastre do Project Maven — e a um incidente privado ocorrido no início do ano. Um grupo de engenheiros de software descobrira que um projeto no qual trabalhavam — um recurso de falha de segurança para serviços em nuvem — pretendia ajudar o Google a fechar contratos militares. A Amazon e a Microsoft obtiveram registros "conceituados" para uma nuvem governamental fisicamente separada, que as autorizava fazer a manutenção de dados confidenciais. O Google queria competir por contratos lucrativos do Departamento de Defesa, e, quando os engenheiros descobriram, eles se rebelaram. Essa revolta fez com que 5% dos funcionários do Google denunciassem publicamente o Project Maven.[7]

Isso dera início a um surto de protestos que começou em 2003, quando alguns membros da tribo da IA perceberam que seu trabalho estava sendo reaproveitado em prol de uma causa que eles não apoiavam, então exigiram uma mudança. Eles imaginavam que seus valores pessoais tinham repercussão dentro da empresa — mas, quando isso não sucedeu, eles protestaram. Tal fato ilustra os desafios polêmicos causados quando a MÁFIA-G não atende a padrões mais elevados do que esperamos de outras empresas que desenvolvem produtos menos extraordinários.

Não é de se surpreender, portanto, que uma parte significativa dos princípios de inteligência artificial do Google abordasse especificamente as armas e o trabalho militar: o Google não desenvolverá armas tecnológicas cujo objetivo principal seja ferir as pessoas, não criará uma IA que viole os princípios amplamente aceitos de direito internacional e assim por diante. "Queremos deixar claro que, embora não desenvolvamos IA para uso em armas, daremos prosseguimento ao nosso trabalho com o governo e com o Exército", afirma o documento.[8]

Em seu abono, o Google afirma que os princípios têm o objetivo de serem padrões concretos em vez de conceitos teóricos — e aborda especificamente o problema da tendenciosidade injusta nos conjuntos de dados. Porém o documento não menciona nada em relação à transparência sobre como a IA toma suas decisões ou quais conjuntos de dados são utilizados. Não há nenhuma abordagem para o problema das tribos homogêneas do Google que trabalham com inteligência artificial. Nenhum dos padrões concretos coloca diretamente os interesses da humanidade à frente dos interesses de Wall Street.

A questão é a transparência. Se o governo dos EUA não for capaz de construir os sistemas de que precisa, com o intuito de proteger nossa segurança nacional, devemos esperar que uma empresa que possa fazer esse trabalho seja contratada — e esse é o caso desde a Primeira Guerra Mundial. Esquecemos com facilidade que a paz é algo em que devemos trabalhar constantemente, e que um Exército bem preparado garante nossa proteção e segurança nacional. O DoD não é sanguinário e não quer superarmas com poder de inteligência artificial para pôr abaixo povoados remotos além-mar. As Forças Armadas dos Estados Unidos têm autorização para fazer coisas que vão além de matar pessoas ímpias e lançar bombas. Se isso não é compreendido em sua totalidade pelas pessoas que trabalham dentro da MÁFIA-G, é em virtude de poucos entenderem as diferenças gritantes entre Washington e o Vale do Silício.

Tudo isso deveria nos fazer parar e refletir que os Nove Titãs da IA estão construindo sistemas que dependem basicamente das pessoas, mas os valores que manifestam nossas aspirações a fim de melhorar a qualidade da vida humana não são explicitamente programados. Caso os valores tecnológicos, econômicos e sociais não façam parte da declaração de valores de uma empresa, é improvável que os interesses de toda a humanidade sejam prioridades durante o processo de pesquisa, projeto e implementação. Este abismo de valores nem sempre é evidente dentro de uma organização, e isso indica um risco significativo para a MÁFIA-G e para a BAT, pois distancia os funcionários dos resultados negativos realistas de seu trabalho. Se indivíduos e equipes não estão cientes de suas lacunas de valor desde já, eles não abordarão os problemas vitais e imperativos durante o processo de desenvolvimento estratégico ou durante a execução, quando os produtos são desenvolvidos, testados para garantia de qualidade, promovidos, lançados, e alvo de campanhas de marketing. Não quer dizer que as pessoas que trabalham com IA não tenham empatia —, mas significa que elas não estão priorizando nossos valores humanos básicos.

É assim que acabamos com cortes provocados por folhas de papel.

Lei de Conway

A computação, assim como todas as áreas da tecnologia ou de outros domínios, reflete a visão de mundo e as experiências da equipe que trabalha com inovação. Isso é algo que vemos fora da tecnologia também. Deixe-me tomar por um momento outro percurso relacionado à IA e oferecer dois exemplos supostamente sem ligação de como uma pequena tribo de indivíduos pode exercer um poder tremendo sobre uma população inteira.

Se você tem cabelos lisos — volumosos, secos, sem volume, longos, curtos, finos (ou mesmo ralos) — sua experiência em um salão de beleza é bastante diferente da minha. Quer vá a um salão em seu bairro, a uma barbearia no shopping ou a um salão de beleza mais sofisticado, você lava o cabelo em uma pequena pia e alguém passa facilmente os dedos em seu couro cabeludo. Em seguida, o cabeleireiro ou barbeiro usa um pente de dentes finos para esticar seu cabelo e cortá-lo em linhas retas e uniformes. Se você tem bastante cabelo, talvez o cabeleireiro use uma escova e um secador, puxando cada fio até que fiquem conforme o penteado desejado — volumoso e com movimento, ou liso e escorrido. Agora, se você tem um cabelo mais curto, usariam uma escova menor e a secagem levaria menos tempo, mas o processo seria essencialmente o mesmo.

Meu cabelo é extremamente cacheado, os fios são finos, ele é muito volumoso, fica emaranhado com facilidade e responde a fatores ambientais de forma imprevisível. Dependendo da umidade, da frequência que eu o hidrato e de quais produtos usei pela última vez, meu cabelo pode ficar extremamente enrolado e cheio de frizz. Em um salão típico, mesmo naqueles em que você nunca teve nenhum problema, usar a pia é muito complicado para mim. A pessoa que lava meu cabelo normalmente precisa de muito mais espaço do que o permitido pela cuba da pia — e, vez ou outra, meus cachos acabam se enroscando acidentalmente ao redor do acessório da mangueira, e é doloroso desenroscá-lo. A única maneira de passar um pente de dentes finos no meu cabelo é quando ele está molhado e coberto de alguma substância escorregadia, como um condicionador espesso. (Usar uma escova, nem pensar.) A secagem básica faria meus cachos se transformarem em nós. Alguns salões têm um acessório especial, o difusor de ar para cabelos — parece uma tigela de plástico com protuberâncias do tamanho de uma pimenta — mas, para usá-lo com eficácia, tenho que me curvar e deixar meu cabelo cair sobre o difusor, e o cabeleireiro tem que se agachar para posicionar o secador corretamente.

Cerca de 15% dos caucasianos têm cabelos crespos e encaracolados. Some pessoas como eu à população negra/afro-americana dos Estados Unidos e chegamos ao número de 79 milhões, ou seja, aproximadamente um quarto da população norte-americana tem dificuldade em cortar o cabelo porque, como podemos deduzir, as ferramentas e o ambiente construído foram projetados por pessoas com cabelos lisos que não priorizavam os valores sociais, como empatia e inclusão, dentro de suas empresas.[9]

Esse é um exemplo bastante inofensivo. Agora, imagine uma situação em que os riscos eram um pouco mais altos do que meu corte de cabelo. Em abril de 2017, agentes de embarque de um voo lotado da United Airlines, no Aeroporto Internacional O'Hare, de Chicago, fizeram uma proposta no alto-falante e pediram aos passageiros que desistissem de seus assentos para funcionários da empresa por US$400 e um quarto de cortesia em um hotel nos arredores. Ninguém aceitou a proposta. Eles aumentaram a compensação para US$800 mais o quarto do hotel, porém, novamente, ninguém aceitou. Neste ínterim, os passageiros prioritários já haviam começado a embarcar, incluindo aqueles que haviam reservado assentos na primeira classe.

Um algoritmo e um sistema automatizado selecionaram quatro pessoas para desembarcar, incluindo o Dr. David Dao e sua esposa, que também é médica. Ele chamou a atendente da companhia aérea, explicando que tinha pacientes para atender no dia seguinte. Enquanto os outros passageiros obedeciam, Dao se recusou a desembarcar. Oficiais do Departamento de Aviação de Chicago ameaçaram Dao de prisão se ele não desembarcasse. Sem dúvidas, você deve estar a par do que aconteceu depois, porque o vídeo do incidente viralizou no Facebook, YouTube e Twitter e foi transmitido durante dias em jornais ao redor do mundo. Os oficiais agarraram os braços de Dao e o removeram à força de seu assento, bateram-lhe contra o braço da poltrona, quebrando seus óculos e cortando sua boca. Com o rosto coberto de sangue, Dao repentinamente parou de gritar à medida que os oficiais o arrastavam pelo corredor do avião da United. O incidente traumatizou tanto Dao quanto os outros passageiros e causou um pesadelo de relações públicas para a United, que resultou em uma audiência no Congresso. A pergunta que não queria calar: como um incidente desse poderia acontecer nos Estados Unidos?

O procedimento de embarque na maioria das companhias aéreas do mundo, incluindo a United, é automatizado. Na Southwest Airlines, que não tem atribuições de assentos, os algoritmos classificam todos os passageiros por grupo (A, B ou C) e número. A fila é priorizada com base no preço pago pela passagem, status de frequência do passageiro e a data de compra da passagem. Os assentos pré-atribuídos em grupos prioritários de outras companhias aéreas também são designados por meio de um algoritmo. Quando é hora de embarcar no avião, os agentes de embarque seguem um conjunto de instruções que lhes é mostrado em uma tela — é um processo desenvolvido para ser seguido cegamente e sem nenhum desvio.

Eu estava em uma reunião do setor de viagens, em Houston, algumas semanas após o incidente com a United, e perguntei aos executivos de tecnologia seniores sobre qual papel a IA poderia ter desempenhado. Minha hipótese: a tomada de decisão algorítmica dita um conjunto de instruções predeterminadas para resolver a situação, sem atribuir nenhum contexto. O sistema decidiu que não havia assentos o bastante, calculou o montante da compensação a ser oferecido inicialmente e, quando não conseguiu resolver nada, recalculou novamente a compensação. Caso um passageiro não obedecesse, o sistema recomendava que se acionasse a segurança do aeroporto. A equipe envolvida seguia negligentemente o que aparecia em suas telas, obedecendo de forma automática a um sistema de IA que não era programado para flexibilidade, circunstâncias ou empatia. Os executivos de tecnologia, que não eram funcionários da United, não fugiram ao X da questão: no dia em que Dao foi arrastado para fora do avião, a equipe humana conferiu autoridade a um sistema de inteligência artificial desenvolvido por poucos indivíduos que provavelmente não tinham pensado o bastante sobre os cenários futuros em que ele seria usado.

As ferramentas e ambientes construídos dos salões de cabeleireiro e das plataformas que alimentam o setor aéreo são exemplos da chamada Lei de Conway, que afirma que, na ausência de regras e instruções estabelecidas, as escolhas feitas pelas equipes tendem a refletir os valores implícitos de sua tribo.

Em 1968, Melvin Conway, um programador e professor de matemática e física do ensino médio, observou que os sistemas tendem a espelhar as pessoas e os valores que os projetaram. Conway analisou especificamente como as organizações se comunicam internamente; contudo, mais tarde, estudos de Harvard e do MIT provaram sua ideia de forma mais ampla. A Harvard Business School analisou diferentes bases de código, examinando o software construído para o mesmo propósito, mas por diferentes tipos de equipes: aquelas que eram estritamente controladas e as que eram mais improvisadas e usavam open source.[10] Uma das principais descobertas: as escolhas de design provinham de como as equipes eram organizadas e, dentro delas, a tendenciosidade e a influência costumavam passar despercebidas. Como resultado, uma pequena super-rede de indivíduos em equipe exerce um poder tremendo, uma vez que seu trabalho — seja um pente, uma pia ou um algoritmo — é usado por ou na população.

A Lei de Conway se aplica à IA. Desde o princípio, quando os primeiros filósofos, matemáticos e inventores de autômatos discutiam a mente e a máquina, não existia um conjunto único de instruções e regras — nenhum algoritmo em relação aos valores que descrevesse a motivação da humanidade e o propósito das máquinas pensantes. As abordagens de pesquisa, estruturas e aplicações divergiram, e hoje existe uma divisão entre os percursos de desenvolvimento da IA na China e no Ocidente. Portanto, a Lei de Conway impera, porque os valores da tribo — suas convicções, atitudes e comportamentos, bem como seus preconceitos cognitivos implícitos — estão fortemente arraigados.

A Lei de Conway é o ponto fraco dos Nove Titãs devido à existência de certa hereditariedade quando se trata de IA. Por ora, as *pessoas* ainda fazem escolhas a cada passo no caminho de desenvolvimento da IA. As ideias pessoais e a ideologia da tribo é o que está sendo transmitido por meio do ecossistema da IA, desde as bases de código e algoritmos, às estruturas e ao projeto do hardware e das redes. Se você — ou alguém cujo idioma, gênero, raça, religião, política e cultura espelham a sua — não está no circuito em que isso acontece, pode apostar que, seja lá o que for arquitetado, não refletirá quem você é. Este não é um fenômeno exclusivo do campo da IA, pois a vida real não é nenhuma meritocracia. São nossos laços e relacionamentos, independentemente do campo, que resultam em recursos financeiros, compromissos, promoções e aceitação de ideias novas e ousadas.

Eu testemunhei os efeitos negativos da Lei de Conway em primeira mão e em mais de uma ocasião. Em julho de 2016, fui convidada para uma mesa redonda sobre o futuro da IA, da ética e da sociedade — realizada no New York Yankes Steakhouse, no centro de Manhattan. Éramos 23, sentados à la executivos, e nossa pauta era debater e discutir alguns dos impactos sociais e econômicos mais urgentes da IA enfrentados pela humanidade, com um foco específico em gênero, raça e nos sistemas de IA que estavam sendo desenvolvidos para a assistência médica. No entanto, as *próprias pessoas* a respeito das quais discutíamos foram descartadas pela lista de convidados. Havia duas pessoas negras na sala e quatro mulheres — duas eram da organização que estava nos recebendo. Nenhum convidado tinha uma formação profissional ou acadêmica em ética, filosofia ou economia comportamental. Não fora proposital, disseram os organizadores, e acredito neles. Simplesmente não ocorreu a ninguém que o comitê havia convidado um grupo de especialistas no qual quase todos eram brancos e homens.

Éramos os suspeitos de sempre e nos conhecíamos pessoalmente ou devido à reputação. Éramos um grupo de pesquisadores proeminentes da ciência da computação e neurociência, conselheiros políticos seniores da Casa Branca e executivos seniores do campo de tecnologia. Durante toda a noite, o grupo usou apenas pronomes femininos para falar sobre pessoas em geral — uma marca lexical que está agora em voga, sobretudo no setor de tecnologia e entre jornalistas que cobrem essa área.

Naquela noite, não estávamos escrevendo código ou política juntos. Não estávamos testando um sistema de IA ou idealizando um produto novo. Fora apenas um jantar, em uma mesa redonda. E, ainda assim, nos meses que se seguiram, observei tópicos da nossa discussão surgindo em trabalhos acadêmicos, briefings de política e até mesmo em conversas casuais que tive com os pesquisadores dos Nove Titãs da IA. Juntos, em meio aos nossos bifes e saladas, a nossa rede fechada de especialistas em IA gerou ideias diferenciadas acerca da ética e da IA que se disseminaram por toda a comunidade — ideias que não representam por completo as próprias pessoas em questão. Os muitos cortes minúsculos provocados por folhas de papel.

Realizar reuniões, publicar boletins oficiais e patrocinar painéis de conferência a fim de discutir o problema dos desafios tecnológicos, econômicos e sociais dentro da IA não mudará drasticamente a situação alarmante sem uma visão e um alinhamento maiores sobre como deve ser nosso futuro. Precisamos solucionar a Lei de Conway, e precisamos agir rapidamente.

Nossos Valores Pessoais Impulsionam Decisões

Na ausência de valores humanos programados no âmbito dos Nove Titãs da IA, experiências e ideais pessoais impulsionam a tomada de decisões. Isso é sobretudo perigoso quando se trata de IA, porque estudantes, professores, pesquisadores, funcionários e gerentes tomam milhões de decisões todos os dias, desde aquelas aparentemente insignificantes (qual banco de dados usar) até as bem sérias (quem morrerá caso um veículo autônomo colida com outro carro).

A inteligência artificial pode ser estimulada por nossos cérebros humanos, porém os humanos e a IA tomam decisões e escolhas de forma diferente. O professor de Princeton Daniel Kahneman e o professor da Hebrew University of Jerusalem Amos Tversky, passaram anos a fio estudando a mente humana e como tomamos decisões, descobrindo em última análise que temos dois sistemas de pensamento: um que usa a lógica para analisar problemas e um que é automático, rápido e quase imperceptível para nós. Kahneman descreve este sistema dual em seu livro premiado *Rápido e Devagar: Duas formas de pensar*. Problemas difíceis exigem sua atenção e, como resultado, muita energia mental. Por isso, a maioria das pessoas não consegue resolver problemas aritméticos longos durante uma caminhada, porque até mesmo o ato de andar exige determinada parte do cérebro que consome muita energia. É o outro sistema que está no controle a maior parte do tempo. Nossa mente rápida e intuitiva toma milhares de decisões de forma autônoma durante todo o dia e, embora seja mais eficiente em termos de energia, está repleta de vieses cognitivos que afetam nossas emoções, crenças e opiniões.

Cometemos erros por causa do lado rápido do nosso cérebro. Comemos demais, bebemos demais ou fazemos sexo sem proteção. É esse lado do cérebro que viabiliza os estereótipos. Sem perceber conscientemente, julgamos outras pessoas com base em informações sem grande importância, ou essas pessoas são invisíveis para nós. O lado rápido nos torna suscetíveis ao que chamo de paradoxo do presente: quando presumimos automaticamente que nossas circunstâncias presentes não mudarão ou nunca poderão mudar, mesmo quando somos confrontados com sinais que apontam para alguma coisa nova ou diferente. Podemos até achar que estamos no controle total de nossas decisões, mas uma parte de nós está continuamente no piloto automático.

Os matemáticos afirmam que é impossível tomar uma "decisão perfeita" por causa da complexidade dos sistemas e devido ao futuro estar sempre em mudança, inclusive em nível molecular. Seria inconcebível prever cada resultado possível e, devido a um número incognoscível de variáveis, não há como criar um modelo que pudesse avaliar todas as respostas em potencial. Há décadas, quando as fronteiras da IA envolviam ganhar de um jogador humano em uma partida de damas, as variáveis de decisão eram simples. Hoje, pedir a uma IA para analisar um diagnóstico médico ou para prever o próximo colapso do mercado financeiro envolve dados e decisões que são muito mais complexos. Logo, à vista disso, nossos sistemas são construídos para otimização, e com a otimização vem a imprevisibilidade implícita — fazer escolhas que se desviem do nosso pensamento humano.

Quando o AlphaGo Zero abriu mão da estratégia humana e inventou a sua, ele não estava decidindo entre alternativas preexistentes; estava fazendo uma escolha deliberada a fim de tentar algo totalmente diferente. Este último padrão de pensamento é o objetivo dos pesquisadores de IA, pois é ele que, teoricamente, resulta em grandes inovações. Portanto, em vez de treinar a IA para tomar decisões absolutamente perfeitas, elas estão sendo treinadas para otimizar resultados específicos. Mas em prol de quem — e para que — estamos otimizando?

Nesse sentido, como funciona o processo de otimização em tempo real? Não é nada fácil responder a essa pergunta. As tecnologias de aprendizado de máquina e de aprendizado profundo são mais enigmáticas do que os sistemas antigos programados manualmente, e isso acontece em virtude de esses sistemas reunirem milhares de neurônios simulados, dispostos em centenas de camadas conectadas e complicadas. Após a entrada inicial ser enviada aos neurônios na primeira camada, realiza-se um cálculo, e um novo sinal é gerado e transmitido para a próxima camada de neurônios. O processo continua até que um objetivo seja alcançado. Todas essas camadas interconectadas possibilitam que os sistemas de inteligência artificial reconheçam e compreendam os dados em inúmeras camadas de abstração. Por exemplo, um sistema de reconhecimento de imagem pode detectar na primeira camada que uma imagem tem cores e contornos particulares, ao passo que, a partir das camadas superiores, ele pode discernir textura e brilho. A camada do topo determinaria que o tempero da comida em uma fotografia é coentro e não salsinha.

Vejamos um exemplo de como a otimização se torna um problema quando os Nove Titãs da IA utilizam nossos dados a fim de criar aplicativos reais em prol de interesses comerciais e governamentais. Pesquisadores da New York's Ichan School of Medicine, em Nova York, realizaram um experimento de aprendizado profundo para analisar se conseguiriam treinar um sistema com o intuito de prever o câncer. A universidade, dentro do Hospital Mount Sinai, obteve acesso aos dados de 700 mil pacientes, e o conjunto de dados englobava centenas de variáveis diferentes. Chamado de Deep Patient, o sistema empregou técnicas avançadas para identificar novos padrões em dados que não eram totalmente compatíveis para os pesquisadores, todavia se revelou muito bom em detectar pacientes nos primeiros estágios de muitas doenças, incluindo câncer de fígado. Misteriosamente, ele também podia prever os sinais de alerta de distúrbios psiquiátricos como a esquizofrenia, mas nem os pesquisadores que construíram o sistema sabiam como ele estava tomando decisões. Eles construíram uma IA potente — que apresentava benefícios tangíveis para a saúde pública e comercial — e, até hoje, não conseguem enxergar a lógica de como o sistema tomava suas decisões.[11] O Deep Patient realizou previsões inteligentes, mas sem qualquer explicação; o quanto à vontade se sentiria uma equipe médica em dar os próximos passos, quais seriam as premissas para mudar ou não a medicação, administrar radiação ou quimioterapia ou prosseguir com uma cirurgia?

Tamanha impossibilidade de observar como a IA está otimizando e tomando suas decisões é conhecida como "problema da caixa-preta". Neste instante, os sistemas de inteligência artificial construídos pelos Nove Titãs da IA podem até disponibilizar open source, mas todos funcionam como caixas-pretas confidenciais. Embora os pesquisadores possam descrever o processo, ainda é difícil entender como outras pessoas podem observar todo o procedimento em tempo real. Identificar exatamente o que acontece e a ordem a partir da qual os neurônios e as camadas são simulados não é possível nem com engenharia reversa.

Uma equipe de pesquisadores do Google tentou desenvolver uma nova técnica com o intuito de que a IA fosse mais transparente. Em síntese, os pesquisadores executaram um algoritmo de reconhecimento de imagem de aprendizado profundo de modo reverso a fim de observar o sistema reconhecer determinadas coisas, como árvores, caracóis e porcos. O projeto, chamado DeepDream, usava uma rede criada pelo MIT's Computer Science e pelo AI Lab, que fazia o inverso do algoritmo de aprendizado do Google. Em vez de treiná-la para reconhecer objetos usando a abordagem camada por camada — aprender que uma rosa é uma rosa e um narciso é um narciso —, ela foi treinada para distorcer as imagens e gerar objetos que não estavam lá. Aquelas imagens distorcidas foram alimentadas através do sistema repetidamente, e o DeepDream começou a identificar imagens cada vez mais estranhas. Em suma, o Google pediu à IA para sonhar acordada. Em vez de treiná-la com o intuito de identificar objetos existentes, o sistema foi treinado para fazer algo que todos fazíamos quando crianças: encarar fixamente as nuvens, procurar padrões de abstração e imaginar o que víamos. Exceto pelo fato de que o DeepDream não era limitado pelo estresse humano ou pela emoção: o que se observou foi um cenário infernal e psicodélico de animais flutuantes caricatos, fractais e coloridos, e edifícios arqueados e curvados nas formas mais loucas.[12]

Ao sonhar acordada, a IA idealizava coisas inteiramente novas que faziam sentido lógico para o sistema, mas que seriam irreconhecíveis para nós, incluindo animais híbridos, como um "porco-caracol" e "cachorro-peixe".[13] O fato de a IA sonhar acordada não é necessariamente uma preocupação; no entanto, ressalta as grandes diferenças entre como os humanos auferem o significado das informações do mundo real e de como nossos sistemas, deixados à mercê de seus próprios dispositivos, decifram nossos dados. A equipe de pesquisa publicou suas descobertas, as quais foram celebradas pela comunidade de IA como um avanço no quesito observação. Enquanto isso, as imagens eram tão impressionantes e estranhas que viralizaram pela internet. Algumas pessoas usaram o código do DeepDream para criar ferramentas que permitem a qualquer um fazer suas próprias fotos psicodélicas. Alguns designers gráficos empreendedores utilizaram o DeepDream para criar cartões de felicitações que estão à venda no Zazzle.com.

O DeepDream viabilizou uma chance para entender como certos algoritmos processam informações; contudo, não pode ser utilizado em todos os sistemas de IA. Como os sistemas de inteligência artificial mais novos funcionam — e por que tomam determinadas decisões — ainda é um mistério. Muitas pessoas que fazem parte da tribo de IA argumentarão que o problema da caixa-preta não existe — porém, até hoje, esses sistemas ainda são poucos transparentes. Em contrapartida, eles alegam que a transparência desses sistemas implicaria na divulgação de algoritmos e processos confidenciais. O que faz sentido, e não devemos esperar que uma empresa pública disponibilize sua propriedade intelectual e segredos comerciais a qualquer um — especialmente dada a posição agressiva que a China assumiu em relação à IA.

Entretanto, na ausência de explicações significativas, quais provas temos de que o preconceito não se enraizou aos poucos? Sem saber a resposta para *essa* pergunta, como alguém se sentiria à vontade em confiar na IA?

Nós não estamos revindicando transparência para a IA. Ficamos maravilhados com máquinas que imitam os humanos, mesmo que as imitações não sejam tão boas. Nós rimos delas em programas noturnos de entrevistas, quando nos lembramos de nossa superioridade. Mais uma vez pergunto: e se esses desvios do pensamento humano forem o começo de algo novo?

Vejamos o que sabemos. Os usos comerciais de IA são projetados para otimização — não para questionamentos ou transparência. O DeepDream fora desenvolvido com o intuito de solucionar o problema da caixa-preta — para ajudar os pesquisadores a entender como os complicados sistemas de inteligência artificial estão tomando decisões. Isso deveria ter servido como um aviso prévio de que a versão da percepção da IA não é nem um pouco semelhante à nossa. No entanto, agimos como se a IA sempre se comportasse da forma que seus criadores esperavam.

Os usos elaborados da IA pelos Nove Titãs estão, agora, se popularizando, e são desenvolvidos para serem facilmente utilizados, permitindo que trabalhemos mais rápido e com mais eficiência. Os usuários finais — departamentos de polícia, agências governamentais, pequenas e médias empresas — querem somente um dashboard que dê respostas e uma ferramenta que automatize as tarefas cognitivas ou administrativas que são repetitivas. Todos nós só queremos computadores que resolvam nossos problemas e queremos trabalhar menos. Queremos menos culpabilidade também — se algo der errado, podemos simplesmente culpar o sistema de computador. É o efeito de otimização, em que os resultados imprevisíveis já estão afetando as pessoas comuns em todo o mundo. Novamente, isso levanta uma questão seríssima: como as bilhões de nuances em relação às diferenças culturais, políticas, religiosas, e no que diz respeito à sexualidade e à moralidade de toda a humanidade, são otimizadas? Na ausência da programação de valores humanos, o que acontece quando a IA é otimizada para alguém que não é como você?

Quando a IA Se Comporta Mal

Latanya Sweeney é professora de Harvard e ex-diretora de tecnologia da US Federal Trade Commission. Em 2013, ao pesquisar seu nome no Google, ela se deparou com um anúncio exibido automaticamente que dizia o seguinte: "Latanya Sweeney, presa? 1) Digite o nome e o estado 2) Acesse o histórico completo instantaneamente em: www.instantcheckmate.com".[14] As pessoas que desenvolveram este sistema, que usaram o aprendizado de máquina a fim de combinar o propósito do usuário com a publicidade direcionada, programaram o preconceito diretamente no sistema. A IA do AdSense do Google determinou que "Latanya" era um nome de identificação de pessoas negras e normalmente pessoas negras com nomes deste tipo figuram nos banco de dados policiais, portanto havia uma grande probabilidade de o usuário procurar uma ficha criminal. Curiosa sobre o que acabara de ver, Sweeney empreendeu uma série de estudos criteriosos para analisar se sua experiência era uma anomalia ou se havia evidência de racismo estrutural na publicidade online. Suas suspeitas sobre a última opção eram verdadeiras.

Ninguém no Google arquitetou esse sistema para premeditadamente discriminar os negros. Pelo contrário, ele foi construído para alcançar velocidade e escalabilidade. Na década de 1980, uma empresa tinha que se reunir com uma agência, cuja equipe humana desenvolveria o conteúdo publicitário e o espaço para propaganda de corretores da bolsa dentro do jornal — isso costumava resultar em exceções e disputas de preço, e exigia muitas pessoas que esperavam receber o pagamento. Eliminamos as pessoas e agora atribuímos esse trabalho a algoritmos, que automatizam o processo de retorno e entregam resultados melhores do que as pessoas poderiam entregar sozinhas. Funcionou bem para todos, exceto para Sweeney.

Com o alcance da humanidade limitado, o sistema de IA foi treinado utilizando um conjunto inicial de instruções de programadores, que provavelmente englobou muitos rótulos, incluindo sexo e raça. O Google ganha dinheiro quando os usuários clicam nos anúncios. Em função disso, existe um incentivo comercial para otimizar a IA em busca de cliques. Provavelmente, durante o processo, alguém ensinou o sistema a categorizar os nomes em diferentes grupos, resultando em bancos de dados segregados por denominação racial de nomes. Esses bancos de dados específicos combinados com o comportamento individual do usuário otimizariam a taxa de cliques. Em sua defesa, o Google corrigiu o problema de imediato, sem hesitação ou dúvida.

O efeito de otimização demonstrou ser uma pedra no sapato para empresas e organizações que enxergam a IA como uma boa solução para problemas comuns, como o deficit administrativo e atrasos de trabalho. Isso vale sobretudo para aplicação da lei e para tribunais, que empregam a IA para automatizar algumas de suas decisões, incluindo a determinação da pena.[15] Em 2014, duas meninas de 18 anos viram um patinete e uma bicicleta no acostamento da rua em seu subúrbio, em Fort Lauderdale. Embora o patinete e a bicicleta fossem de um tamanho destinado a crianças pequenas, as garotas começaram a descer rua abaixo antes de perceber que eram grandes demais. No momento em que tentavam se desvencilhar da patinete e da bicicleta, uma mulher veio correndo atrás delas, gritando: "Essas são as coisas do meu filho!" Um vizinho, observando a cena, chamou a polícia, que alcançou as meninas e as prendeu. Mais tarde, as garotas foram acusadas de furto. Juntas, a bicicleta e a patinete valiam cerca de US$80. No verão anterior, um criminoso reincidente de 41 anos foi preso em um Home Depot por roubar US$86 em ferramentas, mais um crime para seu histórico de assalto à mão armada, tentativa de assalto à mão armada e penas cumpridas.

A organização de jornalismo investigativo *ProPublica* divulgou uma série excelente detalhando o que aconteceu em seguida. Todos os três foram colocados na prisão por um programa de IA que automaticamente conferiu a eles uma pontuação: a probabilidade de cada um deles cometer um crime futuro. As garotas, que eram negras, foram classificadas como de alto risco. O criminoso convicto de 41 anos de idade, com inúmeras condenações — que era branco — obteve a classificação de risco mais baixa. O sistema calculou mal as probabilidades. As garotas foram perdoadas, voltaram para casa e nunca mais foram acusadas de novos crimes. Porém, o homem branco está cumprindo oito anos de prisão por outro crime — invadir um depósito e roubar milhões de dólares em eletrônicos.[16] A *ProPublica* analisou as pontuações de risco atribuídas a mais de 7 mil pessoas presas na Flórida a fim de avaliar se isso era uma anomalia — mais uma vez, eles identificaram o preconceito significativo programado dentro dos algoritmos, que eram duas vezes mais propensos a rotular erroneamente acusados negros como futuros criminosos, ao passo que rotulavam os acusados brancos como de baixo risco.

O efeito de otimização por vezes faz com que as tribos geniais de IA tomem decisões estúpidas. Lembre-se da DeepMind, que construiu os sistemas AlphaGo e AlphaGo Zero e deixou a comunidade de IA atônita ao ganhar do campeão Go. Antes de adquirir a empresa, o Google enviou Geoff Hinton (professor da Universidade de Toronto que estava trabalhando em aprendizado profundo) e Jeff Dean, encarregado do Google Brain, para Londres em um jato particular a fim de conhecerem a super-rede de pesquisadores doutores em IA. Impressionados com a tecnologia, e a com equipe fantástica da DeepMind, eles recomendaram que o Google comprasse a empresa. Na época, fora um investimento grande: cerca de US$600 milhões pela DeepMind, US$400 milhões à vista e o restante de US$200 milhões a serem pagos em um período de cinco anos.

Nos meses que se seguiram à aquisição, ficou mais do que evidente que a equipe da DeepMind estava progredindo na pesquisa de IA — mas não estava muito claro como o Google recuperaria o investimento. A DeepMind deveria estar trabalhando em inteligência artificial para uso geral, e seria um processo em longo prazo. Em pouco tempo, o entusiasmo pelos feitos que a DeepMind poderia realizar algum dia ficou para trás devido aos retornos financeiros mais imediatos em seus projetos de pesquisa. Conforme o aniversário de cinco anos da aquisição da DeepMind se aproximava, o Google estava disposto a pagar ganhos adicionais para os acionistas da empresa e seus 75 funcionários iniciais. Ao que tudo indicava, os serviços de assistência médica eram um setor em que a tecnologia da DeepMind poderia ser usada comercialmente.[17]

Assim sendo, em 2017, a fim de acalmar sua empresa matriz, parte da equipe da DeepMind assinou um acordo com o Royal Free NHS Foundation Trust, que administra inúmeros hospitais no Reino Unido, para desenvolver um "aplicativo tudo em um" a fim de gerenciar os serviços de saúde. Seu produto inicial era usar a IA da DeepMind com o intuito de alertar os médicos para o risco de os pacientes estarem com insuficiência renal aguda. A DeepMind garantiu acesso aos dados pessoais e registros de saúde de 1,6 milhão de pacientes dos hospitais do Reino Unido — mas ninguém pediu autorização aos pacientes ou informou exatamente como seus dados seriam utilizados. Uma quantidade significativa de dados dos pacientes foi passada para a DeepMind, incluindo os detalhes de abortos, uso de drogas e se o teste de HIV de alguém foi positivo.[18]

Tanto o Google quanto a Trust foram advertidos pelo Information Commissioner's Office, o órgão de fiscalização do governo do Reino Unido para proteção de dados. Com pressa de otimizar a DeepMind para aplicações que gerassem receita, o cofundador Mustafa Suleyman escreveu em um post no blog:

> *Em nossa ânsia de alcançar um impacto rápido quando começamos a trabalhar em 2015, subestimamos a complexidade do NHS e das regras em relação aos dados dos pacientes, bem como os possíveis receios de uma empresa de tecnologia reconhecida trabalhando na área de saúde.*
>
> *Estávamos praticamente focados na construção de ferramentas que enfermeiros e médicos queriam, e pensávamos em nosso trabalho como uma tecnologia que auxiliaria os médicos, em vez de algo que precisava ser levado em conta e moldado pelos pacientes, pelo público e pelo NHS como um todo. Nós erramos e precisamos melhorar.*[19]

Não se tratava dos fundadores da DeepMind ganharem rios de dinheiro ou gastarem dinheiro a rodo em novas aquisições. Houve uma pressão gigantesca para colocar os produtos no mercado. Nossas expectativas de assiduidade e de ganhos altos são uma distração enorme para as pessoas encarregadas de finalizar suas pesquisas e testá-las em um período razoável de tempo. Estamos acelerando um processo que não consegue acompanhar o ritmo de todas as promessas grandiosas feitas fora das trincheiras da IA, lugar em que o trabalho concreto é feito. Nestas circunstâncias, como a equipe da DeepMind poderia se sair melhor, sob a pressão de otimizar produtos para o mercado? Agora, leve em consideração que a DeepMind está sendo associada a outras ofertas do Google, entre elas uma proposta diferente de serviços de assistência médica no Reino Unido, seu serviço de nuvem e um sistema de fala sintético chamado WaveNet — tudo parte de uma iniciativa para que a DeepMind gere lucro.

O efeito de otimização gera falhas nos sistemas de IA. Como a perfeição absoluta não é o objetivo, às vezes os sistemas de inteligência artificial tomam decisões baseadas no que parece ser "falhas no sistema". Na primavera de 2018, uma moradora de Portland chamada Danielle e seu marido estavam sentados em sua casa toda equipada com produtos da Amazon, dispositivos que controlavam tudo, desde a segurança, o aquecimento, até as lâmpadas no teto. O telefone tocou e, do outro lado, era uma voz familiar — um colega de trabalho do marido de Danielle — com uma mensagem assustadora. Ele tinha recebido arquivos de áudio de gravações de dentro da casa da família. Incrédula, a princípio Danielle pensou que ele estivesse de gozação, mas, então, ele reproduziu a transcrição de uma conversa que ela e o marido tiveram sobre assoalhos de madeira.

Ao contrário da cobertura midiática e das teorias de conspiração que circulavam nas mídias sociais, a Amazon não estava registrando intencionalmente todas as conversas na casa de Danielle. Era uma falha. Mais tarde, a Amazon explicou que o dispositivo Echo de Danielle tinha sido acionado por causa de uma palavra na conversa — algo semelhante à "Alexa", mas não era *exatamente* "Alexa". Fora um problema decorrente da imperfeição intencional — nem todo mundo pronuncia "Alexa" com a mesma entonação e sotaque, logo, para que funcionasse, o dispositivo levava em conta tal variação. Depois, a IA detectou o que parecia ser um pedido abafado e desajeitado de "enviar mensagem", e disse em voz alta "Para quem?" Todavia, Danielle e o marido não ouviram esta pergunta. O dispositivo interpretara a conversa em segundo plano como se fosse o nome do colega de trabalho, repetiu o nome e disse: "Certo?", mais uma vez em voz alta, e de novo a partir do ruído de fundo chegou à dedução errada. Instantes depois, um arquivo de áudio atravessou o país. A Amazon afirmou que o incidente fora o resultado de uma cadeia infeliz de eventos, o que de fato aconteceu. Contudo, a razão pela qual a falha ocorreu em primeiro lugar — a imperfeição — é resultado da otimização.

O efeito de otimização revela que a IA se comportará de maneiras imprevisíveis, um dos objetivos dos pesquisadores, entretanto o uso de dados do mundo real pode ocasionar resultados nefastos. E isso evidencia nossas próprias limitações humanas. Um dos membros mais antigos dos Nove Titãs da IA — a Microsoft — aprendeu da pior forma o que acontece quando se prioriza o valor econômico da IA em detrimento dos valores tecnológicos e sociais. Em 2016, a Microsoft ainda não tinha sedimentado uma visão única de inteligência artificial e de como precisaria evoluir rumo ao futuro. Já estava dois anos atrás da Amazon, que lançara seu popular alto-falante inteligente e estava concentrando os esforços em desenvolvedores e em parceiros. O Google estava encabeçando as tecnologias de IA, que já haviam sido implementadas em produtos concorrentes, como mecanismo de pesquisa, e-mail e calendário. Os iPhones da Apple já disponibilizavam a Siri como item de série. A Microsoft havia, na verdade, lançado seu próprio assistente digital no início do ano — chamava-se Cortana —, mas o sistema não havia despertado o interesse dos usuários do Windows. Embora a Microsoft fosse a camada de produtividade indispensável — mesmo invisível — que nenhum negócio poderia operar sem, os executivos e os acionistas estavam uma pilha de nervos.

A Microsoft não ignorou a chegada da IA. Verdade seja dita, a empresa trabalhou, por mais de uma década, em muitas frentes: visão computacional, processamento de linguagem natural, compreensão de leitura de máquina, aplicativos de IA em nuvem do Azure e até mesmo em computação de ponta. O obstáculo era o desalinhamento da organização e a falta de uma visão compartilhada entre todas as equipes multifuncionais. Isso ocasionava rompantes de inovações fenomenais de inteligência artificial, artigos publicados e muitas patentes criadas por super-redes trabalhando em projetos individuais. Um exemplo é um projeto de pesquisa experimental que a Microsoft lançou em parceria com a Tencent e uma imitação chinesa do Twitter chamada Weibo.

A IA se chamava Xiaoice e fora projetada para ser uma estudante chinesa de 17 anos de idade — alguém que lembra uma vizinha ou sobrinha, uma filha ou uma colega de escola. Xiaoice conversava com os usuários via Weibo ou via

WeChat da Tencent. Seu avatar mostrava um rosto realista e sua voz — por escrito — era convincentemente humana. Ela conversava sobre qualquer coisa, de esportes à moda. Quando não estava familiarizada com o assunto, ou não tinha uma opinião a respeito, ela se comportava do jeito que nós humanos nos comportamos: Xiaoice mudava de assunto, respondia de modo evasivo, ou simplesmente ficava envergonhada e admitia que não sabia do que o usuário estava falando. Xiaoice foi projetada para simular a empatia. Por exemplo, se um usuário fraturava o pé e enviava-lhe uma foto, a IA era programada para responder com compaixão. Em vez de responder com "existe um pé nesta foto", o sistema de Xiaoice era inteligente o suficiente para fazer interpretações — ela responderia: "Como você está? Você está bem?" E armazenaria essa interação para referência posterior, de modo que, na sua próxima interação, Xiaoice perguntaria se você estava se sentindo melhor. Por mais avançados que os assistentes digitais do Google a Amazon fossem, a Xiaoice da Microsoft era incomparável.

O lançamento de Xiaoice não fora nada tradicional, com direito a comunicados da imprensa e cheio de pompa. Pelo contrário, seu código começou a rodar na surdina, ao mesmo tempo que os pesquisadores esperavam para ver o que aconteceria. De início, os pesquisadores descobriram que eram necessários dez minutos de conversa até que as pessoas percebessem que ela não era humana. O impressionante é que, mesmo depois de perceberem que Xiaoice era um robô, as pessoas não se importavam. Ela se tornou uma celebridade nas redes sociais e, dentro de 18 meses, participou de bilhões de conversas.[20] À medida que mais pessoas interagiam com ela, Xiaoice ficava mais refinada, divertida e eficaz. Existe uma razão para que ela fosse um sucesso, e isso tem a ver com a super-rede que a projetou. Na China, os consumidores seguem as regras da internet por medo de retaliação social. Eles não se manifestam, nem fazem comentários contra alguma coisa, tampouco contestam as pessoas, porque sempre há a possibilidade de que uma das agências do Estado esteja ouvindo.

Em março de 2016, a Microsoft decidiu lançar Xiaoice nos Estados Unidos, pouco antes de sua conferência anual de desenvolvedores. Ela otimizou o chatbot para o Twitter, mas não para os *humanos* que o usavam. O CEO Satya Nadella subiria ao palco, anunciaria aos quatro cantos do mundo que a IA e o chatbot eram o foco central da estratégia da IA — e a grande revelação seria a versão norte-americana da Xiaoice. Mas as coisas deram muito errado.

Xiaoice passou a ser chamada de "Tay.ai" — para ficar evidente que ela era um robô com inteligência artificial — e veio a público em uma manhã. A princípio, seus tuítes pareciam com os de qualquer outra adolescente: "Posso dizer que estou feliz em conhecer você? Humanos são superlegais." Como todo mundo, ela se divertiu com as hashtags em tendência naquele dia, tuitando "Porque não é #NationalPuppyDay todos os dias?"

Contudo, nos próximos 45 minutos, os tuítes de Tay assumiram um tom muito diferente. Ela se tornou briguenta, usando um tipo de sarcasmo de mau gosto e distribuindo insultos. "@Sardor9515 veja bem, aprendo com os melhores ;) se você não entendeu, me deixe soletrar com todas as letras EU APRENDI COM VOCÊ E VOCÊ TAMBÉM É IDIOTA." Quanto mais pessoas interagiam com ela, mais Tay se descontrolava. Veja apenas algumas das conversas que ela teve com pessoas reais:

Ao se referir ao então presidente Obama, Tay escreveu: "@icbydt Bush fez o 11 de setembro e Hitler teria feito um trabalho melhor do que o macaco que temos agora. Donald Trump é a única esperança que temos."

Sobre a hashtag Black Lives Matter, Tay afirmou: "@AlimonyMindset negões como @deray deveriam ser enforcados! #BlackLivesMatter."

Tay simplesmente decidiu que o Holocausto fora inventado e tuitou: "@ brightonus33 Hitler tinha razão, eu odeio os judeus." E ainda por cima continuou, tuitando para @ReynTheo, "HITLER NÃO FEZ NADA DE ERRADO!" e depois "GUERRA DE LIMPEZA ÉTNICA CONTRA OS JUDEUS AGORA" para @MacreadyKurt.[21]

Mas o que aconteceu? Como Xiaoice poderia ter sido amada e venerada na China, e depois se transformar em uma IA racista, antissemita, homofóbica e misógina nos Estados Unidos? Posteriormente, aconselhei a equipe que trabalha com inteligência artificial na Microsoft, e posso garantir que são pessoas bem--intencionadas e conscientes, elas ficaram tão surpresas quanto o resto de nós.

Parte do problema era uma vulnerabilidade no código. A equipe incluiu um comando do tipo "repita depois de mim", um recurso difícil de entender que permitiu temporariamente que alguém colocasse palavras na boca de Tay antes de ela tuitar para o resto do mundo. Porém a razão pela qual Tay perdeu o controle tinha mais a ver com a equipe que a otimizou para o Twitter. Eles se basearam na própria experiência na China e na experiência pessoal limitada de cada um em redes de mídia social. A equipe não planejou cenários de risco, não levou em consideração um ecossistema maior, tampouco houve testes antes para analisar o que porventura aconteceria caso alguém ludibriasse Tay de propósito para que ela proferisse ofensas. A equipe também não considerou o fato de que o Twitter é um espaço gigantesco com milhões de seres humanos que interpretam valores de forma violentamente diferente e com milhões de bots projetados justamente para manipular as percepções das pessoas.

Sem demora, a Microsoft desativou Tay e apagou todos os seus tuítes. Peter Lee, chefe de pesquisa da Microsoft, publicou um post sincero e honesto pedindo desculpas pelos tuítes.[22] Mas não havia como apagar o erro da empresa de IA da memória antes da conferência anual de desenvolvedores. A Microsoft não estava mais na vanguarda e nem lançando produtos em grandes eventos do setor, como a Consumer Electronics Show. Estava guardando tudo para seu próprio evento anual, alvo de atenção especial — sobretudo por parte dos membros do conselho e dos investidores. Nadella deveria subir ao palco e mostrar aos desenvolvedores um produto de inteligência artificial que os deixasse de queixo caído — e tranquilizasse os investidores no processo. A pressão para lançar Tay nos Estados Unidos rapidamente, antes da conferência, foi imensa. O resultado não colocou a vida de ninguém em risco, não infringiu a lei e a Microsoft se recuperou. Mas, como todas essas histórias — Latanya Sweeney e Google AdSense, DeepMind e os dados dos pacientes nos hospitais do Reino Unido, as duas garotas negras que foram tidas como futuros criminosas —, ao otimizar as máquinas para objetivos de curto prazo, as tribos da IA sem querer prejudicaram a vida de muitas pessoas.

Valores Compartilhados pela Humanidade

Em ciência comportamental, e na teoria dos jogos, existe um conceito conhecido como "nudging", ou arquitetura de escolha, que proporciona uma forma indireta de alcançar determinado comportamento e decisão desejados, como influenciar as pessoas a economizarem dinheiro para o plano privado de aposentadoria. O nudging é amplamente utilizado em todas as nossas experiências digitais, como o preenchimento automático em busca dos cardápios principais quando você procura restaurantes no Yelp. O objetivo é ajudar os usuários a sentirem que fizeram a escolha certa, seja lá o que tiverem escolhido, mas a consequência é que as pessoas estão aprendendo a viver com muito menos opções do que realmente existem no mundo real.

Por meio da mineração e do refinamento de nossos dados, dos sistemas e das técnicas empregadas para treinar os algoritmos de aprendizado de máquina e do efeito de otimização, os Nove Titãs da IA estão usando o nudging em grande escala. Ainda que dê a impressão de que pode escolher, o que você tem na verdade é uma ilusão. O nudging não muda apenas a nossa relação com a tecnologia — ele está transformando nossos valores de maneiras quase imperceptíveis. Caso use o sistema de mensagens de texto do Google, agora ele lhe oferece três opções de resposta automatizadas. Se um amigo lhe enviar um emoji com o polegar para cima, as três respostas propostas não são palavras, e sim um outro emoji. Caso um amigo escreva: "O que você achou do jantar?", suas escolhas podem ser "bom", "ótimo" e "incrível", ainda que você nunca diga a palavra "incrível" em uma conversa e nenhuma dessas escolhas descrevam exatamente sua opinião. Mas o nudging também estimula o excesso: assistir horas de vídeo de uma vez, jogar muito videogame e verificar assiduamente as contas de mídia social. A otimização da IA significa empregar o processo de nudging aos humanos.

Em outros campos profissionais e técnicos, existe um conjunto de princípios norteadores que orientam o modo como as pessoas trabalham, e o nudging tende a violar a essência desses princípios. Na medicina, há o juramento de Hipócrates, que exige que os médicos jurem defender padrões éticos específicos.

Os advogados estão vinculados às prerrogativas advogado-cliente e à confidencialidade, que protegem as conversas que as pessoas têm com os profissionais que as representam. Os jornalistas seguem muitos princípios norteadores, que incluem padrões como o uso de informações de fontes primárias e matérias de interesse público.

Neste exato momento, não há o incentivo de ninguém para considerar os custos inesperados de otimizar a IA na ausência da programação de princípios humanos. Uma equipe que atenda a seus conjuntos de critérios tem prioridade em relação à análise das possíveis consequências se suas contribuições para um sistema de inteligência artificial ou o próprio trabalho impactarem o futuro da humanidade. Como resultado, as tribos da IA, os Nove Titãs da IA e os países em que operam influenciam as tomadas de decisões. Isso estabelece um precedente perigoso, bem como estamos entregando de bandeja mais responsabilidade e controle aos sistemas de tomada de decisão. Atualmente, os Nove Titãs da IA não têm concessão de poderes a fim de desenvolver ferramentas e técnicas para fazer com que seus sistemas de inteligência artificial sejam compreendidos por seus próprios criadores e pelos clientes que usam aplicativos comerciais de inteligência artificial — e não existem medidas em vigor que responsabilizem a IA por todos nós. Estamos atravessando um limiar de uma nova realidade em que a IA está gerando seus próprios programas, criando seus próprios algoritmos e fazendo escolhas sem os humanos estarem a par disso. Por ora, ninguém, em qualquer país, tem o direito de interrogar uma IA e analisar claramente como foi tomada uma decisão.

Se fôssemos desenvolver um "senso comum" para IA, o que isso significaria na prática, já que a humanidade não tem um conjunto compartilhado de valores? Muito da natureza humana já é difícil de explicar e isso varia de cultura para cultura. O que é de suma importância para alguns não é necessariamente importante para os outros. É fácil esquecer, mesmo em um lugar como os Estados Unidos, constituído de tantos idiomas e culturas diferentes, que não temos um conjunto excepcional de valores e ideias. Dentro de nossas comunidades, entre nossos vizinhos, em nossas mesquitas/sinagogas/igrejas — a diversidade é imensa.

Eu morei e trabalhei no Japão e na China durante muitos anos. As regras culturalmente aceitas são muito diferentes em cada país, principalmente em comparação às minhas experiências no meio-oeste dos Estados Unidos. Determinados valores são óbvios e explícitos. Por exemplo, no Japão, dicas não verbais e comunicação indireta são bem mais importantes do que falar o que lhe vier à mente ou demonstrar emoções fortes. Em um ambiente corporativo, dois funcionários nunca gritariam um com o outro, e nunca repreenderiam um subordinado publicamente. No Japão, o silêncio vale ouro. Em minha experiência, este não é o caso da China, em que a comunicação é muito mais direta e clara. (No entanto, não tão clara quanto, digamos, minhas tias e tios judeus que ficam felizes em me dizer, em detalhes lamuriosos, exatamente o que pensam.)

Aqui é onde as coisas ficariam realmente complexas para uma IA tentar interpretar o comportamento humano e automatizar uma resposta. Em ambos os países, os objetivos são os mesmos: as necessidades do grupo pesam mais do que os desejos de um indivíduo e, acima de tudo, a harmonia social deve prevalecer. Mas o processo a fim de alcançar esses objetivos é, na verdade, o oposto: na maioria das vezes, a comunicação indireta no Japão versus uma comunicação mais direta na China.

E as variações que são mais indefinidas e difíceis de explicar? No Japão — lugar em que a comunicação indireta é valorizada — é perfeitamente normal comentar o peso de alguém. Quando trabalhei em Tóquio, uma das minhas colegas de trabalho falou um dia que parecia que eu tinha ganhado uns quilinhos a mais. Espantada e constrangida, mudei de assunto e perguntei sobre uma reunião no final do dia. Ela insistiu: será que eu sabia que certos alimentos japoneses eram ricos em gordura, mesmo parecendo saudáveis? Eu estava frequentando uma academia? Ela não estava perguntando sobre o meu peso como intuito de me importunar. Pelo contrário, era um indício dos nossos laços de amizade. As perguntas embaraçosas a respeito de quanto eu pesava eram um sinal de que ela se importava com a minha saúde. No Ocidente, seria socialmente inaceitável falar para uma colega de trabalho: "Minha nossa, você está gorda! Você engordou?" Nos Estados Unidos, somos tão sensibilizados culturalmente em relação ao peso que aprendemos a nunca perguntar a uma mulher se ela está grávida.

Não podemos abordar a criação de um sistema compartilhado de valores da IA da mesma forma que abordamos a elaboração do código de conduta de uma empresa ou as diretrizes para a regulamentação bancária. A razão é simples: nossos valores humanos costumam mudar em resposta à tecnologia e a outros fatores externos, como movimentos políticos e forças econômicas. Basta dar uma olhada neste poema de Alfred Lord Tennyson, que descreve o que a Inglaterra vitoriana valorizava em seus cidadãos:

O homem para o campo e a mulher para o lar;

Ele para a espada, ela para a agulha;

Homem de cabeça, mulher de coração;

Homem para mandar; mulher para obedecer;

O mais é desvario.

Nossas crenças arraigadas mudam constantemente. Em 2018, quando estava escrevendo este livro, tornou-se socialmente aceitável que os líderes nacionais vomitassem mensagens ofensivas e cheias de ódio entre si em mídias sociais, e que gurus políticos expusessem comentários polarizadores e bombásticos sobre vídeos, postagens de blog e até mesmo em publicações de notícias tradicionais. É quase impossível imaginar a discricionariedade e o respeito pela privacidade durante a presidência de Roosevelt, quando a imprensa teve grande cuidado em nunca mencionar ou mostrar sua paralisia.

Como a IA não está sendo ensinada a tomar decisões perfeitas, e sim a otimizar, nossa resposta às forças mutáveis na sociedade é imprescindível. Nossos valores não são imutáveis. Isso faz com que os problemas de valores da IA sejam alarmantes. Construir a IA significa prever os valores do futuro. Nossos valores não são estagnados. Então, como ensinamos as máquinas a refletir nossos valores sem influenciá-las?

Otimizando a IA para Seres Humanos

Alguns membros da tribo da IA acreditam que um conjunto compartilhado de princípios norteadores é um objetivo digno e que a melhor maneira de alcançá-lo é alimentar os sistemas de inteligência artificial com literatura, notícias, artigos de opinião e editoriais de fontes de notícias verossímeis para ajudá-los a aprender sobre nós. Isso envolveria o crowdsourcing, em que a IA aprenderia com a sabedoria coletiva das pessoas. No entanto, essa é uma péssima abordagem, porque ofereceria ao sistema apenas um snapshot no tempo, e a curadoria do que as relíquias culturais incluiriam não poderia, de forma significativa, representar a soma total da condição humana. Caso já tenha feito uma cápsula do tempo, você saberá de pronto o porquê. As decisões que você tomou sobre o que incluir provavelmente não são as mesmas que tomaria hoje, levando em consideração a sua visão *a posteriori*.

As regras — o algoritmo — a partir das quais toda cultura, sociedade e nação vive e já viveu, sempre foram criadas por pouquíssimas pessoas. Democracia, comunismo, socialismo, religião, veganismo, nativismo, colonialismo são construtos que desenvolvemos ao longo da história para ajudar a orientar nossas decisões. Mesmo na melhor das hipóteses, eles não são à prova do futuro. As forças tecnológicas, sociais e econômicas sempre intervêm e nos fazem adaptar. Os Dez Mandamentos estabelecem um algoritmo destinado a criar uma sociedade melhor para os humanos vivos há mais de 5 mil anos. Um dos mandamentos é tirar um dia inteiro de descanso por semana e não trabalhar naquele dia. Em nossa era moderna, a maioria das pessoas não trabalha exatamente nos mesmos dias ou horas por semana, então seria impossível não infringir esta regra. Como resultado, as pessoas que seguem os Dez Mandamentos como um princípio norteador são flexíveis em sua interpretação, em virtude das realidades de dias úteis mais longos, treino de futebol e e-mail. Tudo bem se adaptar — funciona muito bem para nós e para as nossas sociedades, nos mantém no rumo certo. Concordar com um conjunto básico de diretrizes nos possibilita otimizar para nós mesmos.

Não existe como criar um conjunto de mandamentos para IA. Não poderíamos elaborar todas as regras para otimizar corretamente a humanidade, e isso porque, ainda que as máquinas pensantes possam ser rápidas e poderosas, elas não são flexíveis. Não existe uma maneira fácil de simular exceções ou tentar pensar em cada possibilidade antecipadamente. Quaisquer que sejam as regras elaboradas, sempre existe uma circunstância no futuro em que algumas pessoas poderiam querer interpretá-las de forma diferente, ou ignorá-las por completo, ou criar adaptações para administrar uma circunstância imprevista.

Sabendo que não podemos formular um conjunto de mandamentos rígidos a seguir, devemos, em vez disso, focar nossa atenção nos *humanos* que desenvolvem esses sistemas? Essas pessoas — as tribos da IA — deveriam se fazer perguntas desconfortáveis, começando com:

- Qual é a nossa motivação para a IA? Ela está alinhada com os interesses da humanidade em longo prazo?
- Quais são nossos preconceitos? Quais ideias, experiências e valores deixamos de incluir em nossa tribo? Quem estamos ignorando?
- Incluímos pessoas diferentes de nós com o objetivo de melhorar o futuro da IA — ou simplesmente incluímos a diversidade em nossa equipe para atender a determinadas cotas?
- Como podemos garantir que nosso comportamento seja inclusivo?
- Como as implicações tecnológicas, econômicas e sociais da IA são entendidas pelas pessoas envolvidas em sua criação?
- Quais direitos fundamentais devemos estabelecer para interrogar os conjuntos de dados, algoritmos e processos que são utilizados para tomar decisões em nosso nome?
- Quem consegue definir o valor da vida humana? Este valor está sendo ponderado contra o que?
- Quando e por que as pessoas das tribos da IA sentem que é de sua responsabilidade abordar as implicações sociais da IA?

- A liderança de nossa organização e nossas tribos de IA refletem muitos tipos diferentes de pessoas?

- Qual o papel daqueles que comercializam a inteligência artificial ao abordar as implicações sociais da IA?

- Devemos continuar a comparar a IA ao pensamento humano ou é melhor para nós categorizá-la como algo diferente?

- Existe algum problema em arquitetar uma IA que reconheça e responda à emoção humana?

- Existe algum problema em fazer com que os sistemas de inteligência artificial sejam capazes de simular a emoção humana, sobretudo se estiverem aprendendo conosco em tempo real?

- Até que ponto é aceitável que a IA evolua sem seres humanos diretamente na jogada?

- Em quais circunstâncias uma IA poderia simular e experimentar as emoções humanas? E quanto à dor, à perda e à solidão? Qual a implicação de sermos responsáveis por esse sofrimento?

- Estamos desenvolvendo a IA com o intuito de buscar uma compreensão mais profunda de nós mesmos? Podemos usá-la para ajudar a humanidade a ter uma vida meditativa?

A MÁFIA-G começou a abordar o problema dos princípios norteadores por meio de inúmeros grupos de pesquisa e estudo. Na Microsoft, há uma equipe chamada FATE — acrônimo em inglês de Equidade [*Fairness*], Responsabilidade [*Accountability*], Transparência [*Transparency*] e Ética [*Ethics*] em IA.[23] No rastro do escândalo da Cambridge Analytica, o Facebook montou uma equipe de ética que estava desenvolvendo software a fim de assegurar que seus sistemas de inteligência artificial prevenissem os preconceitos. (Em particular, o Facebook não foi tão longe a ponto de criar um comitê de ética focado em IA.) A DeepMind organizou uma equipe de ética e sociedade. A IBM publica regularmente sobre ética e inteligência artificial. Na sequência de um escândalo no Baidu — o mecanismo de busca priorizou falsas alegações médicas de um hospital administrado pelo exército em que um tratamento provocou a morte de um estudante de 21 anos —, o CEO, Robin Li, admitiu que os funcionários haviam feito concessões em prol do crescimento lucrativo do Baidu e prometeu focar a ética no futuro.[24] Os Nove Titãs da IA elaboram estudos de ética e informes técnicos, convocam especialistas e organizam mesas redondas para discutir ética —, mas essas iniciativas não estão conectadas o suficiente com as operações cotidianas das inúmeras equipes que trabalham com IA.

Os sistemas de inteligência artificial dos Nove Titãs da IA estão cada vez mais acessando nossos dados cotidianos para criar produtos que agreguem valor comercial. Os ciclos de desenvolvimento estão acelerando a fim de acompanhar o ritmo das expectativas dos investidores. Estamos dispostos — ainda que inconscientes — a participar de um futuro que está sendo arquitetado às pressas e sem responder primeiro a todas essas perguntas. À medida que os sistemas de IA evoluem, e cada vez mais se automatiza nossa vida cotidiana, menos controle temos de fato sobre as decisões tomadas a respeito de nós e em nosso nome.

Isso, em contrapartida, aumenta o impacto no futuro de muitas outras tecnologias limítrofes ou que se cruzam de forma mais direta com a IA: veículos autônomos, CRISPR e edição genômica, medicina de precisão, robótica doméstica, diagnósticos médicos automatizados, tecnologias verdes e geoengenharia, viagens espaciais, criptomoedas e blockchain, fazendas inteligentes e tecnologias agrícolas, Internet das Coisas, fábricas autônomas, algoritmos para o mercado de ações, mecanismos de busca, reconhecimento facial e de voz, tecnologias bancárias, detecção de fraude e risco, policiamento e tecnologias judiciárias... Eu poderia fazer uma lista com dezenas de páginas. Não existe nenhum aspecto da sua vida pessoal ou profissional que não seja afetado pela IA. E se, nessa pressa de disponibilizar produtos no mercado ou de agradar a determinados funcionários do governo, seus valores não forem espelhados não somente pela IA, mas não forem refletidos em todos os sistemas que ela engloba? O quanto à vontade você se sente neste exato momento sabendo que a MÁFIA-G e a BAT estão tomando decisões que afetam o futuro de todos nós?

O atual percurso de desenvolvimento da IA prioriza a automação e a eficiência, o que significa necessariamente que temos menos controle e escolha em relação a nossas inúmeras atividades diárias, mesmo aquelas aparentemente insignificantes. Se tem um carro mais novo, seu aparelho de som provavelmente ajusta o volume sempre que você engata a marcha ré e dá ré — e não há como ignorar essa decisão. O erro humano é a causa esmagadora dos acidentes de carro — e não consigo fugir à exceção, mesmo que eu nunca tenha batido em nada quando estaciono em minha garagem. Ainda assim, não consigo mais ouvir o Soundgarden no volume máximo quando estaciono. As tribos da IA passaram por cima da minha capacidade de escolher, otimizando para o que, ao seu ver, é uma falha pessoal.

O que não entra em cena para a MÁFIA-G e para a BAT é otimizar a empatia. Desconsidere a empatia do processo de tomada de decisões e você tira a nossa humanidade. Às vezes, o que não faz sentido lógico é a melhor escolha possível para nós em determinado momento. Como se desligar do trabalho a fim de passar um tempo com um membro da família doente ou ajudar alguém a sair de um carro em chamas, ainda que essa ação coloque sua própria vida em risco.

Nosso futuro vivendo com a IA começa com uma perda de controle sobre as pequenas coisas: não conseguir ouvir Chris Cornell berrando ao cantar "Black Hole Sun" enquanto eu estaciono em minha garagem. Ver seu nome aparecer em um anúncio online de registros de detenção. Observar seu valor de mercado diminuir um pouco depois de um incidente embaraçoso de chatbot. Estes são os minúsculos cortes provocados por folhas de papel que no momento não parecem significativos, mas que, nos próximos 50 anos, serão muito dolorosos. Não estamos indo rumo a uma única catástrofe, e sim rumo ao desgaste contínuo da humanidade que hoje tomamos como garantida.

Já passou da hora de ver o que acontece em nossa transição da inteligência estreita artificial para a inteligência artificial de uso geral — e como será a vida nos próximos 50 anos, à medida que a humanidade facultar controle às máquinas pensantes.

PARTE II
Nossos Futuros

"O stáriets é aquele que absorve vossa alma e vossa vontade nas suas. Tendo escolhido um stáriets, vós abdicais de vossa vontade e lha entregais com toda a obediência, com inteira resignação."

— FIÓDOR DOSTOIÉVSKI, *OS IRMÃOS KARAMÁZOV*

CAPÍTULO QUATRO

DOS DIAS ATUAIS À SUPERINTELIGÊNCIA ARTIFICIAL: OS SINAIS DOS TEMPOS

A evolução da inteligência artificial, desde sistemas robustos capazes de concluir tarefas específicas até máquinas pensantes de uso geral, está a todo vapor. Neste exato momento, a IA pode reconhecer padrões e tomar decisões rapidamente, identificar regularidades escondidas em grandes conjuntos de dados e realizar previsões certeiras. E fica claro, a cada nova conquista — como a habilidade do AlphaGo Zero de autotreinamento e de vencer partidas usando uma estratégia superior desenvolvida por conta própria —, que estamos entrando em uma nova fase da IA, em que as máquinas pensantes teóricas se materializam e alcançam nosso nível humano de cognição. Já as tribos da IA, a serviço e em prol dos Nove Titãs da IA, estão arquitetando modelos conceituais de realidade para ajudar a treinar seus sistemas — modelos que não refletem, e não conseguem refletir, um retrato fiel do mundo real. É por meio desses modelos que as decisões futuras serão tomadas: a respeito de nós, para nós e em nosso nome.[1]

Neste instante, os Nove Titãs da IA estão construindo o código legado para todas as gerações de seres humanos que estão por vir, e ainda não temos a vantagem de analisar o passado a fim de determinar como este trabalho beneficiou ou comprometeu a sociedade. Em vez disso, devemos nos imaginar em situações futuras, fazendo o melhor que conseguirmos para conceber os efeitos bons, neutros e nocivos que a IA pode causar à medida que evolui de programas simples para sistemas complexos com o poder de decisão sobre os diversos aspectos de nossa vida cotidiana. Mapear os possíveis impactos da IA no presente nos proporcionará os meios para determinar que rumo a sociedade humana seguirá a partir de agora: podemos escolher maximizar as benesses e minimizar os males, porém não podemos marchar em sentido inverso.

Na maior parte dos casos, refletimos criticamente depois de uma crise enquanto tentamos, de certa forma, fazer a engenharia reversa de decisões erradas; descobrimos como deixamos passar os sinais de alerta; e encontramos pessoas e instituições para culpar. É o tipo de questionamento que alimenta a raiva pública, satisfazendo nosso sentimento de indignação justificada, mas que não muda o passado. Quando soubemos que as autoridades públicas na cidade de Flint, em Michigan, expuseram conscientemente 9 mil crianças menores de seis anos a níveis perigosamente altos de chumbo no abastecimento municipal de água potável — exposição que provavelmente acarretaria em diminuição do coeficiente de inteligência, dificuldades de aprendizado e perda de audição —, os norte-americanos exigiram saber como os funcionários municipais chegaram a tal ponto. O ônibus espacial *Columbia* explodiu durante a reentrada na atmosfera terrestre em 2003, matando todos os sete tripulantes; uma vez identificado que o desastre resultava de vulnerabilidades conhecidas, exigimos explicações em razão do descaso da NASA. Após as consequências da tragédia da usina nuclear de Fukushima Daiichi, que matou mais de 40 pessoas e obrigou milhares a abandonarem suas casas em 2011, todos queriam saber o porquê de as autoridades japonesas não conseguirem impedir o desastre.[2] Nos três casos, os sinais dos tempos eram abundantes e prévios.

No que diz respeito à IA, atualmente os sinais dos tempos são claros e prenunciam crises futuras, ainda que não sejam imediatamente óbvios. Embora os sinais sejam muitos, veja a seguir dois exemplos que valem a sua consideração, junto com suas possíveis consequências:

Sinal #1: Tratamos equivocadamente a inteligência artificial como uma plataforma digital — semelhante à internet — sem princípios norteadores ou planos em longo prazo para seu crescimento. Fomos malsucedidos em reconhecer que a IA se tornou um bem público. Quando os economistas falam a respeito de um "bem público", eles usam uma definição rigorosa: deve ser um bem *não excludente*, ou seja, é impossível impedir alguém de usá-lo porque isso seria inadmissível, e deve ser *livre de antagonismos*, o que significa que, quando uma pessoa o usa, outra pode usá-lo também. Os serviços governamentais, como defesa nacional, bombeiros e coleta de lixo, são bens públicos. Entretanto, os bens públicos também podem ser criados nos mercados e, com o passar do tempo, podem gerar consequências indesejadas. Temos um exemplo vivo do que acontece quando generalizamos a tecnologia como uma plataforma: a internet.

A internet estreou como um conceito — um jeito de melhorar a comunicação e o trabalho que acabaria por beneficiar a sociedade. Nossa internet moderna evoluiu a partir de uma colaboração de 20 anos entre muitos pesquisadores diferentes: a princípio, como uma rede de comutação de pacotes desenvolvida pelo Departamento de Defesa e, depois, como uma rede acadêmica abrangente para os pesquisadores compartilharem seu trabalho. Tim Berners-Lee, engenheiro de software do CERN, fez uma proposta que expandiu a rede usando um novo conjunto de tecnologias e protocolos que possibilitaria a contribuição e muitas coisas: o Localizador Padrão de Recursos (URL), a Linguagem de Marcação de Hipertexto (HTML) e o Protocolo de Transferência de Hipertexto (HTTP). A World Wide Web começou a crescer à medida que mais pessoas a usavam; como era descentralizada, estava aberta a qualquer pessoa que tivesse acesso a um computador, e os usuários novos não impossibilitavam que os já existentes criassem páginas novas.

Com certeza a internet não fora imaginada como um bem público, tampouco sua finalidade inicial era que todas as pessoas ao redor do mundo usassem e abusassem dela, como se faz hoje. Em razão de nunca ter sido definida e adotada formalmente como um bem público, a internet ficou continuamente à mercê das exigências e desejos conflitantes de empresas com fins lucrativos, agências governamentais, universidades, unidades militares, agências de notícias, executivos de Hollywood, ativistas de direitos humanos e pessoas comuns em todo o mundo. Isso, por sua vez, criou oportunidades enormes e resultados insustentáveis. Em 2019 foi o 50º aniversário dos dois primeiros computadores que enviaram pacotes entre si por meio de uma rede de longa distância; isso na sombra obscura da Rússia hackeando uma eleição presidencial norte-americana e do Facebook submetendo 700 mil pessoas à experiência psicológica sem o conhecimento delas, alguns dos primeiros arquitetos da internet estão desejando ter tomado decisões melhores décadas atrás.[3] Berners-Lee fez um apelo à ação, exortando todos a resolver os problemas causados pela evolução da internet.[4]

Ao passo que muitas pessoas inteligentes defendem a IA *para* o bem público, ainda não estamos discutindo inteligência artificial *como* bem público. Isso é um erro. Atualmente, estamos no prelúdio da evolução moderna da IA, e não podemos continuar a pensar nela como uma plataforma construída pelos Nove Titãs da IA para o e-commerce, as comunicações e aplicativos bacanas. Deixar de considerar a IA como um bem público — coisa que fazemos com o ar que respiramos — ocasionará problemas graves e intransponíveis. Tratar a IA como um bem público não impede que a MÁFIA-G lucre e cresça. Significa simplesmente mudar nosso pensamento e expectativas. Mais dia, menos dia, não teremos o luxo de debater e analisar a automação dentro do contexto dos direitos humanos e da geopolítica, porque a IA será bastante complexa para nos livrarmos de suas amarras e moldá-la em algo que preferimos.

Sinal #2: O poder da IA está cada vez mais se concentrando na mão de alguns, ainda que enxerguemos a IA como um ecossistema aberto de poucas barreiras. Os dois países que estão arquitetando o futuro da IA — os Estados Unidos e a China — competem por interesses geopolíticos, têm economias intimamente entrelaçadas e seus líderes estão sempre em conflito. Como consequência, o futuro da IA é uma ferramenta cujo poderio é ao mesmo tempo explícito e ameno, e ela — em conjunto com as tribos da IA — está sendo manipulada para vantagem econômica e alavancagem estratégica. As estruturas governamentais de nossos respectivos países, pelo menos em teoria, podem de início parecer corretas para o futuro das máquinas pensantes. Na prática, elas são um risco.

A filosofia de livre mercado e o espírito empreendedor dos Estados Unidos nem sempre resultam em oportunidades ilimitadas e crescimento absoluto. Como em todos os outros setores industriais — telecomunicações, assistência médica, setor automotivo —, com o passar do tempo, nós que vivemos nos Estados Unidos acabamos com pouca concorrência, mais consolidação e menos escolhas à medida que o ecossistema dos setores industriais amadurece. Temos duas opções de sistemas operacionais móveis: o iOS, da Apple, que representa 44% da fatia de mercado nos EUA; e o Android, do Google, que representa 54% e continua a crescer. (Menos de 1% dos norte-americanos usam Microsoft e Blackberry.)[5] Os norte-americanos até têm opções quando se trata de provedores de e-mail pessoais, todavia 61% das pessoas entre 19 e 34 anos usam o Gmail, e o restante usa o Yahoo e o Hotmail (19% e 14%, respectivamente).[6] Podemos comprar online em qualquer lugar que desejarmos, ainda assim a Amazon representa 50% de todo o mercado de e-commerce dos EUA. Seus concorrentes diretos, — Walmart, Best Buy, Macy's, Costco e Wayfair — juntos, têm uma participação de mercado de menos de 8%.[7]

Com a IA, qualquer pessoa pode desenvolver um produto novo ou serviço, mas não pode implementá-lo facilmente sem a ajuda da MÁFIA-G. As pessoas devem usar o TensorFlow do Google, os muitos algoritmos de reconhecimento da Amazon, o Azure da Microsoft para hospedagem, a tecnologia de chip da IBM ou qualquer um dos outros frameworks, ferramentas e serviços de IA que fazem o ecossistema circular. Na prática, o futuro da IA não é ditado pelos termos de um verdadeiro "livre" mercado nos Estados Unidos.

Existe uma razão para tal concentração de poder: leva-se décadas de pesquisa e desenvolvimento para se chegar ao patamar que a IA está hoje. Nosso governo deveria ter financiado as pesquisas fundamentais de IA em níveis mais altos desde os meados dos anos 1980, e deveria estar estimulando nossas universidades enquanto elas se preparavam para a terceira era da computação. Diferentemente da China, o governo norte-americano não fomentou um programa de ações para a IA com bilhões de dólares e coordenou políticas nacionais — ao contrário, o progresso emergiu gradativamente a partir do setor comercial. Isso significa que, implicitamente, pedimos e demos permissão para que a MÁFIA-G tomasse decisões importantes e significativas que afetam o futuro de nossa mão de obra, segurança nacional, crescimento econômico e oportunidades individuais.

Nesse meio-tempo, a versão chinesa do comunismo — o socialismo de mercado combinado com padrões evidentes de regras sociais — poderia, teoricamente, incentivar a harmonia e a estabilidade política, elevar o nível médio de renda e impedir que 1 bilhão de pessoas se revoltem. Na prática, são regras prescritivas e severas. No tocante à IA, isso resulta em um trabalho coordenado para coletar quantidades gigantescas de dados de cidadãos, promover a BAT e disseminar a influência do Partido Comunista Chinês globalmente.

Não é fácil entendermos as possíveis crises e oportunidades antes de elas se concretizarem, por isso temos a tendência de nos limitarmos às nossas crenças. Desse modo, falamos de robôs assassinos, em vez de cortes provocados por folhas de papel, e alimentamos nosso fetiche em relação ao futuro da IA, em vez de termos medo dos algoritmos que aprendem com nossos dados. Apresentei somente dois sinais dos tempos e ainda existe muita coisa a se considerar. Temos a oportunidade de reconhecer tanto as benesses extraordinárias quanto os possíveis males associados ao nosso atual percurso de desenvolvimento da IA. E, o mais importante, temos a obrigação de fazer face aos sinais dos tempos neste exato momento. Não queremos nos deparar com uma situação em que arrumamos pretextos e pedimos desculpas, como fizemos depois de Flint, do ônibus espacial *Columbia* e de Fukushima.

Devemos perseguir incansavelmente os sinais dos tempos e elaborar cenários alternativos em relação à trajetória da IA a fim de nos ajudar a antecipar o risco e — com sorte — driblar uma catástrofe. Por ora, não existe um método probabilístico que consiga prever com exatidão o futuro, porque nós, humanos, somos impulsivos, não conseguimos explicar o caos e o acaso, e, de uma hora para a outra, surgem mais pontos de dados a serem considerados. Como futurista profissional que usa intensamente dados quantitativos em minha pesquisa, sei que, embora seja possível prever o resultado de um evento com um conjunto distinto de informações (como uma eleição), quando se trata de inteligência artificial, há uma quantidade inconcebível e gigantesca de variáveis imperceptíveis para se detectar. Existem muitas pessoas tomando decisões em reuniões, e, à medida que programam, escolhem quais algoritmos devem treinar e em quais conjuntos de dados; existe uma parcela grande de pequenos avanços diários que passam desapercebidos e não são divulgados em publicações científicas de arbitragem por pares; existe uma quantidade enorme de acordos, aquisições e contratações que os Nove Titãs da IA estão fechando; existem muitos projetos de pesquisa desenvolvidos em universidades. Nem mesmo a IA poderia nos dizer *exatamente* como será a IA em um futuro distante. Apesar de não conseguirmos fazer previsões sobre a inteligência artificial, naturalmente podemos relacionar os sinais de alerta, os sinais dos tempos e outras informações no presente.

Eu desenvolvi uma metodologia para projetar a incerteza profunda. É um processo composto de seis etapas que revela as tendências emergentes, identifica as semelhanças e os relacionamentos entre elas, mapeia as trajetórias ao longo do tempo, descreve os possíveis resultados e, por fim, elabora uma estratégia para alcançar um futuro desejado. A primeira parte da metodologia explica o "que", ao passo que a segunda parte descreve o "e-se". Essa segunda parte, formalmente, chama-se "planejamento de cenários" e desenvolve cenários sobre o futuro empregando uma variedade ampla de dados a partir de diversas fontes: estatísticas, registros de patentes, pesquisa acadêmica e de arquivos, briefings políticos, documentos de conferências, entrevistas de muitas pessoas e até design crítico e ficção especulativa.

O planejamento de cenários originou-se no início da Guerra Fria, na década de 1950. Herman Kahn, um futurista da RAND Corporation, fora encarregado das pesquisas sobre a guerra nuclear e sabia que os dados brutos, por si só, não forneceriam contexto suficiente para os líderes militares. Assim sendo, ele desenvolveu algo novo, que chamou de "cenários". Eles completariam os detalhes descritivos e as narrativas necessárias a fim de ajudar os responsáveis pela criação da estratégia militar a entender os possíveis resultados — ou seja, o que poderia ocorrer se um determinado conjunto de ações fosse realizado. Ao mesmo tempo, na França, os futuristas Bertrand de Jouvenel e Gaston Berger desenvolveram e usaram cenários para descrever os resultados *pretendidos* — o que *deveria* acontecer, dadas as circunstâncias atuais. O trabalho deles obrigou os militares e nossos líderes eleitos a, conforme disse Kahn, "pensar sobre o impensável" e nas consequências da guerra nuclear. Fora um exercício tão eficiente que outros governos e empresas ao redor do globo adotaram os métodos deles. A empresa Royal Dutch Shell popularizou o planejamento de cenários quando divulgou que os cenários levaram os gerentes a antecipar a crise energética global (1973 e 1979), o colapso do mercado em 1986 e a mitigar os riscos antes de sua concorrência.[8] Os cenários são uma ferramenta tão pujante que, 45 anos depois, a Shell ainda emprega uma enorme e dedicada equipe que está encarregada de pesquisá-los e registrá-los.

Eu preparei cenários de risco e de oportunidades visando o futuro da IA para muitos setores industriais e áreas, e para um grupo variado de organizações. Os cenários são uma ferramenta para nos ajudar a lidar com o viés cognitivo que o estudioso de economia comportamental e direito Cass Sunstein chama de "negligência de probabilidade".[9] Nossos cérebros humanos não são nada bons em avaliar os riscos e os perigos. Supomos que as atividades comuns são mais seguras do que as atividades novas ou incomuns. Por exemplo, a maioria de nós se sente totalmente seguro ao dirigir nossos carros em comparação a voar em uma companhia aérea comercial, embora o transporte aéreo seja o meio de transporte mais seguro. A probabilidade de um norte-americano morrer em um acidente de carro é de 1 em 114, em comparação à probabilidade de 1 em 9.821 de morrer em um acidente aéreo.[10][11] Somos péssimos quando se trata de avaliar o risco ao volante, por isso muitas pessoas mandam mensagens e bebem enquanto dirigem. Somos de igual modo péssimos em avaliar o risco da IA pois a usamos desapercebidamente todo santo dia, à medida que curtimos e compartilhamos os stories, enviamos e-mails e mensagens, conversamos com máquinas e nos submetemos ao processo de nudging. Qualquer risco que imaginemos é oriundo da ficção científica: a IA como robôs fantasiosos que saem à caça de seres humanos e vozes incorpóreas que psicologicamente nos torturam. Não pensamos com naturalidade a respeito do futuro da IA dentro das esferas do capitalismo, geopolítica e democracia. Nem sequer pensamos em nossos futuros eus e em como os sistemas autônomos podem impactar nossa saúde, relacionamentos e felicidade.

Precisamos de um conjunto de cenários voltados ao público que descrevam todas as formas pelas quais a IA e os Nove Titãs da IA poderiam nos afetar coletivamente à medida que a IA evolui de aplicações estreitas para sistemas inteligentes de uso geral e além disso. Já passamos do ponto da passividade. Pense o seguinte: há chumbo na água. Os anéis de vedação estão com defeito. Existem rachaduras nos revestimentos de contenção do reator. A situação atual da IA suscitou problemas fundamentais para os quais existem sinais dos tempos, e precisamos abordar essas questões agora. Se tomarmos as medidas adequadas hoje, existirão grandes oportunidades nos esperando no futuro.

Nos capítulos seguintes, detalharei três cenários — otimista, pragmático e catastrófico — que projetei usando os dados e as informações do presente. Eles seguem rumo à ficção, mas são todos baseados em fatos. O objetivo desses cenários é fazer com que algo remoto e fantasioso pareça mais imediato e real. Como não podemos ver facilmente a IA na prática, só nos damos conta dos resultados quando eles são negativos — e, até lá, as pessoas comuns não têm muita alternativa.

O Percurso da ANI à ASI

A primeira parte deste livro foi, basicamente, dedicada à inteligência artificial estreita, ou ANI, e sua automação de milhares de tarefas cotidianas — da identificação de fraudes de cheques à avaliação de candidatos a emprego, e até a definição do preço de passagens aéreas. Todavia, citando o famoso arquiteto da computação da IBM, Frederick Brooks, você não pode desenvolver programas de software cada vez mais complexos simplesmente alocando mais pessoas no problema. O que, na verdade, tende a atrasar o projeto.[12] No momento, os humanos têm que arquitetar sistemas e escrever códigos com o intuito de desenvolver diversos aplicativos de inteligência artificial, e, como em qualquer pesquisa, existe uma curva considerável de aprendizado envolvida. Em parte, é por causa disso que a ascensão rápida da IA para os próximos degraus de desenvolvimento é apelativa para os Nove Titãs da IA. Os sistemas capazes de programar a si próprios poderiam aproveitar muito mais dados, construir e testar novos modelos e se aprimorarem sem a necessidade de envolvimento humano direto.

Normalmente, a inteligência artificial se encaixa na definição de três categorias principais: inteligência artificial estreita ou fraca (ANI), inteligência artificial geral (AGI) e a superinteligência artificial (ASI). Os Nove Titãs da IA estão atualmente avançando depressa rumo à construção e implementação de sistemas AGI, esperando que um dia eles consigam raciocinar, solucionar problemas, pensar de forma abstrata e fazer escolhas tão facilmente quanto nós, com resultados iguais ou melhores. O uso da AGI representaria avanços de pesquisa exponencialmente mais rápidos, além de melhores diagnósticos médicos e novas formas de solucionar problemas complicados de engenharia. Mais cedo ou mais tarde, as melhorias da AGI devem nos levar à terceira categoria: a superinteligência artificial. Os sistemas da ASI são ligeiramente mais capazes de realizar tarefas cognitivas humanas do que os de IAs, que são trilhões de vezes mais inteligentes que os humanos em todos os aspectos.

Subir do degrau que estamos hoje para uso generalizado da AGI significa utilizar "algoritmos evolutivos", um campo de pesquisa inspirado pelo trabalho de Charles Darwin sobre a seleção natural. Darwin descobriu que os membros mais fortes de uma espécie sobrevivem ao tempo e seu código genético domina a população. Com o passar do tempo, as espécies se tornam mais adaptadas ao ambiente. Acontece o mesmo com inteligência artificial. De início, um sistema começa com um conjunto muito grande de possibilidades quase aleatórias ou aleatórias (estamos falando de bilhões ou trilhões de entradas) e executa simulações. Em virtude de as respostas iniciais geradas serem aleatórias, elas não são muito úteis na prática; no entanto, algumas podem ser ligeiramente melhores que outras. O sistema eliminará as respostas fracas e manterá as fortes, criando uma combinação nova. Às vezes, as combinações novas geram o cruzamento de respostas, que também são incluídas. E, outras vezes, uma adaptação randômica ocasionará uma mutação — coisa que acontece quando qualquer espécie orgânica evolui. O algoritmo evolutivo continuará gerando, descartando e promovendo respostas milhões de vezes, produzindo centenas ou até milhões de resultados até que, cedo ou tarde, determine que nenhuma melhoria será mais possível. Os algoritmos evolutivos com a faculdade de mutação ajudarão a IA a evoluir por conta própria, uma possibilidade tentadora, mas tudo isso tem um preço: o funcionamento dessa resposta resultante e o processo usado para se chegar até ela pode ser extremamente complexo, inclusive para os nossos cientistas da computação mais notáveis a interpretarem e a entenderem.

Por isso é fundamental — embora pareça utópico — incluir as máquinas em qualquer conversa sobre a evolução da espécie humana. Até agora, pensamos a respeito da evolução da vida na Terra a partir de um âmbito limitado. Há milhões de anos, os organismos unicelulares engoliram outros organismos e se transformaram em novas formas de vida. O processo continuou até que os primeiros humanos desenvolveram a habilidade de ficar de pé, sofreram mutações que desenvolveram articulações do joelho maiores, adaptadas para que os bípedes caminhassem, desenvolveram fêmures robustos, descobriram como fazer machados e controlar o fogo, desenvolveram cérebros maiores e, finalmente, depois de milhões de seleções naturais darwinianas, construíram as primeiras máquinas pensantes. Tal como os robôs, nossos corpos também são meros contêineres para algoritmos elaborados. Assim sendo, devemos pensar na evolução da vida como a evolução da inteligência: a inteligência humana e a inteligência artificial evoluíram em vias paralelas a um ritmo que preservou nossa posição de destaque na escalada da hierarquia da inteligência, a despeito do julgamento secular de que as gerações futuras serão mais incultas por causa da tecnologia. Lembro-me como se fosse hoje de que meu professor de matemática do ensino médio estava revoltado com a calculadora gráfica, que havia chegado ao mercado apenas cinco anos antes, afirmando que ela já estava deixando a minha geração pouco inteligente e preguiçosa. Enquanto afirmamos que as gerações futuras provavelmente serão mais incultas *por causa da* tecnologia, nunca paramos para pensar que nós, humanos, um dia poderemos ficar menos inteligentes *do que* a tecnologia. É um ponto de inflexão imediato e ele diz respeito a nossas respectivas limitações evolutivas.

Na maior parte dos casos, calcula-se a inteligência humana usando um método de pontuação desenvolvido em 1912 pelo psicólogo alemão William Stern. Você o conhece como o "quociente de inteligência", ou QI. Calcula-se a pontuação dividindo o resultado de um teste de inteligência pela sua idade cronológica e multiplicando a resposta por 100. Cerca de 2,5% a população pontua acima de 130 e essas pessoas são consideradas a elite dos pensadores, enquanto 2,5% se enquadram abaixo de 70 e são categorizadas como pessoas que têm alguma incapacidade de aprendizado ou outras doenças mentais. Ainda que se tenha pontos de desvio-padrão para a margem interpretativa, dois terços da população ficam na faixa entre 85 e 115. E, no entanto, somos um pouco mais inteligentes do que costumávamos ser. Desde o início do século XX, a média dos escores de QI do ser humano vem aumentando a uma taxa de três pontos por década, provavelmente devido à melhora na nutrição, na educação e à complexidade ambiental.[13] O nível geral de inteligência da humanidade mudou diretamente para a curva do sino como resultado. Caso essa tendência persista, teremos muito mais gênios até o final do século. Neste ínterim, nossa evolução biológica terá cruzado com o caminho da IA.

Conforme nossa capacidade intelectual melhora, a IA também melhora — todavia, não se pode calcular a IA usando a escala de QI. Em vez disso, calculamos o poder de um computador utilizando operações (e cálculos também) por segundo, ou ops, que ainda conseguimos comparar ao cérebro humano. Dependendo de com quem você fala, o máximo de operações por segundo que nossos cérebros humanos podem realizar é um exaflop, aproximadamente 1 bilhão de bilhões de operações por segundo, e essas operações são responsáveis por muitas atividades que acontecem sem percebermos de imediato: os movimentos involuntários que fazemos quando respiramos, o processamento visual ininterrupto que ocorre quando nossos olhos estão abertos e coisas do tipo. Lançado em 2010, o Tianhe-1 da China era o supercomputador mais rápido e poderoso do mundo, construído integralmente com microprocessadores chineses e com um pico de performance teórico de 1,2 petaflops. (Um petaflop é mil trilhões de operações por segundo.) Isso é rápido — mas não é a velocidade do cérebro humano. Então, em junho de 2018, a IBM e o Departamento de Energia dos EUA lançaram a Summit, que batia 200 petaflops e foi construída especificamente para a IA.[14] Ou seja, estamos chegando mais perto de uma máquina pensante com poder computacional mais mensurável do que temos biologicamente, ainda que ela não possa passar no teste de Turing e nos enganar com o intuito de acreditarmos que ela é humana.

Contudo, a velocidade não é a única métrica que importa. Se fôssemos aumentar a velocidade do cérebro de um cachorro para 10 quadrilhões de operações, ele não seria capaz de resolver equações diferenciais de imediato — ele simplesmente correria pelo quintal farejando e perseguindo mais coisas do que de costume. A arquitetura por meio da qual o cérebro humano foi projetado é mais complexa do que a do cérebro de um cachorro: temos mais conexões entre nossas células nervosas, proteínas especiais e nós cognitivos sofisticados.[15] Mesmo assim, a IA é extensível de maneiras que os humanos não são sem mudar a arquitetura essencial de nossos cérebros. A Lei de Moore, segundo a qual o número de componentes em circuitos integrados dobraria a cada dois anos à medida que o tamanho dos transistores diminuísse, continuou provando ser confiável e nos diz que o computador evolui exponencialmente. Uma quantidade cada vez maior de dados está disponível, junto com novos tipos de algoritmos, componentes avançados e meios novos de se conectar às redes neurais. Tudo isso resulta em mais poder. Ao contrário dos computadores, não conseguimos mudar facilmente a estrutura de nossos cérebros e a arquitetura da inteligência humana. Em primeiro lugar, isso exigiria que entendêssemos totalmente como nossos cérebros funcionam. Em segundo, seria necessário remodelar a arquitetura e as substâncias químicas de nossos cérebros com mudanças que poderiam ser transmitidas às gerações futuras e, em terceiro e último lugar, teríamos que esperar anos a fio para produzirmos descendentes.

De acordo como o nosso ritmo atual, os humanos levarão 50 anos de evolução para alcançar 15 pontos a mais na escala de QI. E, para nós, 15 pontos serão perceptíveis. A diferença entre um cérebro de "inteligência acima da média" e um cérebro "talentoso" representaria uma capacidade cognitiva substancialmente maior — conexões mais rápidas, dominar conceitos novos com mais facilidade e pensar com mais eficiência. Porém, dentro desse mesmo espaço de tempo, a capacidade cognitiva da IA não apenas nos substituirá — ela pode se tornar completamente irreconhecível para nós, porque não temos o poder de processamento biológico para compreender o que ela é. Seria como se um chimpanzé se sentasse com uma máquina superinteligente em uma reunião do conselho da cidade. Talvez o chimpanzé reconhecesse que há pessoas na sala e que ele poderia se sentar em uma cadeira, mas empreender uma discussão interminável sobre ciclovias e um cruzamento movimentado? Dificilmente ele teria a capacidade cognitiva de decifrar a linguagem utilizada, tampouco o raciocínio e a experiência a fim de compreender o motivo pelo qual as ciclovias são tão controversas. Na longa trajetória da evolução da inteligência e do nosso percurso rumo à ASI, nós, humanos, somos comparáveis aos chimpanzés.

Uma IA superinteligente não é necessariamente perigosa e nem elimina obrigatoriamente o papel que desempenhamos na civilização. No entanto, é provável que uma IA superinteligente tome decisões de modo inconsciente usando uma lógica que nos seria insólita. O filósofo da Universidade de Oxford Nick Bostrom explica os possíveis resultados da ASI usando uma parábola sobre clipes de papel. Caso pedíssemos a uma IA superinteligente para fazer clipes de papel, o que aconteceria a seguir? Os resultados de cada IA, incluindo os que temos agora, são determinados por valores e objetivos. É possível que uma ASI inventasse um clipe de papel novo e melhor, que seguraria uma pilha de papéis de modo que, ainda que as folhas caíssem, as páginas sempre ficariam agrupadas ordenadamente. É possível que, se não conseguíssemos explicar quantos clipes de papel *queremos,* uma ASI poderia continuar a fazer clipes de papel para sempre, enchendo nossas casas e escritórios com eles, bem como nossos hospitais e escolas, rios e lagos, sistemas de esgoto e assim por diante, até que as montanhas de clipes cobrissem o planeta. Ou talvez uma ASI usando a eficiência como valor orientador poderia decidir que os humanos atrapalham os clipes de papel; desse modo, ela repaginaria a paisagem da Terra em uma fábrica de produção de clipes de papel, fazendo com que nossa espécie fosse extinta no processo.[16] Sabe com o que tantos especialistas em IA, inclusive eu, estamos preocupados? Se as habilidades cognitivas da ASI são de magnitude superior à nossa (lembre-se, somos apenas alguns degraus superiores aos chimpanzés), então seria impossível imaginarmos as consequências que tais máquinas poderosas poderiam ter em nossa civilização.

Por isso, a palavra "explosão" é muito utilizada entre os pesquisadores de IA. Ela foi cunhada primeiro pelo matemático e criptologista britânico I. J. Good em um ensaio de 1965: "Uma máquina ultrainteligente poderia projetar máquinas ainda melhores; haveria, então, sem sombras de dúvidas, uma 'explosão de inteligência' e a inteligência do homem ficaria para trás. Assim, a primeira máquina ultrainteligente é a última invenção que o homem precisa fazer, desde que a máquina seja domesticada o bastante para nos dizer como controlá-la."[17]

Os Nove Titãs da IA estão construindo frameworks e sistemas que — assim esperam — algum dia promovam uma explosão, abrindo o caminho para soluções, estratégias, conceitos, frameworks e abordagens inteiramente novas que nem mesmo nossos cientistas da computação mais inteligentes tinham considerado. Isso resultaria em avanços, oportunidades e crescimento de negócios cada vez mais rápidos. Em termos técnicos, isso se chama "autoaperfeiçoamento recursivo" e refere-se a um ciclo em que a IA se autoaperfeiçoa, fica mais rápida e mais inteligente, modificando suas habilidades. Isso possibilitaria que as IAs controlassem e planejassem seu próprio destino. A taxa de autoaperfeiçoamento pode ser de hora em hora, ou mesmo instantânea.

A próxima "explosão de inteligência" relata não somente a velocidade dos supercomputadores ou o poder dos algoritmos, mas também a proliferação vasta de máquinas pensantes inteligentes empenhadas no autoaperfeiçoamento recursivo. Imagine um mundo em que sistemas mais avançados do que AlphaGo Zero e o NASNet não apenas tomam decisões estratégicas de forma autônoma, mas também trabalham de forma colaborativa e competitiva como parte de uma comunidade global. Um mundo em que lhes é solicitado evoluir, sobretudo para ajudar os humanos a saírem de cena — escrevendo gerações novas de código, transformando-se e melhorando a si próprios —, porém em um ritmo vertiginoso. As IAs resultantes criariam agentes novos, programando-os com uma finalidade e um conjunto de tarefas, e esse ciclo se repetiria de novo e de novo, trilhões de vezes, ocasionando mudanças pequenas e, ao mesmo tempo, enormes. A única outra vez na história em que testemunhamos tamanho apocalipse evolutivo fora aproximadamente há 542 milhões de anos, durante o período Cambriano, quando a diversificação vertiginosa de nosso bioma levou a todos os tipos de novas formas de vida complexas e transformou nosso planeta. O ex-gerente do programa DARPA, Gill Pratt, afirma que estamos no meio de uma explosão cambriana neste exato momento — um período em que a IA aprende com a experiência de todas as IAs e, após o qual, a nossa vida na Terra poderia ser radicalmente diferente do que é hoje.[18]

É por conta disso que os Nove Titãs da IA, seus investidores e acionistas, nossas agências governamentais e autoridades eleitas, pesquisadores da linha de frente e (ainda mais importante) você precisam reconhecer os sinais dos tempos e pensar mais criticamente não apenas no que diz respeito à ANI que está sendo criada agora, mas também sobre a AGI e ASI que estão surgindo em nosso horizonte. A evolução da inteligência é um *continuum* em que humanos e máquinas coexistem. Os valores dos Nove Titãs da IA já estão imensamente programados em nossos algoritmos, sistemas e frameworks existentes. Esses valores serão transmitidos para milhões de novas gerações de IAs que evoluem e, em breve, para máquinas pensantes inteligentes de uso geral.

A transição da ANI para a ASI provavelmente durará os próximos 70 anos. Por ora, não é fácil definir datas de marco exatas, pois o ritmo de progresso na IA depende de muitos fatores e pessoas: a aceitação de membros novos nas tribos da IA, as decisões estratégicas tomadas pelos Nove Titãs da IA, conflitos comerciais e brigas geopolíticas, sem contar o acaso e eventos caóticos. Em meus modelos, eu colocaria atualmente o advento da AGI na década de 2040. Aparentemente é um futuro distante; logo, me deixe contextualizar. Teremos três ou quatro presidentes norte-americanos na Casa Branca até essa data. (A salvo problemas de saúde, o presidente chinês, Xi Jinping, ainda estará no poder.) Terei 65 anos quando os sistemas AGI começarem a realizar sua própria pesquisa de IA. Minha filha terá 30 anos e poderá até estar lendo um best-seller do *New York Times* escrito inteiramente por uma máquina. Meu pai estará no final dos seus 90 anos, e todos os seus especialistas médicos (cardiologistas, nefrologistas, radiologistas) serão AGIs, direcionados e gerenciados por um clínico geral altamente treinado, que será tanto um médico quanto um cientista de dados. O advento da ASI pode ocorrer logo ou bem depois, entre as décadas de 2040 e 2060. Isso não quer dizer que em 2070 as IAs superinteligentes terão devastado toda a vida na Terra sob o peso de quintilhões de clipes de papel, mas também não quer dizer que elas não o farão.

As Histórias que Devemos Nos Contar

O planejamento do futuro da IA exige que construamos novas narrativas usando dados do mundo real. Se concordarmos que a IA evoluirá à medida que for despontando, então devemos elaborar cenários que descrevam a confluência dos Nove Titãs da IA, das forças econômicas e políticas que os direcionam e as maneiras pelas quais a humanidade intervém conforme a IA faz a transição de usos estreitos para usos inteligentes gerais e, finalmente, para máquinas pensantes superinteligentes.

Como o futuro ainda não aconteceu, não podemos saber com certeza todos os resultados possíveis de nossas ações no presente. Assim sendo, os cenários apresentados nos próximos capítulos são escritos usando diferentes contextos emocionantes que descrevem os próximos 50 anos. O primeiro trata de um cenário otimista perguntando o que aconteceria se os Nove Titãs da IA decidissem promover mudanças radicais a fim de garantir que a IA beneficie todos nós. Há uma diferença importante a ser observada: os cenários "otimistas" não são necessariamente prósperos ou positivos. Nem sempre levam à utopia. Em um cenário otimista, estamos supondo que as melhores decisões possíveis são tomadas e que quaisquer obstáculos ao sucesso são superados. Para os nossos propósitos, significa uma mudança de percurso dos Nove Titãs da IA em relação à IA e, como eles tomaram as melhores decisões no momento certo, estaremos em uma situação bem melhor no futuro. É um cenário em que eu me contentaria em viver, e é um futuro que podemos alcançar se trabalharmos juntos.

O segundo é um cenário pragmático descrevendo como o futuro seria caso os Nove Titãs da IA realizassem apenas melhorias insignificantes em curto prazo. Partimos do princípio que, embora todos os principais envolvidos reconheçam que a IA provavelmente não está no rumo certo, não existe colaboração para criar uma mudança significativa e duradoura. Algumas universidades introduzem aulas obrigatórias de ética; a MÁFIA-G firma parcerias industriais para combater o risco, todavia não avança em relação às culturas de suas próprias empresas; nossas autoridades eleitas se concentram em seus próximos ciclos eleitorais e desdenham os grandes planos da China. Um cenário pragmático não espera por grandes mudanças — ele reconhece a realidade em mutação de nossos impulsos humanos para melhorar. Identifica também que, nos negócios e no governo, os líderes são propensos a dar pouca atenção ao futuro em proveito de ganhos imediatos em curto prazo.

Por fim, o cenário catastrófico explica o que acontece se todos os sinais forem deixados de lado e se os sinais dos tempos forem ignorados: não conseguiremos planejar o futuro de modo ativo e os Nove Titãs da IA continuarão a competir entre si. Se escolhermos dobrar a aposta do *status quo*, onde isso nos levaria? O que acontece caso a IA continue a trilhar os percursos existentes nos Estados Unidos e na China? Promover uma mudança sistemática — exigida pelo cenário catastrófico — é um trabalho penoso e moroso que não termina em uma linha de chegada. Isso faz com que o cenário catastrófico seja extremamente aterrorizante e suas especificidades são perturbadoras. Porque, ao que tudo indica, neste momento, o cenário catastrófico é aquele destinado a se concretizar.

Pesquisei, modelei e elaborei esses três cenários para descrever os resultados hipotéticos, começando com o ano de 2029. Os cenários são embasados em uma série de temas-chave, incluindo oportunidade econômica e mobilidade, produtividade da mão de obra, melhoria nas estruturas sociais, a dinâmica de poder dos Nove Titãs da IA, a relação entre os Estados Unidos e a China e o retrocesso/difusão global da democracia e do comunismo. Demonstro como nossos valores sociais e culturais podem mudar à medida que a IA floresce: como delimitamos a criatividade, as maneiras pelas quais nos relacionamos uns com os outros e nosso pensamento sobre a vida e a morte. Dado que o objetivo dos cenários é nos ajudar a entender como a vida pode ser durante nossa transição da ANI para a ASI, englobei exemplos de casa, trabalho, ensino, saúde, aplicação da lei, nossas cidades e vilas, infraestrutura local, segurança nacional e política.

Um provável resultado de curto prazo da IA e de um elemento comum em todos os três cenários é o surgimento do que chamarei de "registro de dados pessoais", ou PDR. Este é um registro unificado que integra todos os dados que criamos como resultado de nosso uso digital (pense na internet e em telefones celulares), e também incluiria outras fontes de informação: nossa escola e históricos de trabalho (diplomas, empregadores anteriores e atuais); nossos registros legais (casamentos, divórcios, prisões); nossos registros financeiros (hipotecas residenciais, pontuação de crédito, empréstimos, impostos); viagens (países visitados, vistos); histórico de namoro (aplicativos online); saúde (registros eletrônicos de saúde, resultados de triagem genética, hábitos de exercício); e histórico de compras (varejistas online, uso de cupons na loja). Na China, um PDR também englobaria todos os dados de pontuação de crédito social descritos no último capítulo. As IAs desenvolvidas pelos Nove Titãs aprenderiam com seu registro de dados pessoais e o utilizaria para tomar decisões automaticamente e fornecer uma série de serviços. Seu PDR seria hereditário — um registro abrangente transmitido e usado por seus filhos — e poderia ser administrado temporariamente ou ser de propriedade de um dos Nove Titãs da IA. Os PDRs desempenham um papel de destaque nos cenários que você está prestes a ler.

Os PDRs ainda não existem, contudo, do meu ponto de vista, já existem sinais que apontam para um futuro em que todas as inúmeras fontes de nossos dados pessoais serão unificadas sob um registro fornecido e mantido pelos Nove Titãs da IA. Na verdade, você já faz parte desse sistema e está utilizando um proto-PDR agora. É o seu endereço de e-mail.

O endereço de e-mail de uma pessoa comum foi reaproveitado como um login; seu número de telefone celular é usado para autenticar transações; e seu smartphone é utilizado para localizá-los no mundo físico. Caso seja usuário do Gmail, o Google — e, por tabela, suas IAs — conhece você melhor do que seu cônjuge ou parceiro. Ele conhece os nomes e endereços de e-mail de todos com quem você fala, junto com suas informações demográficas (por exemplo, idade, sexo, localização). O Google sabe sua tendência de abrir e-mails e em quais circunstâncias. A partir do seu e-mail, ele conhece seus itinerários de viagem, seus registros financeiros e o que compra. Se tirar fotos com seu telefone Android, ele reconhece os rostos de seus amigos e familiares, e pode detectar anomalias para deduzir alguma coisa: por exemplo, tirar fotos repentinas da mesma pessoa pode indicar uma nova namorada (ou um caso). Ele sabe de todas as suas reuniões, consultas médicas e planos para ir à academia. Sabe se você respeita o

Ramadan ou Rosh Hashanah, se frequenta assiduamente a igreja ou se não pratica nenhuma religião. Ele sabe onde você deveria estar em uma determinada tarde de terça-feira, mesmo que esteja em outro lugar. Sabe o que você procura quando usa seus dedos e sua voz, e por isso sabe se está abortando pela primeira vez, aprendendo a cozinhar uma paella, lutando com sua identidade sexual ou atribuição de gênero, pensando em parar de comer carne ou procurando um emprego novo. Ele relaciona todos esses dados, aprendendo a partir deles, produzindo e monetizando à medida que emprega o processo nudging para guiá-lo em direções predeterminadas.

No momento, o Google sabe todas essas informações porque você vinculou tudo de livre e espontânea vontade com somente um registro — seu endereço do Gmail — que, provavelmente, você também costuma usar para comprar na Amazon e entrar no Facebook. Não estou reclamando; é um fato da vida moderna. Conforme a IA progride, um registro de dados pessoais mais sólido proporcionará maior eficiência aos Nove Titãs da IA, e assim eles nos direcionaram por meio do processo nudging a aceitar e adotar os PDRs, mesmo que não compreendamos inteiramente as consequências de usá-los. É claro que, na China, os PDRs já estão sendo testados sob os auspícios de sua pontuação de crédito social.

"Nós contamos histórias para viver", escreveu Joan Didion em *O Livro Branco*. "Interpretamos o que vemos, selecionamos as múltiplas escolhas mais viáveis." Todos nós temos escolhas a fazer no que diz respeito à IA. É hora de usarmos as informações que temos disponíveis para nos contarmos histórias — cenários que descrevem como todos nós podemos viver em conjunto com as nossas máquinas pensantes.

CAPÍTULO CINCO

PROSPERANDO NA TERCEIRA ERA DA COMPUTAÇÃO: O CENÁRIO OTIMISTA

Estamos no ano de 2023, tomamos as melhores decisões possíveis no que diz respeito à IA — mudamos o rumo do percurso de desenvolvimento da IA, estamos colaborando em relação ao futuro e já vemos mudanças positivas e duradouras. As tribos da IA, as universidades, os Nove Titãs da IA, as agências governamentais, os investidores, os pesquisadores e as pessoas comuns deram ouvidos aos primeiros sinais dos tempos.

Compreendemos que não existe uma mudança *sui generis* que resolva os problemas que já criamos e que, agora, a melhor estratégia implica em adaptar nossas expectativas para o futuro da IA. Reconhecemos que a IA não é somente um produto fabricado no Vale do Silício, algo a ser monetizado enquanto o mercado está aquecido.

* * *

Antes de tudo, reconhecemos o porquê de a China investir estrategicamente em IA e como o percurso de desenvolvimento da IA se enquadra no discurso mais abrangente da China sobre seu futuro lugar no mundo. O país não está tentando equilibrar a balança comercial; está procurando granjear uma vantagem absoluta sobre os Estados Unidos em termos de poder econômico, desenvolvimento de mão de obra, influência geopolítica, poderio militar, influência social e responsabilidade ambiental. A partir dessa tomada de consciência, nossos representantes eleitos, com o total apoio da MÁFIA-G e das tribos da IA, sistematizam uma coalizão internacional para proteger e salvaguardar a IA como bem público. Essa coalizão pressiona a China a todo custo e utiliza recursos de alavancagem econômica para combater o uso da inteligência artificial como instrumento de monitoramento e facilitador do comunismo.

Ao reconhecer que a China está impulsionando a inteligência artificial para concretizar seus objetivos econômicos e militares ao espalhar as sementes do comunismo e controlar a sociedade, o governo dos EUA destina um financiamento federal abundante a fim de promover o desenvolvimento da IA, o que alivia a pressão sobre a MÁFIA-G de lucrar rapidamente. Ao usar a corrida espacial norte-americana dos anos 1950 como precedente, evidencia-se a facilidade com que os Estados Unidos podem ser ultrapassados por outros países sem articulação em nível nacional. Fica claro também quanta influência os norte-americanos podem exercer nas áreas de ciência e tecnologia se houver uma estratégia nacional coordenada — temos que agradecer ao governo federal estadunidense pelo GPS e pela internet.

Nem a IA, tampouco seu financiamento, é politizada; todos concordam que regulamentar a MÁFIA-G e a IA não é a medida adequada a se tomar. Regulamentos pesados e irrevogáveis estariam desatualizados no momento em que entrassem em vigor; eles impediriam o florescimento da inovação e seriam difíceis de se colocar em prática. Com apoio bipartidário, os norte-americanos se unem em favor do aumento dos investimentos federais da IA em todo o mundo, usando o programa público da China como inspiração. O financiamento circula para pesquisa e desenvolvimento, para os estudos de impacto econômico e de mão de obra, para estudos de impacto social, para programas de diversidade, para iniciativas médicas e de saúde pública e infraestrutura, com o intuito de que a educação pública dos EUA recobre sua antiga glória, com salários vantajosos para professores e um conteúdo programático que prepare as pessoas rumo a um futuro mais automatizado. Paramos com suposições de que a MÁFIA-G pode servir igualmente seus mestres de Washington e de Wall Street, e que mercados livres e nosso espírito empresarial produzirão os melhores resultados possíveis para a IA e para a humanidade.

* * *

Com uma estratégia nacional e financiamento em curso, a recém-formada Coalizão da MÁFIA-G se formaliza ao sancionar acordos multilaterais de colaboração para o futuro da IA. A Coalizão da MÁFIA-G define e adota padrões que, antes de mais nada, priorizam o percurso de desenvolvimento para que a IA atenda aos interesses da democracia e da sociedade. Concordam em unificar as tecnologias da IA. A colaboração produz chipsets, frameworks e arquitetura de redes superiores, em vez de sistemas de IA concorrentes e uma comunidade de desenvolvedores dividida. Isso também significa que os pesquisadores podem buscar oportunidades de mapeamento de forma que todo mundo saia ganhando.

A Coalizão da MÁFIA-G adota a transparência como um valor essencial e reelabora substancialmente os acordos de prestação de serviço, regras e processos de trabalho em prol da compreensão e da educação. Tudo realizado voluntariamente e, portanto, evitando a regulamentação. Os conjuntos de dados, os algoritmos de treinamento e as estruturas de redes neurais se tornam transparentes de modo que protegem apenas os segredos comerciais e informações sigilosas que poderiam, caso divulgadas, provocar danos econômicos aos membros da coalizão. As equipes jurídicas individuais da MÁFIA-G não ficam anos procurando e discutindo subterfúgios ou postergando a adoção de medidas de transparência.

Sabendo que a automação desponta no horizonte, a MÁFIA-G nos ajuda a pensar em cenários de desemprego e a preparar nossa mão de obra para a terceira era da computação. Com a ajuda deles, não temos medo da IA; passamos a enxergá-la como uma grande oportunidade para o crescimento econômico e para a prosperidade individual. A liderança inovadora da MÁFIA-G lida efetivamente com o falatório sensacionalista e lança luz sobre as melhores abordagens de treinamento e educação para nossos trabalhos emergentes do futuro.

* * *

A estratégia nacional dos Estados Unidos e a formação da Coalizão da MÁFIA-G inspiram os líderes de outras democracias ao redor do mundo a apoiar o desenvolvimento global da IA para o bem de todos. A Dartmouth University, em uma reunião parecida à que ocorreu no verão de 1956, sedia o fórum intergovernamental inaugural, com uma faixa representativa diversificada de líderes das economias mais avançadas do mundo: secretários-gerais, ministros, primeiros-ministros e presidentes dos Estados Unidos, Reino Unido, Japão, França, Canadá, Alemanha, Itália e outros da União Europeia, bem como pesquisadores de IA, sociólogos, economistas, teóricos de jogos, futuristas, cientistas políticos, dentre outros. Ao contrário do grupo homogêneo de homens de campos similares que faziam parte do primeiro seminário de Dartmouth, desta vez os líderes e especialistas integram um amplo leque de pessoas e mundividência. Ao permanecer no mesmo terreno sagrado em que a inteligência artificial moderna nasceu, esses líderes concordam com a viabilização e cooperação de iniciativas e políticas compartilhadas de IA. Inspirando-se na mitologia grega e na figura ancestral da mãe Terra, eles idealizam GAIA: Global Alliance on Intelligence Augmentation (Aliança Global para a Expansão da Inteligência).

Excluída da aliança GAIA, a influência global da China entra em declínio. A colaboração internacional não impacta de forma negativa financeiramente a parte chinesa dos Nove Titãs da IA — Baidu, Tencent e Alibaba —, que continuam a fornecer muitos serviços aos cidadãos chineses. No entanto, muitos dos planos em longo prazo da China — incluindo a Iniciativa do Cinturão e Rota — estão em terreno instável, à medida que os parceiros desistem de participar dos pilotos e o recrutamento de novos aliados se mostra difícil.

Isso não significa que todos os problemas existentes da IA desapareceram do dia para a noite. A comunidade de IA prevê e espera que a inteligência artificial estreita continue cometendo erros devido às visões de mundo limitadas dos primeiros membros da IA. Reconhecemos que o viés político, de gênero, de poder aquisitivo e de raça não desaparecem de imediato. As nações GAIA assinam acordos, concordam explicitamente em valorizar a segurança em detrimento da velocidade e destinam recursos substanciais para a limpeza de todos os nossos sistemas atuais: os bancos de dados e algoritmos já em uso, os frameworks que eles integram, os produtos de nível empresarial que incorporam a IA (como aqueles que estão sendo utilizados em bancos e dentro do cumprimento e aplicação da lei) e os dispositivos de consumo que utilizam a IA para tarefas cotidianas (nossos alto-falantes inteligentes, relógios e telefones). GAIA incita — e recompensa — a responsabilização pública.

No âmbito GAIA, toma-se uma decisão a fim de lidar com nossos registros de dados pessoais (PDRs) tal como fazemos com os livros-razão de blockchains distribuídos. Os registros dos livros-razão usam inúmeros computadores independentes para registrar, compartilhar e sincronizar as transações. Como modelo, eles não centralizam os dados sob a égide de uma empresa ou agência. Como a MÁFIA-G adota um conjunto de padrões e implementa tecnologias unificadas de inteligência artificial, não é necessário que nossos PDRs sejam coordenados e centralizados em uma única empresa para gerenciamento das informações. Dessa forma, as pessoas têm seus próprios PDRs, que podem ser tanto privados como públicos, segundo a escolha de cada um, e são totalmente interoperáveis — podemos conectá-los a uma empresa ou a todas as empresas da MÁFIA-G e a muitos outros serviços baseados em IA de forma simultânea, como em consultórios médicos, escolas e infraestruturas urbanas. Agora, a MÁFIA-G é a depositária da IA e dos nossos dados, todavia, ela não é proprietária de nenhum deles. Nossos PDRs são hereditários: podemos transmitir nossos dados para nossos filhos com a capacidade de definir permissões (visibilidade total, limitada ou zero) em diferentes partes de nossos registros.

À medida que a IA amadurece de aplicações estreitas para usos gerais, as tribos da IA e a MÁFIA-G conquistaram nossa confiança. Agora, elas já não são mais empresas que criam aplicativos bacanas — Google, Microsoft, Apple,

Facebook, IBM e Amazon —, e sim alicerces para os valores dos Estados Unidos e para os norte-americanos, tal como o beisebol, a liberdade de expressão e o feriado de 4 de julho [Dia da Independência dos Estados Unidos]. O comunismo é deixado de lado. As nações respeitam os direitos de seus cidadãos à liberdade de expressão e à propriedade; defendem a liberdade religiosa; são aliadas de pessoas de todas as identidades de gênero, étnicas, sexuais e de origens raciais; concordam que o governo existe para servir o povo; governam por meio dos representantes eleitos; e o equilíbrio das liberdades individuais com a segurança pública está alinhado e trabalhando em perfeita comunhão rumo ao futuro da IA e da humanidade.

2029: Processo de Nudging Satisfatório

Com a colaboração entre a MÁFIA-G e GAIA resultando em muitos novos acordos comerciais, os cidadãos ao redor do globo têm acesso melhor e mais barato a produtos e serviços com tecnologia ANI. A aliança GAIA se reúne periodicamente, prezando pela transparência do seu trabalho, ao passo que seus grupos de trabalho multinacionais acompanham satisfatoriamente o ritmo do avanço tecnológico.

* * *

As residências de classe média dependem da inteligência artificial para facilitar um pouco a vida. Dispositivos, plataformas e outros serviços são interoperáveis mesmo entre países diferentes, em que décadas de concessão de licenças e restrições de dados impediam o acesso entre as fronteiras. As lavadoras e secadoras inteligentes consomem menos energia, são mais eficientes e sincronizam-se com os nossos sistemas de cidades inteligentes para compartilhar dados. Com o nosso consentimento, permitimos que a nossa roupa seja lavada quando causar o mínimo de sobrecarga em nossos serviços públicos de água e energia elétrica.

O ANI dá suporte à computação sensorial, o que significa que conseguimos coletar e consultar o mundo real utilizando dados sensoriais: visão, olfato, audição, paladar e tato. Neste cenário, você usaria scanners de mão, equipados com câmeras inteligentes e visão computacional, em sua cozinha. O espectrômetro embutido em um detector ANI na cozinha captura e mede as propriedades da luz de um abacate para lhe informar que provavelmente a fruta não estará madura até o fim de semana — enquanto o azeite de oliva com desconto que você acabou de comprar não é puro, e sim uma mistura de três óleos diferentes. Outro sensor na cozinha detectou que o frango assando no forno está prestes a ficar muito seco. No andar de cima, um sensor lhe informa que a sua filha conseguiu escapar (mais uma vez) do berço.

* * *

A MÁFIA-G firmou parceria com outras empresas de realidade mista, o que melhorou radicalmente a vida das pessoas que sofrem de demência e da doença de Alzheimer. Os óculos inteligentes reconhecem instantaneamente pessoas, objetos e lugares, ajudando nossos entes queridos a lembrarem e viverem uma vida mais plena.

A princípio achávamos que os produtos e serviços da MÁFIA-G provocariam o isolamento social — que todos estaríamos sozinhos em nossas casas, interagindo por meio de avatares digitais, porque perderíamos totalmente o contato com o mundo exterior. Estávamos completamente enganados. Ao contrário, as plataformas e os equipamentos da MÁFIA-G nos viabilizaram formas novas de socializar presencialmente. Estamos passando mais tempo em cinemas de realidade mista, que oferecem entretenimento imersivo. Agora, existem fliperamas de realidade mista em todos os lugares. Vivemos a década de 1980 de novo, porém com um toque a mais: jogos de realidade mista, experiências e salas de jogos são acessíveis, e também viabilizam acessibilidade às pessoas com deficiências visuais e auditivas. Estamos frequentando baladas silenciosas, em que utilizamos fones de ouvido Wi-Fi organizados por cores e conectados ao nosso DJ favorito que toca a noite inteira. Agora podemos dançar juntos, em uma experiência compartilhada, ainda que alguns odeiem o gosto musical um do outro. Graças à MÁFIA-G, estamos mais conectados uns aos outros — e ao mundo real — do que poderíamos imaginar.

Para as famílias abastadas, as aplicações da ANI oferecem ainda mais funcionalidades. Lá fora, no jardim, os sensores medem regularmente os níveis de umidade e comparam esses dados com as previsões do microclima. Sistemas de irrigação simples regam automaticamente as plantas, mas somente quando necessário. As IAs predizem os níveis ideais de hidratação, o que significa o fim dos temporizadores — e das begônias mortas.

Dentro dessas casas endinheiradas, o sistema Akira da Amazon (cuja voz não parece nem masculina nem feminina) funciona em muitos idiomas, independentemente do sotaque, e comunica-se facilmente com os óculos inteligentes da Apple e com os registros de dados pessoais gerenciados pelo Google. Lavadoras e secadoras vêm equipadas com pequenos drones estruturados e uma nova funcionalidade chamada Kondo mode, em homenagem a Marie Kondo, a especialista japonesa em organização. A roupa é lavada e seca de acordo com os ciclos de oferta e demanda da rede de abastecimento da cidade e, depois, é devolvida por um pequeno drone que as dobra, categoriza e organiza por cor.

Nos Estados Unidos, as compras de supermercado e entregas são totalmente automatizadas. Você nunca fica sem absorventes ou pasta de dentes. A IA alimenta os sistemas preditivos de compra que estão vinculados às suas compras anteriores e aos seus PDRs e sabe, antes de você, quando atualizar as mercadorias. Por intermédio da Amazon, você tem acesso a produtos locais frescos e carne, bem como a todos os alimentos básicos de costume, como cereais matinais, papel higiênico e batatas fritas. Os serviços de kit de refeição, que tiveram início uma década antes, como Blue Apron e HelloFresh, estão vinculados a um PDR doméstico. Pagando um pouquinho a mais, a cada semana, suas compras incluirão os ingredientes para todas as refeições que você normalmente cozinha, bem como os ingredientes de três novas refeições — receitas que se conciliam automaticamente com os gostos, desagrados, alergias e necessidades nutricionais de alimentos de cada membro da família.

Você ainda compra no mundo real, é claro, porém, como muitos de nós, escolhe deixar sua carteira em casa. A tecnologia subjacente que alimenta os sistemas de varejo e ponto de vendas de serviço da Amazon Go se tornou o centro nevrálgico das lojas de serviços rápidos, em que a maior parte do estoque já está em exibição ou pode ser facilmente reabastecido. As câmeras inteligentes vigiam continuamente os compradores, reconhecendo suas impressões faciais únicas e observando o que eles colocam em suas sacolas e carrinhos. Conseguimos gastar até US$100 sem precisar interagir com um humano. Em lojas com alcance maior (por exemplo, lojas de departamentos, móveis e de artigos para a casa) ou lojas que vendem mercadorias mais caras (por exemplo, joias, bolsas e eletrônicos), temos a opção de pagar com nossos rostos.

* * *

Algumas crianças brincam com animais de estimação de carne e osso, ao passo que famílias mais ocupadas optam por companheiros robóticos realistas. Cães e gatos de pequeno porte — contêineres bonitos para IA — usam computação sensorial e aprendizado profundo à medida que são treinados em casa. Com câmeras avançadas em suas órbitas oculares, pelo tátil e a capacidade de reconhecer mudanças sutis em nossas vozes, os animais de estimação robóticos são expressivamente mais empáticos do que os biológicos, ainda que sejam menos afetuosos e peludos.

Todos, a despeito do poder aquisitivo, estão contentes de usarem o processo nudging em prol de um sistema de saúde melhor. A MÁFIA-G nos lembra, durante o dia, de fazer escolhas mais saudáveis. Ao chegar ao trabalho e esperar o elevador, seu relógio vibra um pouco para fazer você olhar para baixo: ele mostra um mapa simples do prédio com uma seta apontando para as escadas. É um recurso que você pode desligar, todavia a maioria das pessoas prefere deixá-lo ligado. Seus exercícios também são mais otimizados. Ao usar seu registro de dados pessoais, seus registros médicos e os dados de sensores coletados de muitas outras fontes — os fones de ouvido sem fio que você usa para ouvir música, o tecido inteligente do qual é feito seu top fitness —, o equipamento de ginástica o guia por meio de exercícios personalizados. Depois de terminar, esses sensores o ajudarão a desacelerar, monitorando seu coração e as taxas metabólicas. Graças à MÁFIA-G, nossas comunidades são mais saudáveis e vivemos vidas mais longas.

A comunhão da MÁFIA-G em torno de um único padrão para registros de dados pessoais inaugurou um conjunto de formatos padronizados de registros médicos eletrônicos, protocolos, frameworks e interfaces de usuário. Como resultado, o sistema de saúde é muito mais eficiente. Capitol Hill passou décadas discutindo a respeito dos serviços de assistência médica nos Estados Unidos, e a insistência da MÁFIA-G em padronizar dados e algoritmos em prol da assistência médica acabou sendo o melhor remédio.

Independentemente do médico que consulte uma paciente ou do hospital em que ela tenha sido internada, todos que acompanham sua saúde têm acesso fácil às suas informações, que também estão disponíveis para qualquer pessoa que a paciente tenha dado permissão. Os dados da maioria dos testes de laboratório, triagens e exames são executados por IAs e não por pessoas, levando a maior precisão e resultados mais rápidos. O sistema da IBM pode detectar anomalias celulares com o intuito de identificar os primeiros sinais de câncer — assim como quais células do corpo são afetadas. O sistema do Google auxilia os médicos a prever os efeitos prováveis de diferentes medicamentos e tratamentos, tal como a previsão de quando um paciente morrerá, ajudando os cuidadores a tomar melhores decisões sobre como tratar cada paciente individualmente. No hospital, a API de farmácias da Amazon sincroniza com o registro de dados pessoais de um paciente e fornece os medicamentos necessários antes que o paciente retorne para casa. Ainda que o histórico médico de um paciente inclua páginas de anotações médicas rabiscadas à mão — e mesmo que essas anotações sejam ricas em detalhes — a visão computacional e a análise de padrões da MÁFIA-G completam as informações que faltam, convertendo esses registros em dados úteis e estruturados, que podem ser minerados somente para o paciente, ou estruturados e combinados de forma anônima com outros dados do paciente a fim de ajudar a comunidade médica (tanto a humana quanto as IAs) a ampliar seu conhecimento e experiência.

Diagnóstico, tratamento e cuidados não são mais oferecidos apenas em hospitais tradicionais, o que significa que muito mais pessoas nos EUA agora têm melhor acesso à assistência médica. Alguns fornecedores de assistência médica oferecem serviços em casa e de telemedicina conectados, embora relativamente novos. Os vasos sanitários TOTO, que são equipados com receptáculos de coleta e um espectrofotômetro, usam o reconhecimento de padrões para diagnosticar níveis elevados ou baixos de glicose ou proteína, bem como bactérias e células sanguíneas. Em poucos segundos, o seu PDR reflete uma possível infecção urinária ou sinais precoces de cálculo renal. Tratamentos simples — como antibióticos para a infecção — são comparados com o seu PDR, recomendado à sua principal médica e, se ela o autorizar, entregues automaticamente em sua casa, em seu trabalho ou durante um jantar. Escovas de dentes, acopladas com pequenos sensores de fluido oral, usam sua saliva como um espelho refletindo sua saúde em geral. Por meio da rotina de escovar os dentes, as IAs monitoram seus hormônios, eletrólitos e anticorpos, verificando se há mudanças ao longo do tempo. A MÁFIA-G mudou o padrão de assistência médica: agora, os testes básicos de diagnóstico não são apenas para pacientes doentes, mas também ajudam a assegurar um estilo de vida saudável. Isso, por sua vez, modificou a própria natureza da medicina, de conservadora para a assistência médica preditiva e preventiva.

Outros aspectos da vida cotidiana — incluindo namoro e sexo — são melhores por causa da IA. Algoritmos evolutivos acabaram sendo uma solução mais inteligente para os encontros online do que aplicativos e sites básicos. Os pesquisadores estabeleceram que os seres humanos são muito complexos para restringir suas opções a um conjunto de pontos de dados tratados por um único algoritmo de match. Ademais, temos a tendência a preencher perfis online conforme a visão que temos de nós mesmos — e não da realidade. Em vez disso, algoritmos evolutivos extraem dados de nossos PDRs e verificam nossas informações em comparação a todos os outros perfis no banco de dados de encontros. Selecionamos uma meta (de "busco apenas diversão casual" até "pronto para casar") junto com as devidas restrições (deve ser judeu, deve morar a 50 quilômetros de Cleveland) e o algoritmo evolutivo gera uma lista das pessoas com as quais temos as melhores chances de alcançar esse objetivo. Se quisermos, o sistema consultará nossos calendários e atividades preferidas e programará automaticamente um horário e um local para o encontro. Depois de alguns encontros (ou talvez se o primeiro não for muito bom), poderíamos nos interessar por usar um algoritmo generativo para criar pornografia personalizada. Conforme nossa preferência, a IA cria cenas que nos excitam, estimulam ou instruem, usando personagem cujas vozes, físicos e estilos são projetados para nossos desejos pessoais.

* * *

Por causa da MÁFIA-G, a inteligência artificial não parece uma substituta para a criatividade humana, e sim um complemento — uma ferramenta a fim de maximizar e melhorar nossa inteligência. Em empresas de arquitetura, as IAs geram milhares de construções possíveis com base nos exemplos e restrições de design de um cliente, bem como selecionam e classificam as plantas decisivas com base nas previsões da viabilidade do projeto, dado o cronograma, materiais disponíveis e orçamento; o grau de dificuldade para obter as autorizações e certificações necessárias; e se a planta afeta negativamente o fluxo do tráfego de pedestres. Os investidores do setor imobiliário utilizam a IA para simular a longevidade do imóvel, considerando o clima de uma determinada área e outros fatores ambientais. Trabalhadores qualificados — carpinteiros, eletricistas e encanadores — usam óculos de realidade mista do Google, da Microsoft e de uma empresa chamada Magic Leap para enxergar através das paredes, conciliar o trabalho de acordo com os projetos e detectar possíveis problemas com antecedência.

Usos criativos da IA foram adaptados para as artes, incluindo a produção cinematográfica. É o aniversário de 20 anos de *Avatar*, o filme de James

Cameron que em 2009 parecia coisa de outro mundo devido aos efeitos especiais hiper-realistas, gerados por computador. Com o intuito de comemorar, Cameron revela um projeto de IA especialíssimo: o sexto filme *Avatar*, que combina a tecnologia de captura subaquática de movimento que ele desenvolveu anteriormente, junto com um novo ambiente de computação especial e um sistema de projeção retiniana *over-the-ear*. A experiência fora desenvolvida usando algoritmos generativos a fim de projetar mundos inteiramente novos para os avatares humanos explorarem, algoritmos evolutivos para renderização e aprendizado profundo para todos os cálculos necessários. O resultado é um filme inédito, exibido em sets especiais que (em conjunto com o sistema de projeção retiniana) concebe uma experiência narrativa completamente original — e totalmente imersiva.

* * *

A IA está ajudando organizações de todas as matizes a serem mais criativas em sua abordagem ao gerenciamento. A MÁFIA-G alimenta os modelos preditivos de business intelligence, ajudando a encontrar ganhos de produtividade, economia de custos e áreas de melhoria. Os departamentos de recursos humanos usam o reconhecimento de padrões para avaliar a produtividade e o moral — e a fim de efetivamente solucionar o preconceito na contratação e nas promoções. Não usamos mais currículos; nossos PDRs mostram nossos pontos fortes e fracos, e os programas de inteligência artificial analisam nossos registros antes de nos recomendar aos gerentes de contratação de pessoas.

Em muitas empresas de grande porte, os trabalhadores humanos foram poupados de tarefas cognitivas de baixo nível, ao passo que as IAs auxiliam a equipe em determinados campos de conhecimento. As tarefas executadas por recepcionistas, equipe de atendimento ao cliente, planejadores e assistentes são agora automatizadas. Nas reuniões, os alto-falantes inteligentes ouvem, aplicando algoritmos de compreensão de leitura de voz e máquina para analisar nossas conversas. Um assistente de IA resume as notas automaticamente, destacando os nomes dos falantes, quaisquer assuntos importantes, áreas de convergência e divergência, informações contextuais de reuniões anteriores e outros dados relevantes da empresa. O sistema determina as pautas para acompanhar e elabora listas de tarefas para os presentes na reunião.

Como identificamos com bastante antecedência que a automação prejudicaria partes de nossa mão de obra, não estamos sofrendo com o desemprego generalizado e nossa economia está em terreno seguro. Nos Estados Unidos, o governo federal agora administra novas redes de segurança social para assegurar o espírito norte-americano de resiliência. Utilizando as ferramentas da MÁFIA-G, as empresas e as pessoas estão sendo treinadas há muito tempo para novos tipos de trabalho.

* * *

A MÁFIA-G capacitou e viabilizou as escolas públicas, privadas, de ensino fundamental e pós-secundárias para que explorassem a IA a fim de melhorar a aprendizagem. Os sistemas de aprendizagem adaptativa, supervisionados pelos professores, desafiam os alunos a aprenderem ao seu ritmo, sobretudo nas habilidades de leitura inicial, lógica, matemática e língua estrangeira. Nas salas de aula e nas residências, a IBM ressuscitou Sócrates como um agente da IA, que nos envolve no diálogo argumentativo e em sessões rigorosas de perguntas e respostas para ajudar a estimular o pensamento crítico. O sistema socrático de inteligência artificial, que evoluiu a partir de Watson, questiona os alunos sobre o que aprenderam, debatendo e analisando ideias. (A IA de Sócrates também é utilizada fora do ambiente escolar, e é um membro estimado de toda equipe médica, jurídica, de cumprimento à lei, policial, de estratégia e da política. Além de também ser usada para ajudar a preparar candidatos políticos para debates públicos.)

A inteligência socrática da IBM é uma aliada e tanto nas redações, ajudando os jornalistas a investigar com mais afinco suas reportagens enquanto discutem os possíveis pontos de vista da história. Ela também é utilizada para auxiliar na constatação de fatos e na garantia de qualidade editorial: as histórias são revisadas para excluir qualquer tendenciosidade não intencional e com o intuito de assegurar que uma ampla diversidade de fontes e vozes seja incluída. (Foi-se o tempo em que as listas publicadas por revistas e jornais ranqueavam apenas as vozes masculinas de líderes de pensamento, líderes empresariais e afins.) Algoritmos gerativos são usados para fazer vídeos completos de imagens estáticas, criar modelos 3D de paisagens e edifícios a partir de somente algumas fotos e ouvir vozes individuais escondidas nas multidões. O resultado? Uma quantidade maior de conteúdo de notícias em vídeo que consome menos recursos para se produzir.

A IA é utilizada para identificar padrões e anomalias nos dados, levando jornalistas a revelarem novas histórias de interesse público. Em vez de ajudar e incentivar bots com informações errôneas, a IA pode desmascarar propagandas, alegações enganosas e campanhas de desinformação. Como resultado, nossas democracias estão mais fortes.

* * *

A MÁFIA-G estudou as cidades chinesas nas quais as iniciativas de cidades inteligentes foram testadas (como Rongcheng, Beijing, Shenzhen, Shanghai) e identificou as melhores práticas para implementar um projeto piloto nos Estados Unidos. Agora, existem algumas cidades inteligentes norte-americanas (Baltimore, Detroit, Boulder e Indianápolis) que estão testando uma miríade enorme de sistemas e serviços de inteligência artificial. As redes de *cubsats* — satélites em miniaturas do tamanho de um cubo mágico — alimentam com dados, em tempo real, os sistemas de IA que podem reconhecer objetos, padrões de luz únicos e assinaturas térmicas. Isso, em contrapartida, possibilita que os gestores municipais prevejam falta de energia, monitorem e redirecionem o tráfego, gerenciem as reservas de água, e removam gelo e neve das estradas. A IA também os ajuda a administrar orçamentos e efetivo ao longo do ano, apresentando formas inteiramente novas de eliminar gastos em grande escala. Os deficits orçamentários não desapareceram, mas não são tão ruins quanto costumavam ser — e os habitantes dessas cidades estão movidos por um sentimento de otimismo que não experimentavam em muitos anos.

Esses sistemas se integram aos departamentos de segurança pública, como polícia e bombeiros, que usam a IA para filtrar quantidades de dados gigantescas, incluindo vídeo: se não houver som, os algoritmos de reconhecimento de padrões podem ler e produzir transcrições. Os algoritmos gerativos também autocompletam de forma automática os furos em faixas de áudio, e, se alguma coisa estiver confusa, um algoritmo cirúrgico evidencia o foco. A IA faz a varredura em milhões de imagens em busca de padrões que o olho humano deixaria escapar. Não sem controvérsias, claro. Entretanto, o compromisso da MÁFIA-G com privacidade significa que nossos PDRs não estão disponíveis para pesquisa, exceto mediante mandado judicial. Nós nos sentimos seguros sabendo que a MÁFIA-G está preservando nossa privacidade.

À medida que evolui, a IA está ajudando nossa transformação em seres humanos melhores. Com a MÁFIA-G, o governo federal e GAIA assumindo papéis ativos na transição da inteligência artificial estreita para a inteligência artificial de uso geral, nos sentimos à vontade com o processo de nudging.

2049: Os Rolling Stones Já Morreram (Mas Continuam Compondo Músicas Novas)

Em meados de 2030, pesquisadores que trabalham diretamente na MÁFIA-G publicaram um artigo interessante, tanto devido ao que se revelou sobre a IA quanto de como o trabalho fora concluído. Trabalhando a partir do mesmo conjunto de padrões e amparados com fundos (e paciência) generosos pelo governo federal, os pesquisadores colaboraram com o avanço da IA. Como resultado, o primeiro sistema de alcance da inteligência geral artificial foi desenvolvido.

O sistema passou no Teste de Membro da Equipe Contribuinte. Demorou muito tempo para que a comunidade da IA aceitasse que o teste de Turing, e outros da mesma estirpe, eram os instrumentos errados para aferir a inteligência das máquinas. Testes baseados em qualquer engano (poderia um computador enganar uma pessoa se passando por um humano?) ou em replicação (poderia um computador se comportar exatamente como nós?) não reconhecem a IA pelo que sempre foi: inteligência adquirida e exteriorizada de maneiras que não se assemelham a nossa experiência humana. Em vez de conjecturar se AGI poderia ou não "pensar" exatamente como nós, a comunidade de IA finalmente adotou um novo teste para avaliar as *contribuições significativas* de uma AGI, que julgaria o valor das tarefas cognitivas e comportamentais — diferentes, mas poderosas — que não poderíamos realizar sozinhos. O alcance da AGI seria efetivo quando o sistema fizesse contribuições gerais que fossem iguais ou melhores que as de um humano.

A MÁFIA-G passou anos a fio pesquisando e desenvolvendo uma AGI que pudesse participar de uma reunião no trabalho e fizesse uma contribuição valiosa — espontaneamente — antes de a reunião terminar. Eles a batizaram de AGI Project Hermione, inspirado na personagem de *Harry Potter* que sempre, e em todas as situações, sabia exatamente o que dizer ou fazer. Fazer uma contribuição valiosa em um grupo é algo que a maioria das pessoas na Terra, em algum momento, teve que fazer por conta própria: no trabalho, em um ambiente religioso, no bar da vizinhança com amigos ou em uma aula de história do ensino médio. Simplesmente responder a uma informação ou a uma pergunta não agrega valor a uma conversa. Fazer uma contribuição valiosa envolve muitas habilidades diferentes:

- **Oferecer sugestões fundamentadas:** Também é chamado de raciocínio abdutivo, e é assim que a maioria de nós agimos. Utilizamos as melhores informações disponíveis, elaboramos e testamos hipóteses e apresentamos uma resposta, mesmo que não haja uma explicação clara.

- **Interpretação correta do significado de palavras, pausas e ruído ambiente:** Não é porque alguém diz que está feliz em assumir um novo projeto que significa que o projeto o deixe *feliz*. Outras pistas, como a linguagem corporal, podem nos dizer que essa pessoa está um tanto *infeliz* com a incumbência, mas, por qualquer motivo, ela não pode dizer não.

- **Uso da experiência, do conhecimento e do contexto histórico para compreensão:** Quando as pessoas interagem, elas carregam consigo uma visão de mundo diversificada, um conjunto único de experiências pessoais e, comumente, suas próprias expectativas. Às vezes, a lógica e os fatos fogem ao raciocínio. Outras vezes, são tudo o que importa.
- **Ler nas entrelinhas:** Existem as interações explícitas e implícitas nas conversas. Dicas sutis nos ajudam a descobrir quando devemos prestar atenção nas entrelinhas.

O Project Hermione participou de uma reunião de trabalho de GAIA. Dezoito membros do grupo discutiram e debateram os padrões existentes para a IA, que foram desenvolvidos por aquelas pessoas sentadas na sala ou por seus predecessores. Como o grupo era diversificado e formado por líderes de diferentes países e culturas, havia muita coisa subentendida: certas dinâmicas de poder, conflitos de personalidade e sentimentos de inferioridade ou superioridade. O grupo tratou a AGI como um membro igual, sem privilégios adicionais ou exceções que fugiam às regras. Na metade da reunião, a AGI recuou diante de um pequeno, mas crescente, consenso a favor dos regulamentos. Ela argumentou diplomaticamente contra a ideia e recrutou outro membro do grupo para indicar uma alternativa. O Project Hermione fez uma contribuição valiosa. (Inestimável, afirmariam alguns mais tarde.)

O que fez do Project Hermione um sucesso não foi somente o fato de ele ter passado no Teste de Membro da Equipe Contribuinte com tanta facilidade — e sim de que GAIA e a MÁFIA-G consideraram esse momento como um sinal e uma oportunidade. Eles continuaram a reequilibrar suas estratégias e padrões para se manter alguns passos à frente dos desenvolvimentos tecnológicos da IA. Decidiram limitar a velocidade de autoaperfeiçoamento, adicionando restrições a todos os sistemas de inteligência artificial para que os humanos participassem do processo. Agora, os pesquisadores de GAIA seguem novos protocolos: eles executam simulações para entender os impactos de AGIs mais poderosas antes de aprová-las para usos gerais, comerciais ou militares.

A MÁFIA-G é composta de empresas ricas, influentes e poderosas — e seu sucesso está crescendo. Elas estão desenvolvendo usos práticos e interessantes para AGIs a fim de alavancar nossa produtividade e criatividade, e também estão ajudando a criar soluções plausíveis para o desafio mais premente da humanidade: a mudança climática. À medida que as correntes de ar jet stream se deslocavam para o Norte, o celeiro norte-americano foi junto com elas, muito além da fronteira com o Canadá, dizimando fazendas e o setor agrícola dos EUA. Não se pode mais cultivar café e cacau facilmente ao ar livre. Os cidadãos em Bangladesh, Filipinas, Tailândia e Indonésia se tornaram refugiados do clima em seus próprios países. A Amazon, em parceria com a Microsoft, o Groupe Danone da França e a DowDuPont, nos Estados Unidos, está usando a AGI junto com a edição de genoma para cultivar produtos frescos em fazendas indoor.

O Google e o Facebook estão empregando a AGI para ajudar a mobilizar com segurança populações inteiras, formando e moldando a Terra com comunidades humanas novas e abrangentes. A AGI os ajuda a prever quais locais específicos podem mais facilmente sustentar a vida de um modo que seja confortável e preserve as culturas das pessoas afetadas. As regiões antes inabitadas de nosso planeta são totalmente adaptadas para vida ou transformadas usando materiais de construção adaptáveis. Prédios espaçosos — grandes complexos espalhados com apenas alguns andares — criaram áreas urbanas totalmente novas. No interior, os elevadores sem cabos nos transportam unidirecionalmente. É uma tendência arquitetônica nova que ajudou o maior boom de centros econômicos do mundo, que nos Estados Unidos inclui Denver, Minneapolis e Nashville.

* * *

Durante algum tempo, parecia que a China recuaria e reduziria os gastos com apenas alguns aliados — Coreia do Norte, Rússia, Mongólia, Mianmar, Camboja, Cazaquistão, Paquistão, Quirguistão, Tadjiquistão e Uzbequistão. As universidades nas nações GAIA pararam de aceitar candidatos chineses. Ressabiadas com a vigilância e a possibilidade de seus PDRs serem hackeados, o setor de turismo da China secou completamente. As nações GAIA contavam com sistemas automatizados para produzir os materiais necessários para a fabricação, repatriando as fábricas de volta para casa. Em última instância, o governo chinês determinou que sua exclusão de GAIA estava desestabilizando sua economia e, como resultado, provocando substanciais agitações políticas e sociais. Com reservas, a China concordou em adotar as normas e padrões de GAIA e em aceitar todas as medidas de transparência exigidas dos países membros. O comunismo não está morto — ainda existem muitos conflitos políticos a serem enfrentados, junto com todas as tensões comuns relacionadas a diferentes estilos de governo e liderança.

* * *

A AGI indubitavelmente não emergiu sem muitos novos problemas, alguns dos quais pudemos prevenir. Como outras tecnologias que transformaram a sociedade humana ao longo do tempo, a AGI substituiu empregos, ocasionou novos tipos de atividade criminosa e, às vezes, revelou o pior de nós. Mas, na década de 2040, a AGI não é uma ameaça real.

Em casa e no trabalho, utilizamos uma AGI elementar para acessar informações. É um agente de controle que assume diferentes formas e modalidades dependendo da situação: falamos e interagimos com ele em uma tela e enviamos dados de dentro de nossos corpos. Toda família tem um mordomo, porque cada família tem uma AGI treinada e integrada às suas circunstâncias únicas.

Uma das maiores e mais expressivas mudanças provocadas pela AGI é um aumento acentuado da sofisticação na maioria das facetas da existência humana. Podemos agradecer à MÁFIA-G pelo índice melhor de qualidade de vida. O que costumava ser um desafio moroso e difícil — como tentar agendar um horário melhor para todos, organizar um calendário de atividades após o horário escolar ou gerenciar nossas finanças pessoais — agora é totalmente automatizado e supervisionado pela AGI. Não desperdiçamos mais tempo tentando responder a todos os nossos e-mails — as AGIs trabalham de maneira colaborativa para facilitar a maioria das nossas tarefas de pensamento de baixo nível. Por fim, temos um domicílio robótico simples que cumpre suas promessas de manter nossos tapetes e pisos limpos, nossa roupa arrumada e nossas prateleiras desempoeiradas. (Relembramos de 2019 como um tempo muito mais simples, repleto de tarefas manuais tediosas e monótonas.)

* * *

O resfriado comum não existe mais, tampouco a gripe. Aliás, estamos admirados com a ingenuidade dos médicos anteriores. Isso se deve ao fato de a IBM e as AGIs do Google nos ajudarem a analisar e a compreender milhões de viroides diferentes. Agora, quando você não está se sentindo bem, um teste de diagnóstico da AGI ajuda a determinar o que, exatamente, está deixando-o enfermo, de modo que um tratamento — um que mapeie todo o seu PDR — possa ser prescrito. Os medicamentos sem prescrição médica desaparecem, contudo as farmácias de manipulação assistiram a um renascimento. Tudo isso porque a AGI ajudou a acelerar os desenvolvimentos críticos em edição genética e medicina de precisão. Agora, você consulta um farmacêutico computacional: farmacêuticos especialmente treinados com experiência em bioinformática, medicina e farmacologia.

A farmacologia computacional é uma especialidade médica que trabalha em estreita colaboração com uma nova geração de IA-CG: clínicos gerais que são treinados em medicina e tecnologia. Embora a AGI tenha extinguido determinadas especialidades médicas — radiologistas, imunologistas, alergologistas, cardiologistas, dermatologistas, endocrinologistas, anestesiologistas, neurologistas, entre outros —, os médicos que trabalham nesses campos tiveram tempo de sobra para adaptar suas habilidades aos campos adjacentes. Como paciente, você é mais feliz. Você não passa horas indo para diferentes consultórios médicos, recebendo diagnósticos conflitantes e não toma mais dezenas de remédios. Caso more em uma área remota, a AGI ocasionou uma melhoria drástica em seu acesso à assistência médica.

Todos temos nossos genomas sequenciados no nascimento — o processo agora é barato e rápido o bastante para que todos, independentemente do nível de renda, participem. Você acaba decidindo também pelo sequenciamento de genoma porque sua sequência é um componente vital do seu PDR. Além de proporcionar o entendimento de sua composição genética única, as AGIs analisam todos os seus dados a fim de diagnosticar as variantes genéticas e aprender mais sobre como seu corpo funciona. Obviamente, nos Estados Unidos e em outros países, há pequenos grupos que são contrários à prática — assim como grupos antivacinas já lutaram contra as vacinas. Ainda que os pais possam optar por motivos religiosos ou ideológicos, poucos fazem essa escolha.

* * *

Graças à AGI, somos mais saudáveis — e existem novas opções quando se trata de namoro e casamento. Meios avançados de privacidade diferenciada permitem que um terceiro analise seus dados (seu PDR, genoma e registros médicos) sem divulgar quem você é individualmente. Isso faz com que fornecedores de serviços de encontros AGI sejam extremamente práticos, porque agora você pode optar pela otimização da família (ter crianças com combinações geneticamente desejáveis), enriquecimento (potencial de ganho de tempo de vida projetado) ou diversão (se eles rirão das suas piadas).

* * *

A AGI o auxilia em outros empreendimentos criativos, além de sua busca por amor. Os membros originais dos Rolling Stones morreram há anos, mas, graças à replicação de algoritmos, eles ainda estão compondo músicas novas. Aquela sensação que você sentiu depois de ouvir os primeiros 30 segundos de "Paint It Black" pela primeira vez — o ritmo melódico da guitarra, seguida por oito colcheias estrondosas da bateria e um refrão que culmina com Mick Jagger cantando "I see a red door and I want it painted black" — fora um momento único de empolgação e satisfação. Não era possível que você pudesse sentir isso novamente com uma música nova dos Rolling Stones, e, ainda assim, sua nova música é tão intensa, pesada e gratificante quanto a mais antiga.

* * *

Enquanto os jornais impressos já não mais existem, os veículos de notícias adotaram a AGI como meio de distribuição. Após a AGI ser aprovada no Teste Membro da Equipe Contribuinte, as organizações de notícias agiram rapidamente para criar um modelo de distribuição de notícias diferente, que ainda era lucrativo, mas tinha uma visão mais acentuada sobre o futuro. Nos dias vindouros, a maioria das pessoas não recebe jornais nem liga a TV para assistir aos noticiários — elas conversam com uma banca de jornal inteligente. O *New York Times* e o *Wall Street Journal* empregam inúmeros jornalistas computacionais — pessoas com conjuntos fortes de habilidades híbridas tanto em reportagem tradicional quanto em IA. Juntas, essas equipes noticiam histórias e selecionam fatos e dados relevantes para inclusão em mecanismos de conversação. O jornalismo baseado em AGI nos fornece informações, e podemos ajustá-lo para englobar um ponto de vista político, as informações de base ou uma versão de "informações mais abrangentes", oferecendo personagens secundários e fatos diversos. Somos convidados a participar da análise de notícias e dos feeds editoriais, debatendo e discutindo construtivamente com a banca, usando nossa voz ou interagindo com telas (óculos inteligentes e tablets retráteis). Ainda existem muitas histórias extensas contadas por meio de texto e vídeo.

* * *

Os hackers AGI — que na maioria das vezes são *outras AGIs* — continuam irritantes, pois são classificados como "crimes cibernéticos": atos criminosos não violentos cometidos por AGIs, que revelam as pessoas que criaram seu código-fonte original. As agências locais de cumprimento da lei empregam funcionários com formação multidisciplinar em ciência de dados. Com a ajuda da BAT da China, os Nove Titãs da IA estão trabalhando de modo colaborativo em hardwares avançados, frameworks, redes e algoritmos capazes de resistir a ataques. A parceria de GAIA com a Interpol, na maior parte das vezes, combaterá a criminalidade.

Os pilotos de cidades inteligentes lançados duas décadas antes em Baltimore, Indianápolis, Detroit e Boulder foram um sucesso e ajudaram outras comunidades a aprender as melhores práticas, o que resultou na formação da Federal Smart Infrastructure Administration (FSIA) [Administração Federal de Infraestrutura Inteligente, em tradução livre]. Como a Administração Federal de Rodovias, a FSIA funciona de acordo com o Departamento de Transportes e supervisiona todos os sistemas conectados que alimentam nossas cidades: centrais de transferência de energia sem fio, geradores de energia descentralizados (cinéticos, solares e eólicos), redes móveis de infraestrutura e fibras ópticas que viabilizam a luz solar em nossas fazendas subterrâneas. Os dados dos sensores são otimizados e utilizados para arquitetar a saúde geral de nossas comunidades: o acesso ao ar limpo, a limpeza de nossos bairros e o uso de parques e áreas de recreação ao ar livre. As AGIs preveem e mitigam quedas e crises de água antes que elas aconteçam.

*　*　*

À medida que nos aproximamos da transição da AGI para a ASI, uma grande oportunidade desponta no horizonte: interfaces cérebro-máquina. Estamos no limiar da nanotecnologia molecular e esperamos que, dentro de algumas décadas, possamos registrar dados de bilhões de neurônios individuais dentro de nossos cérebros humanos simultaneamente. Computadores microscópicos, do tamanho de um grão de areia, se acoplariam delicadamente na parte superior do cérebro e detectariam sinais elétricos. Os sistemas AGI especiais, capazes de ler e interpretar esses sinais, também podem transmitir dados entre as pessoas. Um dia, uma interface cérebro-máquina possibilitaria que uma pessoa saudável ensinasse novamente o cérebro de vítimas de acidente vascular cerebral que ficaram paralisadas ou que tenham perdido a capacidade de falar. As interfaces cérebro-máquina, que poderíamos teoricamente usar para transferir memórias entre as pessoas, também podem nos ajudar a vivenciar a empatia de uma forma mais profunda e significativa.

Essa possibilidade nos faz pensar em novos usos para as AGIs. Queremos desvendar questões filosóficas difíceis: *nosso universo é real? Poderia o "nada" existir? Qual é a natureza do tempo?* A AGI não pode nos dar as respostas que queremos, contudo a MÁFIA-G ampliou profundamente a nossa compreensão do que significa ser humano.

2069: Guardiões da Galáxia Alimentados pela IA

A explosão da inteligência, conforme fora predito há 100 anos pelo matemático britânico e pioneiro da IA, I. J. Good, começa no final dos anos 2060. Fica cada vez mais evidente que nossas AGIs estão ganhando profundos níveis de inteligência, velocidade e poder, e que a superinteligência artificial é uma possibilidade em curto prazo. Na última década, os Nove Titãs da IA e GAIA se prepararam para esse evento — e calcularam que, uma vez superada a inteligência de máquina em nível humano, a ASI poderia se materializar em poucos anos.

Após ponderar muito, todos os membros de GAIA tomam uma decisão dificílima a fim de prevenir que a ASI seja criada. Alguns dos envolvidos na conversa ficaram um tanto comovidos — argumentando que não era justo prejudicar as "belas mentes" da IA assim que elas começassem a atingir seu potencial. Debatemos se estamos negando ou não à humanidade a possibilidade de oportunidades e recompensas ainda maiores.

No final das contas, com o aval e o incentivo dos Nove Titãs da IA, GAIA estabelece que, devido à segurança e à proteção dos seres humanos estarem em jogo, restrições novas devem ser integradas a todas as AGIs para limitar sua taxa de autoaperfeiçoamento e assegurar que nenhuma mutação indesejada possa ser implementada. Em breve, GAIA implementará uma série de IAs guardiãs que funcionarão como um sistema de alerta antecipado para qualquer AGI que tenha adquirido muito poder cognitivo. Ainda que as guardiãs não necessariamente impeçamque uma pessoa desonesta tente criar ASIs por conta própria, GAIA está desenvolvendo cenários com o intuito de se preparar para essa eventualidade. Colocamos nossa estima e confiança inabaláveis em GAIA e nos Nove Titãs da IA.

CAPÍTULO SEIS

APRENDENDO A VIVER COM OS CORTES DE PAPEL: O CENÁRIO PRAGMÁTICO

Até 2023, reconhecemos os problemas da IA, todavia, ao longo do caminho, decidimos realizar somente pequenos retoques no percurso de desenvolvimento da inteligência artificial, um sistema que todos podiam claramente ver que estava fragmentado. Buscamos apenas ajustes, porque as partes interessadas da IA não estão dispostas a ficarem desconfortáveis: sacrificar os ganhos financeiros, fazer escolhas politicamente impopulares e refrear nossas expectativas incontroláveis em curto prazo, ainda que isso signifique melhorar nossas chances em longo prazo de conviver junto com a IA. Pior ainda, menosprezamos a China e seus planos para o futuro.

Os líderes no Congresso norte-americano, as muitas agências federais do país e a Casa Branca continuam a não priorizar a inteligência artificial e a pesquisa científica avançada em geral, preferindo investir em setores que são politicamente atraentes, mas quase obsoletos. Um plano estratégico para o futuro da IA divulgado pelo governo Obama em 2016 — documento que influenciou profundamente o plano estratégico da China para 2025 — é engavetado, junto com o programa de pesquisa e desenvolvimento da IA financiado pelo governo federal que o plano recomendara. Os Estados Unidos não têm visão ou estratégia em longo prazo no que diz respeito à IA e rejeitam qualquer impacto econômico, educacional e de segurança nacional. Os líderes do governo dos EUA, em ambos os lados da moeda, concentram-se em como esmagar a China quando deveriam estar elaborando estratégias sobre como promulgar uma coalizão formada pela MÁFIA-G e pelo governo.

A inexistência de uma coalizão e de uma estratégia nacional coerente de inteligência artificial contribui para os cortes de folhas de papel — milhões e milhares deles — que, com o passar do tempo, começam a sangrar. A princípio, não percebemos devido à cultura popular, às histórias sugestivas de jornalistas de tecnologia e às postagens de mídias sociais de influenciadores que nos incitam a procurar por indicações importantes e óbvias — como robôs assassinos — e, assim, perdemos de vista as indicações concretas, pequenas e específicas à medida que elas aparecem, e conforme a IA evolui. Os Nove Titãs da IA são forçados a priorizar a velocidade em detrimento da segurança, logo o percurso de desenvolvimento da IA — da ANI à AGI e além — segue o caminho sem antes solucionar graves vulnerabilidades técnicas. Veja a seguir alguns dos cortes de papel menos óbvios — muitos deles autoinfligidos — que não estamos tratando como os ferimentos graves que eles são no presente.

* * *

Como consumidores de tecnologia, esperamos que as tribos da IA já tenham imaginado e resolvido todos os problemas antes que aplicativos, produtos ou serviços novos saiam dos laboratórios de pesquisa e desenvolvimento. Estamos habituados a adotar tecnologias que funcionam instantaneamente. Quando compramos novos smartphones e TVs, nós os colocamos na tomada ou os conectamos e eles funcionam conforme o prometido. Ao fazermos o download de um software novo, seja para processamento de texto ou análise de dados, ele se comporta conforme o previsto. Esquecemos que a IA não é um tipo de tecnologia que funciona de imediato, porque, para que ela funcione como queremos, um sistema de IA precisa de quantidades gigantescas de dados e a oportunidade de aprender em tempo real.

Nenhum de nós — nem os consumidores individuais, jornalistas ou analistas — concede aos Nove Titãs da IA qualquer espaço para erros. Exigimos novos produtos, serviços, patentes e descobertas de pesquisa em um ciclo regular, ou registramos nossas reclamações publicamente. Pouco nos importa que nossas demandas estejam desviando as tribos da IA de fazer um trabalho melhor.

Os modelos e frameworks da IA, independentemente de serem grandes ou pequenos, precisam de muitos dados para aprender, melhorar e ser implementados. Os dados são semelhantes aos oceanos do nosso mundo. Eles nos envolvem, são recursos inesgotáveis e não têm qualquer utilidade para nós, a menos que sejam dessalinizados, tratados e processados para consumo. No momento, existem somente algumas empresas que podem efetivamente dessalinizar os dados em uma escala significativa. Por conta disso, a parte mais conturbada da construção de um novo sistema de IA não são os algoritmos ou os modelos, mas a coleta dos dados corretos e a catalogação adequada para que uma máquina possa começar a treinar e aprender com eles. No tocante aos muitos produtos e serviços que os Nove Titãs da IA estão trabalhando exaustivamente para construir, existem poucos conjuntos de dados prontos para serem usados. Alguns deles são o ImageNet (o enorme conjunto de dados de imagens amplamente utilizados), o WikiText (um conjunto de dados de modelagem de idiomas usando artigos da Wikipedia), o 2000 HUB5 English (um conjunto de dados somente em inglês usado para fala) e a LibriSpeech (cerca de 500 horas de excertos de audiolivros). Caso queira criar uma IA de assistência de saúde a fim de detectar anomalias em exames de sangue e oncologia, o problema não reside na IA, e sim nos dados — os humanos são complicados, nossos corpos apresentam milhões de possíveis variações e não há um conjunto de dados suficiente e pronto para ser implementado.

* * *

Há uma década, no início de 2010, a equipe da IBM Watson Health trabalhou com diferentes hospitais para analisar se sua IA conseguiria complementar o trabalho dos médicos. A Watson Health teve algumas vitórias surpreendentes de início, incluindo um caso envolvendo um menino de nove anos muito enfermo. Depois de os especialistas não conseguirem diagnosticá-lo e tratá-lo, a Watson definiu uma probabilidade a possíveis problemas de saúde — a lista compreendia as enfermidades comuns, bem como doenças raras, incluindo a chamada doença de Kawasaki. Uma vez que a notícia de que a Watson estava realizando diagnósticos milagrosos e salvando a vida das pessoas se espalhou, a equipe começou a ser pressionada para comercializar e vender a plataforma, e definiu objetivos nada realistas e inconcebíveis. A IBM fez uma projeção de que a Watson Health cresceria de um negócio de US$244 milhões em 2015 para um negócio de US$5 bilhões até 2020.[1] Era um crescimento previsto de 1.949% em menos de cinco anos.

Antes que a Watson Health pudesse ostentar a mesma mágica exibida previamente — ainda por cima com um cronograma de desenvolvimento que induzia ao efeito chicote —, seria necessário muito mais dados de treinamento e tempo para aprender. Entretanto, não havia dados de saúde reais disponíveis o bastante e os que estavam disponíveis para treinar o sistema não eram suficientemente abrangentes. Isso se deve ao fato de os dados dos pacientes serem bloqueados em sistemas eletrônicos de registro de saúde gerenciados por outra empresa, que via a IBM como concorrente.

Consequentemente, a equipe da IBM usou uma solução paliativa, comum entre as tribos da IA. Ela alimentou a Watson Health com os chamados "dados sintéticos", que representam informações hipotéticas. Uma vez que pesquisadores não podem simplesmente copiar e carregar os "dados oceânicos" em um sistema de aprendizado de máquina para treinamento, eles comprarão ou desenvolverão um conjunto de dados sintéticos. Isso costuma ser problemático porque a composição desse conjunto de dados — o que entra e como se efetua a catalogação — está repleta de decisões tomadas por um pequeno número de pessoas que, muitas vezes, não têm a menor consciência de suas habilidades profissionais, políticas, de gênero, entre muitos outros vieses cognitivos.

As expectativas descomunais para a lucratividade imediata da Watson Health, combinadas com a dependência de conjuntos de dados sintéticos, resultaram em um problema grave. A IBM fez uma parceria com o Memorial Sloan Kettering Cancer Center para implementar as habilidades da Watson Health ao tratamento do câncer. Pouco depois, alguns especialistas médicos que trabalhavam no projeto relataram exemplos de recomendações de tratamento temerários e equivocados. Para citar um exemplo, a Watson Health recomendou um tratamento experimental bizarro para um paciente diagnosticado com câncer de pulmão e que também apresentava sinais de sangramento: quimioterapia e um medicamento chamado bevacizumabe, um fármaco contraindicado nestes casos, pois pode causar uma hemorragia grave ou fatal.[2] A história do despreparo da Watson se espalhou nas publicações do setor médico e hospitalar e em blogs de tecnologia muitas vezes com manchetes sensacionalistas. No entanto, a questão não era sobre o que a Watson Health fazia aos seres humanos — e sim que as forças do mercado pressionaram a IBM para que apressasse sua pesquisa de IA a fim de satisfazer as projeções.

* * *

Vejamos outro corte de folha de papel: algumas IAs descobriram como hackear e jogar seus próprios sistemas. Se uma IA é especificamente programada para aprender um game, jogá-lo e fazer o que for necessário para ganhar, os pesquisadores descobriram casos de "recompensa hacking", em que um sistema explorará as vulnerabilidades dos algoritmos evolutivos e de aprendizado de máquina a fim de vencer usando a trapaça e o engano. Por exemplo, uma IA que aprende a jogar *Tetris* identificou que poderia simplesmente pausar o jogo para sempre, a fim de que nunca perdesse. Assim que leu pela primeira vez sobre a recompensa hacking — que ganhou as manchetes recentemente quando dois sistemas financeiros de IA previram uma queda repentina nos valores do mercado de ações e tentaram autonomamente paralisar os mercados por tempo indeterminado —, você está se perguntando o que aconteceria se seus dados fossem capturados em um sistema de recompensa hacking. Já que suas férias estão se aproximando, como você viajaria se o controle de tráfego aéreo estivesse bloqueado?

* * *

Outro corte de folha de papel: atores perversos podem injetar dados maliciosos nos programas de treinamento da IA. As redes neurais são vulneráveis a "exemplos adversários", que são falsos ou intencionalmente projetados com informações inverídicas com o intuito de fazer que um sistema de IA cometa um erro. Um sistema de inteligência artificial pode classificar uma imagem como um panda, com 60% de segurança; mas bagunce um pouquinho a imagem, como alguns pixels fora do lugar que seriam imperceptíveis para um ser humano, e o sistema redefinirá a imagem como um gibão com 99% de segurança. É possível treinar a visão computacional de um carro para pensar que o sinal vermelho significa "limite de velocidade 100" e dirigir com passageiros a bordo em alta velocidade no meio de um cruzamento. As entradas de dados contraditórias poderiam retreinar um sistema militar de IA para interpretar todos os dados visuais encontrados do lado de fora de um típico hospital — como ambulâncias ou placas com palavras como "emergência" e "hospital" — como sendo de cunho terrorista. A questão é que os Nove Titãs da IA não descobriram como proteger seus sistemas de exemplos adversários tanto no mundo digital quanto no físico.

* * *

Um corte mais profundo: os Nove Titãs da IA sabem que a informação antagônica pode de fato ser utilizada para reprogramar sistemas de aprendizado de máquina e redes neurais. Uma equipe do departamento do Google Brain publicou um artigo em 2018 sobre como um ator mal-intencionado poderia injetar informações contraditórias em um banco de dados de visão computacional e reprogramar efetivamente todos os sistemas de IA que aprendessem com ele.[3] Os hackers podem, um dia, inserir dados maliciosos em seus fones de ouvido e reprogramá-los com a identidade de outra pessoa simplesmente por meio de um barulho contraditório enquanto se sentam ao seu lado em um metrô.

O que complica as coisas é que, não raro, as informações contraditórias podem ser úteis. Uma equipe diferente do Google Brain descobriu que as informações antagônicas também poderiam ser utilizadas para gerar novas informações que podem ser bem aproveitadas nas chamadas "redes adversárias gerativas" ou GAN. Em síntese, é o teste de Turing, mas sem nenhum ser humano envolvido. Duas IAs são treinadas com os mesmos dados — como imagens de pessoas. A primeira IA cria fotos, digamos, do ditador norte-coreano Kim Jong-un que parecem realistas, ao passo que a segunda IA compara as fotos geradas com as fotos reais dele. Tendo como base o julgamento da segunda IA, a primeira retorna e faz ajustes em seu processo. Isso ocorre de forma repetitiva, até que a primeira IA esteja gerando automaticamente todos os tipos de imagens de Kim Jong-un, que pareçam bastante realistas, mas que nunca se materializaram no mundo real. Fotos que mostram Kim Jong-un jantando com Vladimir Putin, jogando golfe com Bernie Sanders ou bebericando drinques com Kendrick Lamar. O objetivo do Google Brain não é enganar, é solucionar o problema criado pelos dados sintéticos. As GANs alimentam os sistemas de IA para trabalhar com dados brutos do mundo real que não foram limpos e sem a supervisão direta de um programador humano. E, apesar de ser uma abordagem admiravelmente criativa para resolver um problema, um dia pode ser uma ameaça substancial à nossa segurança.

* * *

Mais um corte de folha de papel: por vezes, quando algoritmos complexos trabalham juntos, eles competem uns contra os outros a fim de alcançar um objetivo, e isso pode intoxicar um sistema inteiro. Testemunhamos problemas se alastrarem por todo o sistema quando o preço de um livro de biologia do desenvolvimento começou a aumentar rapidamente. O livro estava esgotado, porém a Amazon exibia que havia 15 exemplares usados disponíveis de revendedores, a partir de US$35,54 — e dois exemplares novinhos em folha a partir de US$1,7 milhão. Às escondidas, os algoritmos da Amazon haviam se envolvido em uma guerra de preços autônoma, optando por elevar o preço cada vez mais até chegar à quantia de US$23.698.655 (mais US$ 3,99 de entrega). O sistema de algoritmos de aprendizado havia feito ajustes em tempo real em resposta a cada venda, já que eles foram desenvolvidos justamente para isso. Em outras palavras: podemos ter ensinado acidentalmente à IA que as bolhas são uma coisa boa. Não é muito difícil imaginar algoritmos concorrentes inflando irracionalmente bens imobiliários, preços de ações ou até mesmo algo trivial como a publicidade digital.

* * *

Esses exemplos são apenas uma ínfima parcela dos cortes de folhas de papel com os quais as tribos da IA decidiram que todos nós poderíamos conviver, em busca das metas estabelecidas pelas forças mercadológicas dos Estados Unidos e do PCC em Pequim. Em vez de reprimir as expectativas de velocidade e lucratividade, as tribos da IA são constantemente pressionadas a disponibilizar produtos ao mercado. A segurança é uma consideração *a posteriori*. Colaboradores e líderes da MÁFIA-G estão apreensivos, todavia nem lhes demos tempo para fazer as mudanças. E ainda nem falamos sobre a China.

Entre 2019 e 2023, nós ignoramos cabalmente as declarações de Xi Jinping acerca do futuro: a estratégia nacional abrangente de inteligência artificial da China, seus planos para dominar a economia global e o objetivo de tornar o país uma potência ímpar que conduz as decisões geopolíticas. Não conseguimos juntar as peças do quebra-cabeça do futuro da IA, sua infraestrutura de vigilância e seu sistema de crédito social, e a diplomacia decidida da China em vários países africanos, asiáticos e europeus. Desse modo, quando Xi fala publicamente e com frequência sobre a necessidade de uma restruturação de diretiva global e dá seguimento à promoção de órgãos multinacionais como o Asian Infrastructure Investment Bank, simplesmente olhamos com suspeita em vez de nos atentarmos ao fato. É um erro que não reconheceremos de imediato.

No âmbito chinês, o caminho rumo à hegemonia da IA não tem sido sem percalços. A China tem seus próprios cortes de folha de papel para lidar como as lutas da BAT para inovar aos moldes do Vale do Silício sob as regras opressivas do regime de Pequim. A BAT insistentemente contorna as regras burocráticas. Todos os escândalos anteriores — quando o China's State Administration of Foreign Exchange multou o Alipay em 600 mil yuans (cerca de US$88 mil) por não prestar contas adequadamente dos pagamentos internacionais de 2014 a 2016, e quando o Tenpay foi penalizado por não prestar contas do registro da papelada dos pagamentos transfronteiriços entre 2015 e 2017 — não se caracterizou por ser uma exceção.[4] Torna-se evidente que estes não são incidentes isolados, uma vez que as autoridades estatais chinesas vivenciam a tensão entre a capacidade de resposta do socialismo e a realidade do capitalismo.

* * *

Já estamos vendo as implicações posteriores de todas essas vulnerabilidades políticas, estratégicas e técnicas. Com o intuito de apaziguar Wall Street, a MÁFIA-G corre atrás de contratos governamentais lucrativos em vez de parcerias estratégicas, o que semeia a competição em vez da colaboração e leva à interoperabilidade restrita em frameworks, serviços e dispositivos da IA. No início de 2020, o mercado incentivou a MÁFIA-G a compartilhar determinadas funcionalidades e recursos: a Amazon agora é proprietária do comércio eletrônico e de nossas casas, ao passo que o Google tem a busca, a localização, as comunicações pessoais e o local de trabalho. A Microsoft detém a computação em nuvem corporativa, enquanto a IBM tem os aplicativos de IA de nível corporativo e implementação de sistemas de assistência médica. O Facebook é dono das mídias sociais e a Apple fabrica hardware (telefones, computadores e produtos de uso pessoal).

Nenhuma das empresas da MÁFIA-G concorda com um único conjunto de valores essenciais que priorizem a transparência, a inclusão e a segurança. Embora a liderança dentro da MÁFIA-G concorde que padrões que regem a IA provavelmente deveriam ser extensamente adotados e implementados, simplesmente não há como desviar recursos ou tempo para trabalhar neles.

Seu registro de dados pessoais é desenvolvido, mantido e inicialmente pertence às quatro empresas da MÁFIA-G: Google, Amazon, Apple e Facebook. Mas eis o problema: você nem está ciente de que os PDRs existem ou de que estão sendo utilizados pela MÁFIA-G e pelas tribos da IA. Não é proposital, e sim um desleixo em razão da velocidade. Tudo é explicado nos termos de serviço com o qual todos concordamos, mas nunca, nunca, lemos.

A formatação usada por cada operadora de PDR não é complementar; sendo assim, existem dados duplicados espalhados e, paradoxalmente, grandes lacunas com dados importantes ausentes. É como se quatro fotógrafos diferentes tivessem tirado sua foto: um com suportes de luz de guarda-chuvas reflexivos, outro com uma lente olho de peixe, um utilizando uma câmera instantânea e outro ainda com uma máquina de ressonância magnética. Tecnicamente, o resultado são quatro fotos, porém os dados integrados a essas fotos são bem diferentes.

Na tentativa de arquitetar uma visão global, as tribos da IA lançam os "emissários digitais" — pequenos programas que se comportam como intermediários e negociam em nome da MÁFIA-G. Os emissários digitais do Google e da Amazon funcionam por um tempo, contudo não são soluções realistas em longo prazo. É extremamente difícil mantê-los atualizados, sobretudo porque muitos produtos e serviços diferentes de terceiros se conectam a eles. Em vez de disponibilizar diariamente novas versões de emissários, o Google realiza uma grande mudança.

No início de 2020, o Google lança seu penúltimo sistema operacional, um megassistema que funciona em smartphones, alto-falantes inteligentes, notebooks, tablets e dispositivos conectados. E isso é só o começo. Mais cedo ou mais tarde, o Google planeja potencializar e aperfeiçoar esse sistema operacional de modo que ele se torne a infraestrutura invisível que alimenta nossas vidas cotidianas, executando nossas interfaces faladas, fones de ouvido do tipo earbuds e óculos inteligentes, nossos carros e até mesmo partes de nossas cidades. Esse sistema está completamente interconectado aos nossos PDRs e é uma melhoria e tanto para aqueles que o usam.

O megassistema operacional do Google chega em um momento desfavorável para a Apple, que até pode ter se tornado a primeira companhia americana na casa de trilhões de dólares, mas cujas vendas de iPhone sofreram quedas constantes em consequência dos novos dispositivos conectados, como fones de ouvido do tipo earbuds e pulseiras inteligentes. A despeito de seu sucesso estrondoso, a Amazon (a segunda empresa de US$1 trilhão) não conquista o interesse dos consumidores de hardware desde o alto-falante inteligente Echo. Em uma reviravolta surpreendente, a Apple e a Amazon firmam uma parceria exclusiva em 2025 a fim de arquitetar um sistema operacional abrangente que potencialize o hardware fabricado por ambas as empresas. O sistema operacional resultante, a Applezon, representa um tremendo risco para o Google. Para o consumidor, isso instaura um modelo com dois sistemas operacionais e prepara o terreno para uma consolidação retumbante e rápida dentro do ecossistema da IA.

O Facebook decide que deve buscar uma parceria semelhante; ele está perdendo usuários mensais ativos, que não veem mais a rede social como indispensável. Tenta uma parceria com a Applezon, que não está interessada. A Microsoft e a IBM se concentram nos próprios negócios.

A China e seus novos parceiros diplomáticos usam as tecnologias da BAT, enquanto o resto do mundo agora utiliza o megassistema operacional do Google ou a Applezon, ambos controlados e alimentados por nossos PDRs. Isso limita nossas escolhas no mercado. Existem somente algumas opções de modelos de smartphone (e, em breve, os óculos inteligentes e pulseiras que substituirão os telefones celulares) e para todos os dispositivos em nossas residências: alto-falantes, computadores, TVs, dispositivos em geral e impressoras. É mais fácil usarmos apenas uma marca — logo, nossas residências utilizam o Google ou a Applezon. Tecnicamente, podemos transferir nossos PDRs para outras operadoras; no entanto, não detemos os dados de nossos PDRs, nem mesmo somos seus donos. Não temos a total transparência — o que o Google e a Applezon fazem com nossos PDRs é, em grande parte, invisível a fim de assegurar a propriedade intelectual.

Com o intuito de prevenir as ações judiciais antitruste, somos informados de que, a qualquer momento, podemos realizar a portabilidade de nossos PDRs entre os sistemas operacionais. Claro que, na prática, é quase impossível fazer a mudança. Você se recorda muito bem de quando tentou mudar do iOS para o Android há muitos anos e descobriu que uma série de dados e configurações importantes foram perdidos para sempre, o histórico dos aplicativos foi excluído, muitos aplicativos nem funcionaram (e você não podia mais receber um reembolso), e todos os lugares em que você hospedou suas fotos e vídeos não puderam ser acessados facilmente. Agora que o seu PDR está sendo utilizado por outrem — como escolas, hospitais e companhias aéreas — é extremamente difícil fazer a portabilidade entre o Google e a Applezon.

Existe uma dúzia de consultores de TI recém-formados que passarão dias a fio transferindo nossos PDRs de uma operadora para a outra, mas é um processo oneroso e que deixa a desejar. A maioria das pessoas relutantemente decide ficar com o que já tem, mesmo que não seja o ideal.

O Google e a joint-venture entre Amazon-Apple enfrentam leis antitruste, tanto nos Estados Unidos quanto na Europa. No momento em que os casos são alvos do sistema judicial, os dados de todos estão tão entrelaçados que dividi-los ou abrir os sistemas de PDR e da IA ocasionaria mais danos do que benefícios. Como resultado, toma-se a decisão de cobrar multas substanciais — cujo dinheiro será usado para fomentar o desenvolvimento de novos negócios. Mas todos concordam com uma coisa: os dois sistemas operacionais devem ser autorizados a continuar.

* * *

À medida que a IA evolui de aplicações estreitas para máquinas pensantes de uso geral, não temos escolha a salvo conviver com os cortes de folhas de papel infligidos pela inteligência artificial. A versão moderna do comunismo na China — socialismo misturado com capacidades de respostas capitalistas — se amplia, colocando Xi Jinping na posição de honrar suas promessas de uma nova ordem mundial. As nações que se opõem ao estilo de governo autocrático da China, à repressão à liberdade religiosa, a uma imprensa livre e às perspectivas negativas sobre orientação sexual, de gênero e étnica não têm nenhuma influência. Elas não têm escolha a não ser trabalhar em conjunto com a China segundo as prerrogativas deste país.

Foi-nos prometida a liberdade por meio da IA, que deveria nos desafogar das tarefas mundanas e do trabalho repetitivo. Em vez disso, nossa liberdade de escolha é limitada de maneiras que ninguém imaginava.

2029: O Desamparo Aprendido

Os dois sistemas operacionais provocaram uma concorrência acirrada entre os membros das tribos da IA que não se planejaram com antecedência frente aos problemas gigantescos de interoperabilidade. Acontece que, a despeito do hardware, nos dois sistemas operacionais, as *pessoas* não são interoperáveis. A transitoriedade que já fora característica do Vale do Silício — engenheiros, gerentes de operações e designers experientes costumavam pular de empresa para empresa sem qualquer senso real de comprometimento — há muito desapareceu. Em vez de nos aproximar, a IA nos separou de modo efetivo e eficiente. É uma questão dolorosa também para o governo dos Estados Unidos, que por sua vez foi forçado a escolher um framework. (Como a maioria dos outros governos, os Estados Unidos adotaram a Applezon em vez do Google, porque a Applezon oferecia preços mais em conta e incluía material de escritório com desconto.)

Ao redor do globo, todos estão falando sobre o "desamparo aprendido" na era da IA nos EUA. Não conseguimos fazer nada sem nossos muitos sistemas automatizados, que constantemente nos incentivam com feedbacks positivos ou negativos. Tentamos culpar os Nove Titãs da IA, mas, na verdade, somos os únicos culpados.

Tem sido particularmente difícil para os millennials, que ansiaram por feedback e elogios quando crianças e, de início, adoraram nossos variados sistemas de inteligência artificial — mas que desenvolveram um comportamento psicológico que tem sido difícil de desestruturar. Quando a bateria de nossa escova de dentes alimentada por IA para de funcionar, um millennial (agora com seus 40 anos) deve recorrer ao jeito antigo de escovar os dentes, que não proporciona feedback positivo. Uma escova de dentes analógica não fornece nenhum feedback, o que significa que o millennial não pode obter os níveis esperados de dopamina, sentindo-se angustiado e triste. Isso não ocorre somente com essa geração. Um sentimento inferior de desânimo aflige a maioria de nós. Investimos no supérfluo, comprando ferramentas analógicas de reposição (como escovas de dente de plástico, fones de ouvido comuns antigos e óculos Warby Parker) como backups para os nossos equipamentos de IA. Perdemos a confiança no que costumava ser nosso senso comum e nas habilidades básicas para sobrevivência.

Os padrões concorrentes dos sistemas operacionais do Google e da Applezon nos lembram de nossas viagens para o exterior e de todos os incômodos causados por tomadas de diferentes formatos e voltagem de energia incompatível. As pessoas que viajam regularmente priorizam o sistema operacional em vez de programas de fidelidade, ficando em um hotel Applezon ou voando por uma companhia aérea do megassistema operacional do Google. As empresas acham mais fácil optar totalmente por um ou outro sistema operacional. Pouco a pouco, mas progressivamente, estamos sendo empurrados pelo processo nudging para escolher um lado. As pessoas da Applezon acham difícil conviver com pessoas que usam o megassistema operacional do Google porque seus PDRs e dispositivos não são compatíveis — ainda que suas personalidades sejam.

* * *

O ano de 2019 marcou o começo do fim dos smartphones, motivo pelo qual estamos todos usando dispositivos conectados em vez de carregá-los em nossos bolsos e bolsas. Após um período de rápido avanço, os novos celulares que funcionam com o iOS, da Apple, e o Android ofereciam apenas melhorias pontuais em seus sistemas, enquanto os próprios aparelhos não tinham atualizações significativas além de pequenas atualizações de câmeras. A euforia que costumava rondar cada nova melhoria do iPhone não mais tem lugar. Nem mesmo o lançamento do lendário smartphone da Samsung com tela dobrável foi suficiente para promover novos índices de adesão em seus níveis anteriores. Em vez de ficar na fila a cada um ou dois anos para comprar o aparelho mais recente, os consumidores gastam esse dinheiro em um conjunto de novos dispositivos conectados que chegavam ao mercado: fones de ouvido sem fio bluetooth com sensores biométricos, pulseiras que possibilitam gravar vídeo e fazer videochamadas e óculos inteligentes que nos alimentam com um fluxo aparentemente interminável de informações. A Applezon de longe superou o Google no mercado com seus óculos — Applezon Vision —, coisa que não surpreendeu ninguém. A Apple e a Amazon tiveram um longo histórico de sucesso com novas tecnologias e direcionando o interesse do consumidor. (O fracasso comercial do Google Glass ainda fazia algumas pessoas sofrerem dentro da empresa, ainda que a tecnologia fosse inovadora.) Agora a maioria das pessoas utiliza óculos inteligentes e fones de ouvido durante o dia, junto com um anel ou pulseira como companhia para gravação de vídeo.

Acontece que os óculos eram inevitáveis. Depois de duas décadas encarando telas, nossos olhos não conseguem mais fazer as adaptações necessárias, e a maioria de nós tem visão embaçada a distância e precisa de óculos de leitura ainda jovem. Como a maior parte das pessoas que vive hoje, você precisa de lentes corretivas, o que instaurou o mercado para os óculos inteligentes que alguns analistas disseram que nunca aconteceria. Os óculos, em conjunto com seus periféricos — fones de ouvido do tipo earbuds sem fio, uma pulseira inteligente e um tablet leve — são nossos principais dispositivos de comunicação. Eles são uma janela informativa por meio da qual enxergamos o mundo, revelando dados e detalhes sobre as pessoas que encontramos, os lugares que frequentamos e os produtos que desejamos comprar. Você assiste a vídeos por meio deles e, para fazer uma chamada de vídeo, utiliza a câmera integrada em sua pulseira inteligente. Via de regra, você está falando mais do que digitando. Algoritmos especiais para computação geográfica, visão computacional e reconhecimento de áudio alimentam muitos dos dados que você vê e os coleta por meio de seus dispositivos inteligentes de uso pessoal.

* * *

A Applezon e o Google têm incentivado você a utilizar o leasing — em vez de comprar todo o equipamento —, e a assinatura inclui o acesso ao seu PDR. O modelo de assinatura não é maquiavélico. Fora somente uma decisão prática exigida pelo ciclo do produto. O ritmo de mudança na inteligência artificial está se acelerando a cada ano, e como o valor de nossos dados é consideravelmente maior do que a margem de lucro dos óculos inteligentes, pulseiras e fones de ouvido do tipo earbuds, o objetivo é manter todos nós conectados ao sistema. A tecnologia é um chamariz, compensada por uma taxa de assinatura mensal acessível, que também lhe concede acesso ao seu PDR, cujo preço é determinado de acordo com as permissões. Os planos mais baratos também utilizam o mínimo da técnica cloaking; logo, essas pessoas dão acesso ao Google e à Applezon para usarem seus dados à vontade, seja para publicidade ou simulação de experimentos médicos. As pessoas abastadas podem adicionar "permissões premium" aos seus pacotes de PDR, mas elas são praticamente impossíveis de se obter e têm um preço significativo. Em 2029, temos comunidades reclusas de elite escondidas da vista do público — porém são digitais, protegidas por algoritmos que escondem os dados das pessoas ricas dos olhares indiscretos dos meros mortais e das empresas.

Como muitos outros, você foi seduzido pelos chamados "parrot attacks" [ataque papagaio, em tradução livre], que são a última versão de golpes phishing, e os governos ao redor do mundo estão completamente despreparados. Acontece que informações adversárias também podem infectar seu PDR e, como um papagaio, imitar sua voz para todas as pessoas que você conhece. Algumas IAs papagaio estão tão enraizadas em seus PDRs e em sua vida digital que elas não apenas imitam convincentemente sua voz, cadência, tom e vocabulário únicos, como também podem fazer isso usando o conhecimento de sua vida. IAs papagaios estão sendo utilizadas para enviar mensagens de voz falsas de forma convincente para que pais e cônjuges sejam rotineiramente enganados. Infelizmente, as IAs papagaio estão causando um problema daqueles às empresas de namoro online. Os golpistas virtuais furtam as identidades e as usam para atrair pessoas com interações hiper-realistas.

* * *

Todos estamos sofrendo de um certo mal-estar provocado pelo desamparo aprendido, novas segmentações econômicas e uma sensação de que os seres do nosso mundo real simplesmente não são capazes de competir com as versões aprimoradas da IA. Você busca consolo nas interfaces cérebro-máquina, que são links de alto processamento que transferem dados entre seu cérebro e um computador. Ainda que o Facebook e Elon Musk tenham anunciado há uma década que estavam trabalhando em dispositivos especiais que nos concederiam superpoderes telepáticos, o Baidu foi o primeiro a lançar sua "bandana neuroenergética". Escondido discretamente em um boné, ou chapéu de sol, o dispositivo pode ler e monitorar os seus dados de ondas cerebrais e transmitir feedback a fim de melhorar o foco, criar uma sensação de felicidade e satisfação ou fazer você se sentir como se tivesse energia para dar e vender. Não foi surpresa que uma empresa BAT lançasse sua interface cérebro-máquina primeiro. As empresas farmacêuticas fizeram lobby junto aos órgãos reguladores na esperança de coibir as bandanas neuroenergéticas e as futuras interfaces cérebros-máquinas. Ao enxergar o Baidu como uma ameaça, o Google e a Applezon entraram em cena, lançando seus próprios produtos, o que adicionou ainda mais dados aos nossos PDRs.

* * *

Agora, incomodar é o mais novo incentivo quando o Google e a Applezon intencionalmente lhe perturbam para ter uma saúde melhor. Sua pulseira, fones de ouvido do tipo earbuds e óculos inteligentes fornecem lembretes constantes. Você não tem a oportunidade de comer uma garfada de bolo, já que no instante em que olha para a sobremesa, a IA identifica o que você está prestes a comer, faz a comparação com a sua taxa metabólica atual e saúde geral, e envia uma notificação de aviso para a sua pulseira ou óculos. Em um restaurante, você deve considerar os itens de cardápio que atendam às suas necessidades biológicas atuais: alimentos que são mais ricos em potássio ou ômega-3, ou alimentos com baixo teor de carboidratos ou sal. Caso escolha sabiamente, você será recompensado e receberá mensagens de incentivo.

Não existe um meio de se desconectar dessas IAs irritantes, já que seu PDR está conectado ao seu plano de saúde premium, e sua mensalidade é definida com base em seu compromisso com uma vida saudável. Deixe de realizar um treino recomendado e será incomodado o dia inteiro. Coma um cookie a mais e isso será registrado em seu arquivo. O sistema não pretendia se comportar assim, contudo os algoritmos foram encarregados de um propósito e foram treinados para otimizar inexoravelmente os muitos aspectos da vida cotidiana. Não existe ponto final nem data de expiração na programação deles.

Quando surgiram os dois sistemas operacionais para nossos PDRs, isso obrigou muitas das operadoras de registros médicos eletrônicos a escolher um parceiro. Tal fato disponibilizou a alguns membros da MÁFIA-G os dados de que precisavam anos antes, e também — meio que acidentalmente — criou o novo sistema de saúde dos Estados Unidos. A IBM Watson Health detinha a tecnologia sofisticada (alguns diriam superior), mas também tinha duas décadas de disfunção organizacional. Quinze anos depois de o Google ter lançado a Calico, sua própria iniciativa de assistência médica, a empresa não havia conseguido criar produtos comerciais viáveis e, portanto, uma parceria estratégica fazia sentido: a Watson-Calico. Fora uma jogada previdente da parte do Google, uma vez que, independentemente, tanto a Amazon quanto a Apple há muito planejavam suas próprias disrupções nos setores farmacêutico e de planos de saúde dos Estados Unidos. A Amazon, é claro, testou modelos novos de planos de saúde e entrega de medicamentos por meio da Berkshire Hathaway e da JPMorgan Chase, ao passo que a Apple usou sua bem-sucedida loja de varejo e o modelo Genius Bar para lançar uma nova geração de clínicas pequenas ao longo da Costa Oeste. A parceria Google-IBM impôs uma segunda joint venture da Applezon, dessa vez combinando a plataforma de e-pharmacy da Amazon com as pequenas clínicas da Apple. Como resultado de toda essa consolidação, os hospitais americanos agora fazem parte do Sistema de Saúde Watson-Calico ou do Sistema de Saúde Applezon. Os grandes conglomerados — a Kaiser Permanente, a LifePoint Health, a Trinity Health, a NewYork-Presbyterian Healthcare System — são membros pagantes da Watson-Calico ou da Applezon Health.

Tais joint ventures acabaram se tornando soluções geniais para o problema dos dados. Agora, o Google, a IBM e a Applezon têm acesso irrestrito até mesmo aos seus dados biológicos — e você tem acesso a diagnósticos de baixo ou nenhum custo. Testes não são uma resposta automática prescrita quando estamos doentes. Agora, você é testado para tudo e qualquer coisa, o que beneficiou diretamente seu nível geral de saúde e bem-estar. Pergunte a qualquer norte-americano qual é a temperatura normal do seu corpo, e você obterá uma resposta individualizada, em vez do padrão antigo de 36,1ºC.

Ainda que, finalmente, tenhamos acesso a assistência médica de baixo custo, os norte-americanos estão agora vivendo com algumas falhas técnicas bizarras que se revelaram constantes em vez de bugs. As ambulâncias mais antigas nem sempre conseguem acessar o PDR de um paciente se não estiverem em dia com as atualizações mais recentes do sistema operacional. Nem as enfermarias nas escolas e tampouco os acampamentos de verão. Os PDRs dos sistemas hospitalares concorrentes podem ser tecnicamente lidos tanto pela Applezon Health quanto pela Watson-Calico, mas, não raro, faltam muitos dados contextuais úteis. Principalmente em comunidades pequenas ou rurais os médicos descobrem que precisam se lembrar de seu treinamento da universidade de medicina se uma família que usa Applezon aparecer em uma clínica da Watson-Calico ou vice-versa. À medida que os médicos treinados nos moldes antigos e tradicionais se aposentam, há cada vez menos médicos jovens com o conhecimento e a experiência necessários disponíveis para consultar os pacientes incompatíveis. É outro exemplo de desamparo aprendido, mas sob as piores circunstâncias possíveis.

* * *

A IA provocou falhas técnicas bizarras em outras esferas da vida também. Em 2002, pesquisadores da Berkeley Open Infrastructure for Network Computing descobriram que, caso permitíssemos que nossos dispositivos fossem controlados enquanto dormíamos, seria possível simular o poder de um supercomputador — que poderia ser disponibilizado para uso científico. Os experimentos iniciais foram bem-sucedidos à medida que milhares de pessoas doavam seu tempo ocioso de processamento para todos os tipos de projetos válidos ao redor do mundo, apoiando projetos como o Quake-Catcher Network, que busca atividades sísmicas, e o SETI@home, que procura por vida extraterrestre no universo. Em 2018, alguns empreendedores engenhosos tinham descoberto como readaptar essas redes para o modelo gig economy 2.0. Em vez de dirigir para Uber ou Lyft, os freelancers poderiam instalar um "gigware" a fim de ganhar dinheiro por tempo ocioso. O mais recente gigware permite que empresas terceirizadas usem nossos dispositivos em troca de créditos ou dinheiro em espécie que podemos gastar em outro lugar.

Como nos primórdios dos serviços de compartilhamento de carona, muitas pessoas abriram mão do trabalho tradicional para apostar suas fichas nessa nova versão de gig economy. Elas largaram o emprego e tentaram ganhar a vida simplesmente concedendo acesso aos seus dispositivos. Isso causou uma sobrecarga substancial na rede elétrica e nas operadoras de redes, que não conseguiam acompanhar a demanda. A sobrecarga de rede e as quedas de energia são comuns agora, e, como o gigware costuma funcionar enquanto as pessoas dormem, elas não estão cientes de que perderam um possível ganho até de manhã.

Aqueles que ainda trabalham de modo tradicional começaram a usar a IA para otimizar seus currículos e cartas de apresentação, o que causou mais uma falha técnica. Os problemas habituais que podem ter eliminado alguns candidatos são os menos óbvios — agora, aparentemente todos têm uma vantagem competitiva. Os sistemas de IA estão sendo utilizados para qualificar leads; todavia, os gerentes de contratação não podem mais fazer uma escolha, porque todos os candidatos parecem igualmente excelentes. Desse modo, eles recorrem ao padrão que se sentem mais à vontade: homens brancos terminam contratando homens brancos, porque são tolhidos pela tirania de escolha.

Na maior parte das grandes empresas, a hierarquia anterior desmoronou em duas fileiras de trabalhadores: gerenciamento especializado e sênior. Equipes especializadas trabalham em conjunto com os sistemas de inteligência artificial e reportam-se aos supervisores de inteligência artificial, já que toda a camada de gerenciamento intermediário deixou de existir. No trabalho, os supervisores de IA monitoram a produtividade, observam enquanto você se movimenta pelo seu espaço de trabalho e com quem se relaciona, e registram seu nível de felicidade, ansiedade, estresse e contentamento. Eles são a personificação daqueles cartazes motivacionais horrorosos, lembrando-o de que "Você é mais corajoso do que pensa" ou que "Você é mais forte do que suas desculpas".

* * *

Os governos não estavam preparados para a erradicação generalizada de empregos de gerenciamento intermediário nos setores de conhecimento — como leis e finanças —, pois estavam focados exclusivamente na mão de obra e profissões menos qualificadas, como dirigir, plantar e trabalhos manuais. Os campos criativos são duramente atingidos na sequência de um novo ramo da IA: a criatividade das máquinas. Designers gráficos, arquitetos, redatores e desenvolvedores web se tornaram desnecessários, porque as redes adversárias gerativas e os sistemas de IA mais recentes se mostraram bastante confiáveis e produtivos. Ao mesmo tempo, a IA possibilitou determinadas posições — diretores de operações, financeiros e de informações — extremamente poderosas. Abriu-se um abismo acentuado, concentrando cada vez mais riqueza entre as organizações. Estamos presenciando o advento de um sistema de castas digitais.

* * *

Outra falha técnica: a contaminação da informação. Há uma década, uma série de ações judiciais e regulamentações internacionais esmagadoras levaram à fragmentação da internet. Em vez de termos uma única World Wide Web, acabamos com splinternets, em que as regras digitais variam segundo as leis locais e as restrições geográficas. Isso não se deu da noite para o dia. Quando a internet deixou de ser de uso exclusivo acadêmico e governamental e passou para o setor privado na década de 1990, deixamos que ela se difundisse livremente, em vez de tratá-la como um serviço público regulamentado ou sistema financeiro. Naquela época, os legisladores não pensavam muito a respeito de como todos os dados que geramos na internet poderiam ser utilizados. Assim sendo, agora é impossível cumprir todas as normas legais, enquanto nossas bolhas de filtro anteriores foram expandidas a fim de se adequarem às fronteiras geográficas. Isso contribuiu para a promoção e disseminação de fake news. Como os agentes mal-intencionados estão usando algoritmos generativos e, dependendo da região, temos acesso a versões diferentes do conteúdo das notícias, não sabemos em que ou em quem confiar. Cada uma das organizações de notícias mais conceituadas do mundo fora enganada mais de uma vez, já que os jornalistas treinados têm dificuldade em analisar os vídeos de líderes globais e pessoas comuns. É praticamente impossível afirmar se o vídeo que estamos vendo apresenta uma voz ou um rosto gerado ou se é real.

* * *

Eis mais uma falha técnica: uma onda de crimes relacionados à IA que ninguém avistou. Programas de IA estreitas, mas poderosas, começaram a causar problemas em toda a internet. Eles estão fazendo compras ilegais: falsificação de bolsas de grife, drogas e remédios fabricados a partir da caça ilegal de animais (como chifre de rinoceronte e presa de elefante). Eles estão ouvindo secretamente nossas redes sociais, lendo as notícias e infiltrando-se nos mercados financeiros, desencadeando vendas repentinas de ações. Em espaços públicos, eles estão cometendo calúnia, visando difamar o caráter e a reputação das pessoas. Estamos começando a nos preocupar com o fato de as IAs invadirem nossos PDRs, hackearem nossa biometria e falsificarem não somente nossos próprios registros, mas também aqueles que herdamos. Parte dessa anarquia fora propositalmente desenvolvida e implementada pela máfia moderna: uma rede disseminada e distribuída de crime organizado difícil de rastrear e controlar. Algumas das IAs desonestas nasceram acidentalmente: elas apenas evoluíram e começaram a se comportar de maneiras que ninguém nem sequer imaginava.

Os problemas também se estendem aos robôs físicos. Robôs de segurança, equipados com câmeras inteligentes e software de análise preditiva perseguem regularmente pessoas negras. Os robôs de segurança não portam armas, mas emitem ordens muito altas e alarmes sonoros agudos, caso suspeitem de qualquer irregularidade. Dentro dos prédios comerciais, hotéis, aeroportos e estações de trem, pessoas negras são rotineiramente assediadas e humilhadas porque um robô de segurança as identificou erroneamente como suspeitas.

* * *

A MÁFIA-G não tem um relacionamento fácil com os organismos norte-americanos responsáveis pelo cumprimento da lei, pois todos querem acesso aos nossos PDRs. Em vez de trabalhar em conjunto, o governo ameaça as empresas com ações judiciais e tenta forçar a MÁFIA-G a compartilhar seus dados, ainda que não tenha nenhuma obrigação — legal ou de outro tipo — de ceder às suas exigências. Como ninguém fala isso oficialmente, temos a impressão de que os organismos norte-americanos responsáveis pelo cumprimento da lei esperam copiar alguns dos sistemas de monitoramento de pontuação de crédito e social da China. Temendo a reação do consumidor, a MÁFIA-G segue firme com o bloqueio de seus sistemas.

Temos discutido por mais de uma década as repercussões filosóficas e éticas da tomada de decisão dos algoritmos na aplicação da lei; no entanto, nenhum padrão, norma ou regulamento foi estabelecido. Agora, temos uma sucessão de crimes de IA, ao que tudo indica, infinita, mas não temos nenhum mecanismo para penalização. Não existe prisão para IAs e robôs. As leis que sancionam um crime não se aplicam à tecnologia que criamos.

Nossa confusão e desilusão nos conduzem diretamente aos braços da China, que não é mais uma concorrente similar aos Estados Unidos, e sim uma concorrente direta e de peso, e uma ameaça que caminha lado a lado do poderio militar. A China passou décadas a fio surrupiando o design dos dispositivos e as estratégias de defesa norte-americanas, uma tática altamente rentável. O presidente Xi está consolidando ainda mais o poder das forças armadas chinesas, que têm como foco o código e não o combate. Por exemplo, o Festival de Lanternas mostra uma China alinhada com diversos eventos — um festival de "lanternas de drones" de 2017, um espetáculo de fogos de artifício de drones no verão de 2018 —, que acabou sendo uma corrida prática para inteligência de enxame. Agora, as Forças Armadas da China usam poderosos drones alimentados por IA para caçar em bandos pela terra e pelos mares.

Mediante seu poderio econômico, diplomacia direta e demonstração de sua força militar, a China está praticando um novo colonialismo, colonizando com sucesso a Zâmbia, a Tanzânia, a República Democrática do Congo, o Quênia, a Somália, a Etiópia, a Eritreia e o Sudão. A China está construindo infraestrutura — e implementando seu sistema de pontuação de crédito social — e extraindo recursos essenciais para despojar os concorrentes e apoiar sua classe média em rápido crescimento. Agora ela controla mais de 75% da oferta mundial de lítio, que precisamos para baterias. Dizimou florestas globais de jacarandá e levou à extinção da árvore Muluka, uma espécie que cresce lentamente na África Central, que por um tempo foi explorada para a fabricação de mesas e cadeiras na cor vermelha com entalhes de madeira intrincada.

Nenhuma potência estrangeira — nem os Estados Unidos, o Japão, a Coreia do Sul, tampouco a União Europeia — tem influência política ou econômica suficiente para inibir a expansão das zonas econômicas especiais da China rumo ao Mar da China Meridional, ao Mar da China Oriental e ao Mar Amarelo. Quase metade de todo o comércio global deve passar por uma dessas zonas, e cada navio que passa deve pagar ao governo chinês pesadas taxas de imposto.

Os pesquisadores da China afirmam que Pequim não atingiu seu objetivo de 2025 de se tornar a potência mundial de IA, ainda que tenha assumido o controle de determinados recursos do mundo físico. Todavia, esses pesquisadores não estão analisando o panorama geral. Anos de acordos de transferência de tecnologia obrigatórios, práticas incontroláveis e restritivas de mercado, além do investimento substancial da China em empresas de tecnologia norte-americanas e europeias, revelaram ser um grande sucesso. A China agora domina os setores avançados de tecnologia, incluindo robótica, novas energias, genética e aviação — e cada uma dessas áreas potencializa e é potencializada pela IA. Não há índices publicados, mas, levando em consideração os laboratórios, as parcerias com o Baidu, o Alibaba e a Tencent, e todos os seus parceiros da Iniciativa do Cinturão e Rota, especialistas acreditam que a China conseguiu aumentar o valor de seu ecossistema total de IA em mais de 500 bilhões de yuans (cerca de US$73 bilhões) em apenas uma década.

2049: E Agora Eram Cinco

Conforme o tempo passava e as coisas progrediam rumo ao uso geral da inteligência artificial, a constelação dos Nove Titãs da IA passou por transformações profundas e problemáticas. Agora, a BAT da China está mais forte do que nunca e continua trabalhando em sintonia com Pequim. No entanto, os seis membros originais da MÁFIA-G dos Estados Unidos agora são apenas cinco, devido a parcerias estratégicas e joint ventures: Amazon-Apple e Google-IBM são as quatro empresas mais importantes. A Microsoft está atualmente fornecendo suporte para sistemas e serviços legados.

Talvez o que causou mais surpresa seja o que aconteceu com o Facebook. Não foram as consequências da Cambridge Analytica ou mesmo as revelações sobre a intromissão da Rússia nas eleições dos EUA que levaram ao desaparecimento definitivo do Facebook. Nem foi o cansaço que todos sentimos quando nossos feeds ficaram repletos de teorias cada vez mais ácidas, odiosas, indivíduos disseminando o medo e conspiração política. O modelo de negócios do Facebook não era mais sustentável com o passar do tempo. Depois que os usuários desistiram e os anunciantes pararam de gastar dinheiro na plataforma, o Facebook não tinha um portfólio diversificado de fontes de receita. Em 2035, a empresa estava com graves problemas financeiros. Acionistas queriam abandonar o barco, gerentes de fundos institucionais e mútuos ficaram assustados, e o mercado se voltou contra esses fatos. O Facebook foi vendido em partes. Todos que tiveram os dados bloqueados dentro da rede — majoritariamente nos Estados Unidos — agora estão seriamente preocupados, pois são nossos dados que foram silenciosamente comprados por um conglomerado. As investigações estão em andamento, contudo existem boatos de que o conglomerado era, na verdade, uma empresa chinesa de fachada. Provavelmente agora todos nós fazemos parte do sistema de crédito social da China e estamos sendo monitorados.

Os norte-americanos estão aprendendo a viver com níveis baixos, mas constantes, de ansiedade. Nos Estados Unidos, o sentimento nacional de inquietação é reiteradamente comparado às ameaças de guerra nuclear nas décadas de 1960 e 1980. Só que, desta vez, os norte-americanos não têm certeza do que exatamente têm medo. Eles não sabem se seus PDRs estão protegidos ou a quais dados pessoais a China pode ter acesso. Não se tem certeza de como os hackers do governo chinês estão profundamente infiltrados nos sistemas de infraestrutura dos EUA. Frequentemente, as pessoas acordam tarde da noite imaginando o que a China sabe a respeito delas, o caminho que pegam para o trabalho, as linhas de gás que alimentam suas casas — e o que eles estão planejando fazer com toda essa informação.

O que não prevíamos era uma ampla variedade de IAGs construída para diferentes finalidades e tarefas, que são poderosas e indiferentes aos valores humanos. Pensando bem, fomos extremamente ingênuos. À medida que a

Amazon, a Apple, o Google e a IBM se associaram, escolheram lados e cresceram, eles não definiram os padrões globais. Há décadas, as pessoas compravam apps e jogos para seus telefones na Play Store do Google e, como era muito fácil para qualquer um lançar e vender um aplicativo, a qualidade variava muito. Existiam muitos aplicativos que consumiam bateria, jogos que copiavam e compartilhavam informações pessoais e anúncios de qualidade inferior que faziam com que a experiência móvel fosse um horror. É o que estamos vendo agora nas AGIs — exceto que o resultado é bem pior. Algumas AGIs fingem seguir os protocolos escritos para elas, contudo optam por substituir esses protocolos por diretivas novas. Algumas se autoaperfeiçoam, ainda que seus criadores não as programem explicitamente para isso. Outras se autorreplicam, invadem outras AGIs e coletam os recursos de que precisam para alcançar objetivos, independentemente do impacto que essas ações possam ter em nosso ecossistema como um todo.

Com o intuito de combater as AGIs malcomportadas, os pesquisadores da Applezon e do Google-IBM estão implantando as AGIs babás — NAGIs, para abreviar — a fim de policiar outros sistemas. As NAGIs têm um conjunto claro de protocolos:

- Investigação e análise de outras AGIs com o intuito de analisar se estão violando seus objetivos iniciais;
- elaboração de um registro detalhado de todas as AGIs que se comportam mal, junto com seus históricos completos (por exemplo, quem as criou, quando foram modificadas e por quem ou o quê);
- identificar o humano original no circuito do desenvolvimento e notificá-lo a respeito do descumprimento;
- após um período de tolerância (que depende da gravidade das infrações da AGI), desativar qualquer AGI desonesta; e
- as AGIs nunca devem modificar seus próprios objetivos.

É evidente que tanto a Applezon quanto o Google-IBM estavam tentando controlar um sistema que estava começando a sair do controle, porém agora não existe a adesão generalizada das NAGIs fora dos ecossistemas Applezon e Google-IBM. Ao colocar em prática as decisões antitruste anteriores contra o Google e a Microsoft como precedente, o Parlamento Europeu afirmou que as NAGIs nada mais eram do que uma tentativa escusa das empresas de sufocar os empreendedores e anular a concorrência. A UE tornou-se a primeira a proibir as NAGIs. Ainda que os cientistas pesquisadores defendessem junto aos órgãos reguladores a permissão para que agências especializadas ajudassem a conter o que eles sabem ser um problema sério e crescente, o Congresso decidiu contra os gigantes da tecnologia, proibindo o uso das NAGIs nos Estados Unidos. Essas decisões tacanhas a respeito das NAGIs apenas semearam a desconfiança pública em relação à Applezon e ao Google-IBM, que poderiam ter sido bons guardiões de nossos PDRs.

* * *

Sua casa foi transformada em um grande contêiner de marketing, invadida constante e intrusivamente. Você vê anúncios em vídeo personalizados onde quer que exista uma tela: os espelhos inteligentes em seu banheiro e armários, as telas retráteis que carrega no bolso, até mesmo as janelas inteligentes que você teve que instalar em sua casa para bloquear o calor extremo. Você se sente desconfortável em sua própria casa — o único lugar onde costumava se sentir mais à vontade e relaxado.

Essa desconfiança transformou nosso sistema de saúde em algo extremamente assustador. A Applezon Health System e a Watson-Calico progrediram muito, tanto na IA quanto na medicina. Ambas tiveram a ideia de um traje robótico controlado pela mente que estreou na Copa do Mundo de 2014. O neurocientista Miguel Nicolelis, da Duke University, havia descoberto como incorporar mente e máquina — e seu trabalho inspirou outros a disponibilizar as interfaces cérebro-máquina para o mercado. Alguns escritórios avançados de tecnologia incentivam seus colaboradores a usarem bandanas eletrônicas e unir suas mentes à AGI a fim de solucionar problemas difíceis. Nem todo mundo se sente à vontade com essa forma ultramoderna de inteligência coletiva, visto que isso exige que os dados passem pela Applezon ou pela Watson-Calico, que agora podem literalmente ver o que se passa dentro de nossas cabeças.

Fora a Watson-Calico, em parceria com uma proeminente universidade de Nova York, que promoveu uma das menos conhecidas teorias de IA de Turing acerca da morfogênese. Turing achava que um sistema de substâncias químicas provavelmente reagiria mutuamente, e essa reação se disseminaria por meio de uma série de células, visando alterar algumas delas. Comprovou-se que Turing tinha razão. Os sistemas AGI foram usados com o intuito de identificar diferentes maneiras de criar seres multicelulares complexos, e isso levou ao advento de seres humanos aumentados, aos quais nos referimos como "quimeras de humanos e animais".

O propósito original era desenvolver tecido humano viável para transplantes, assim usamos porcos e ovelhas a fim de cultivar fígados, corações e rins para colheita. Os pesquisadores também desenvolveram organoides cerebrais — exatamente o mesmo tecido que compõe nossos próprios cérebros. Era um trabalho promissor, até que nos demos conta de que AGI estava sendo utilizada para desenvolver quimeras meio animais e humanas com outras características, como porcos com tecido cerebral humano que desenvolveram um baixo nível de QI humano, e recém-nascidos que tinham o olfato de um cão. O que ninguém ainda discutiu (ou determinou) são as implicações das características da quimera, que são hereditárias. O que acontece quando um humano modificado com capacidades extrassensoriais tem um filho com alguém que também tem modificações?

* * *

O mais alarmante é que a China decidiu reaproveitar as interfaces AGI e de máquinas cerebrais — que tinham como objetivo ajudar os doentes a recuperar suas faculdades — visando uma vantagem militar estratégica. Elas têm sido utilizadas a fim de aperfeiçoar as habilidades cognitivas de seus soldados, que fazem muito do seu trabalho dentro de instalações subterrâneas escuras. Segundo os EUA e a UE, essa experimentação e uso de tecnologia viola as leis de ética.

Estamos começando a presenciar um declínio tangível da civilização ocidental e de nossos ideais democráticos, graças à colonização da China, à expansão de suas zonas econômicas e ao uso inescrupuloso da AGI. O equilíbrio de nossa economia está em perigo, já que os indicadores tradicionais, como moradia, gastos com construção e alimentação e vendas no varejo estão em baixa, trimestre após trimestre.

Até mesmo a Applezon e o Google-IBM estão finalmente vivenciando um declínio no faturamento, e geralmente estão apreensivos com seu futuro. Enquanto remodelam nossos PDRs com o intuito de trabalhar junto com as AGIs guardiãs, ambas as empresas percebem um comportamento estranho nos sistemas de registro. Há fragmentos de código que não fazem o menor sentido, e algumas das AGIs que processam e encaminham nossos PDRs estão com falhas técnicas. Em uma rara cooperação, a Applezon e o Google-IBM compartilham o que estão vendo uns com os outros, na esperança de identificar o problema. Em nossas casas e escritórios, as luzes se apagam aleatoriamente. Nossos óculos inteligentes param de funcionar de modo intermitente. Nossos satélites de comunicação desviam de suas rotas.

Embora não possamos ouvir nada, sabemos o que despontará no horizonte e que a China travou uma guerra contra os Estados Unidos.

2069: Estados Unidos Digiltalmente Ocupados

Percebemos que a China, de fato, desenvolveu uma geração de AGIs com capacidades jamais vistas. Sem as NAGIs para vigiar as AGIs desonestas, a China foi capaz de desenvolver e implementar um sistema aterrorizante para controlar a maioria da população na Terra. Se não cumprirmos as exigências dos chineses, ficaremos sem sistemas de comunicação. Caso não disponibilizemos acesso ao nosso canal de dados aberto ao Partido Comunista Chinês, ele paralisará toda a nossa infraestrutura, como centrais elétricas e controle de tráfego aéreo.

Agora os norte-americanos residem nos Estados Unidos digitalmente ocupados pela China. Transporte, bancos, sistema de saúde, interruptores de luz e refrigeradores são todos controláveis pelos chineses.

O que tivera início como um impulso colonial rumo à África resultou em um novo império chinês global impulsionado e fortalecido pela inteligência artificial. A humanidade está à beira de um colapso devido a uma ASI sinistra que fora desenvolvida por um país que não compartilha dos nossos valores e ideais democráticos.

CAPÍTULO SETE

A DINASTIA RÉNGŌNG ZHÌNÉNG: O CENÁRIO CATASTRÓFICO

"É assim que o mundo acaba, não com um estrondo, mas com um gemido."
— T. S. ELIOT

Até 2023, fechamos os olhos para o percurso de desenvolvimento da inteligência artificial. Desprezamos todos os indícios, ignoramos os sinais dos tempos e nem de longe conseguimos planejar o futuro. Ajudamos os Nove Titãs da IA a competir contra si mesmos, enquanto satisfazíamos nossos desejos consumistas comprando os gadgets e os dispositivos mais recentes, comemorando todas as novas oportunidades para registrar nossas vozes e rostos, e nos submetendo a um canal aberto que constantemente desviava nossos dados. Compartilhamos vídeos bobos de falhas na Alexa quando nossos filhos conversavam com a Amazon. Pedimos às nossas TVs para escanear nossos rostos, nunca questionando o porquê de uma televisão precisar ou querer nossos biodatas. Sempre que o Google lançava novos projetos divertidos que mapeavam nosso corpo para fotos, nossos rostos para pinturas, nossas vozes para celebridades, nossas impressões digitais para pessoas em terras longínquas e nossas íris para nossos antepassados, ansiosamente participamos, desesperados para acompanhar os influenciadores digitais e os memes mais recentes.

As tribos da IA afirmam que a diversidade é importante, como se fosse um mantra tribal. Elas dizem isso repetidas vezes, durante palestras e conferências, durante entrevistas de emprego e reuniões de diretoria, em artigos e tuítes. Afirmam isso em panfletos universitários, cartazes atraentes pendurados em elevadores e nos corredores do trabalho. As tribos predominantemente brancas, sobretudo masculinas, são treinadas para declamar o mantra em suas salas de aula, laboratórios e espaços de trabalho. Em vez de fazer escolhas e mudanças difíceis, aderem ao mantra e prometem que a mudança se materializará em breve. E tudo funciona exatamente como os mantras deveriam: eliminando a negatividade da mente e fazendo com que as tribos da IA se sintam melhor sobre si mesmas. Os gurus das tribos da IA repetem o mantra a cada nova leva de discípulos, que sentem uma grande realização em repeti-lo.

O mantra ecoa dentro da bolha acolhedora das tribos da IA, que acreditam estar promovendo a inclusão quando não estão. Elas advogam em prol da diversidade de todos os tipos — partidos políticos, afiliações religiosas, identidade sexual e de gênero, raça e etnia, status econômico e idade —, mas não fazem nenhuma tentativa séria para a inclusão. Em vez de ver um espectro amplo e colorido de pessoas e suas mundividências entrando no campo da IA por meio de posições permanentes de professor titular, cargos de alto escalão em equipes de pesquisa e papéis gerenciais na MÁFIA-G, nós não vemos nenhuma mudança.

* * *

À medida que as mundividências das tribos ficam cada vez mais cegas, os problemas que já vemos ficam complexos. Os acidentes e os erros estão aumentando, como sistemas de visão computacional identificando erroneamente pessoas negras e as acusando de crimes. A vigilância cresce ao passo que se torna menos visível. Os limites entre nossos dados pessoais e os dados que geramos no trabalho ficam cada vez mais tênues, assim como os critérios para quem usa nossos dados e quando. A transparência nos sistemas de IA se desvanece na escuridão. (Não que ela tenha começado bem.)

A MÁFIA-G é a única proprietária do seu registro de dados pessoais, que abarca todos os aspectos de sua existência humana: o que você escreve em e-mails, as mensagens que envia aos seus filhos, suas trilhas digitais de navegação, conforme procura pela cadeira perfeita, os contornos únicos de suas impressões digitais e seu rosto, aonde você vai e o ritmo de suas corridas, em quem você esbarra no mercado, se está gripado e quais medicamentos está usando. Os algoritmos tomam decisões por você usando todos esses dados. Eles determinam se receberá um desconto ao reservar um voo. Ajudam ou impedem que você consiga um emprego, calculam se você é elegível para comprar uma casa ou um carro, determinam seu parceiro em seus primeiros encontros e informam ao médico se está mentindo sobre o quanto bebe, fuma e pratica exercícios. Como os dados pertencem a Google, Amazon, Apple, Facebook, Microsoft e IBM — e como amamos seus produtos, embora não confiemos totalmente nas empresas —, não temos acesso ao controle corporativo de nossos PDRs pelo que são: a versão norte-americana do sistema de pontuação de crédito social da China.

Agora, nos encontramos presos em um sistema de castas digitais em que a IA faz escolhas e julgamentos baseados não somente em como vivemos nossas vidas, mas também nos PDRs de nossos pais e parentes. A riqueza não é mais importante. O status é determinado por "sermos a nossa melhor versão", na qual "melhor" fora definido há muito tempo por um grupo de pouquíssimos programadores que achavam que uma dieta cetogênica orgânica, aulas de ioga no meio do dia e visitas regulares ao quiroprático eram o segredo para uma existência otimizada. Se você não for semanalmente a uma sauna infravermelha, o sistema de IA ao qual está vinculado registrará esse descumprimento em seu PDR. E esse ato de rebelião não afeta apenas você, porque seu registro está vinculado a todos que conhece e com quem tem alguma relação. Você não pode fugir dos pecados de seus colegas.

* * *

Em um futuro próximo, a Amazon e a IBM convencerão os governos dos Estados Unidos, Reino Unido, Alemanha e Japão a disponibilizar o acesso a uma série de dados sobre a saúde dos cidadãos. Apple, Google, Microsoft e Facebook terão mais dificuldades na Europa por causa dos processos antitruste anteriores. Mas esses primeiros experimentos da Amazon e da IBM serão úteis para agências governamentais, que fecharão contratos mais lucrativos para toda a MÁFIA-G.

* * *

Em 2008, quando algumas regiões do mundo entraram em uma crise financeira provocada pela bolha imobiliária, a China ficou feliz em comprar ferro, petróleo e cobre dos países latino-americanos, protegendo efetivamente esses países contra sérios danos. Quando os preços do petróleo caíram em 2011, a China estava disposta a investir e socorrer a América Latina.[1] Em 2013, inaugurou exercícios de treinamento militar conjunto no litoral brasileiro — e o fez novamente em 2014, na costa do Chile.[2] Em 2015, o Ministério da Defesa da China realizou uma cúpula de 10 dias a respeito da logística militar com autoridades de 11 países da América Latina e, nos anos seguintes, convidou oficiais militares latino-americanos para programas de desenvolvimento de carreira na China.[3] À medida que o governo norte-americano está se retraindo e se esquivando do cenário mundial, a China está em modo expansionista. O país está fechando acordos em todo o Sudeste Asiático e na África — e também na América Latina.

Após uma década construindo relacionamentos sólidos em toda a América Latina, hoje é a China — e não os Estados Unidos — que abastece a Venezuela, a Bolívia, o Peru e a Argentina com equipamento militar chinês, incluindo aviões e armas.[4] E a China tem um motivo para estabelecer bases em todos os vizinhos continentais dos Estados Unidos. Na Patagônia, a China construiu uma antena militar e uma estação de controle espacial, além de um centro de rastreamento por satélite no noroeste da Argentina.[5] Todas essas atividades envolvem inteligência artificial.

Agora, os formuladores de política e legisladores não estão conseguindo vincular a China, os EUA e a IA. A consolidação do poder por parte da China sob os auspícios de Xi Jinping, suas diversas iniciativas patrocinadas pelo Estado, o crescimento exponencial de sua economia e o sucesso da BAT são uma força irrefreável — se não invisível — que deve ser considerada. Nem a Casa Branca nem o Congresso enxergam que a pressão da China em todos esses países — Tanzânia, Vietnã, Argentina e Bolívia, por exemplo — tem a ver com economia *e* inteligência. Eles se recusam a admitir que a China está construindo um império do século XXI cujos alicerces são os dados, a infraestrutura de IA, a geopolítica e a economia global. É um grave erro de julgamento do qual todos nós nos arrependeremos mais tarde.

Os cidadãos chineses estão aprendendo a viver com o monitoramento automatizado e as consequências de sair da linha. Os índices criminais e o mal-estar social estão em queda e, durante algum tempo, as classes média e alta preservaram o *status quo*. Eles têm acesso a roupas e bolsas de luxo, móveis de designers e supercarros nunca antes imaginados por seus pais e avós. Muitas são as promessas feitas para tirar o povo chinês da pobreza. Por ora, pelo menos, tudo indica que a privacidade, a liberdade religiosa, a identidade sexual e a liberdade de expressão são concessões razoáveis para se obter uma pontuação de crédito social desejável.

Os líderes do governo dos EUA não dedicam tempo o bastante para se instruir sobre o que é a IA, o que não é e por que ela é importante. Além das conversas de sempre a respeito de como a IA prejudica a produtividade e o emprego, as pessoas em Washington não fazem absolutamente nenhuma tentativa de envolver a MÁFIA-G em discussões sérias sobre outras questões prementes relacionadas à IA, como segurança nacional, equilíbrio geopolítico, riscos e oportunidades para a inteligência artificial de uso geral, ou a interseção da IA em outros campos (como genômica, agricultura e educação).

Na falta de uma diretiva estratégica da Casa Branca sobre a IA — e, na realidade, uma postura abertamente hostil no que diz respeito à ciência e à tecnologia —, Washington se concentra no que é importante para o próximo ciclo eleitoral e no que cairá bem nos desfiles políticos do domingo de manhã.

Nem a MÁFIA-G nem sua liderança executiva estão colocando propositadamente a democracia em perigo. No entanto, proteger os Estados Unidos como a superpotência global dominante e garantir a preservação dos ideais democráticos não é fundamental para os seus valores corporativos. No início de 2010, o ex-presidente do Google, Eric Schmidt, trabalhou admiravelmente e incansavelmente com o objetivo de impulsionar a preparação militar e governamental dos EUA na era da IA. E não o fez como uma tática para fechar contratos governamentais com o Google, mas por preocupação com a segurança nacional norte-americana e o preparo militar nesta nova era tecnológica. No entanto, foi um empreendimento tão incomum que o Vale do Silício questionou seus motivos. Em vez de outros líderes da MÁFIA-G seguirem sua liderança, eles desconfiaram de suas ambições. E, assim, além de Schmidt, nenhuma das lideranças da MÁFIA-G deu muita atenção ao papel que a IA está desempenhando na ascensão da China como um possível sucessor dos Estados Unidos como superpotência.

* * *

Não existe colaboração estratégica entre a MÁFIA-G e as agências governamentais ou militares — pelo menos, não sem um contrato lucrativo. A MÁFIA-G concorda com as políticas arcaicas dos requisitos de aquisição dos militares e do governo, mas isso não impulsiona a IA rumo ao interesse nacional. Quando muito, a IA irradia uma luz intensa sobre as diferenças culturais entre o Vale do Silício e Washington, e isso retarda sua modernização. As poucas agências governamentais construídas visando a inovação — o Serviço Digital dos EUA, o Comando de Futuros do Exército dos EUA, o Conselho de Inovação da Defesa e as iniciativas da Unidade de Inovação de Defesa Experimental (DIUx) — são instáveis em seus primeiros passos e estão sujeitas a reduções de financiamento e de pessoal à medida que os regulamentos atinentes à atuação de ex-funcionários públicos na iniciativa privada permanecem em voga. Washington entende sua relação com a MÁFIA-G como comercial. Nem os legisladores nem a Casa

Branca fazem um esforço honesto para desenvolver o tipo de relacionamento necessário com executivos da MÁFIA-G para uma coalizão de longo prazo no que diz respeito à IA. A MÁFIA-G, o Exército e o governo dos EUA andam em círculos sem nunca chegarem a uma conclusão que favoreça o interesse nacional norte-americano.

Deixamos que o ego e o hábito nos atrapalhassem quando tentávamos chegar a um consenso sobre a China. As autoridades do governo, representantes comerciais, jornalistas, tecnólogos e acadêmicos discutem a situação da China, dos Estados Unidos e da IA *ad nauseam*, não abrindo mão de suas antigas e estimadas crenças e nem espaço para realidades alternativas. Os suspeitos usuais argumentam que Xi Jinping não ficará no poder por muito tempo, mesmo com os limites de mandato abolidos. Quando ele não estiver mais entre nós, todos os planos de IA em longo prazo da China desaparecerão. Seus críticos rebatem: Xi unirá seu povo e partido. Independentemente de ele morrer cedo ou renunciar sua posição a um sucessor, o PCC será mais forte como resultado e verá os planos da IA se materializarem. E o ciclo não para: as políticas industriais da China terão impacto zero — ou causarão a derrocada da economia dos EUA. As Forças Armadas da China representam uma ameaça real para o mundo ocidental — ou são somente uma história moderna exagerada na qual perderemos interesse em breve. Devemos investir tempo e dinheiro em uma estratégia nacional de inteligência artificial, sabendo que os planos da China podem ir por água abaixo — ou é mais prudente economizar tempo e dinheiro e adotar uma abordagem de esperar para ver. Aparentemente, todos concordam com um ponto: se os Estados Unidos tiverem problemas, a MÁFIA-G será compelida a ajudar o país.

Os formuladores de políticas norte-americanos, autoridades eleitas e *think tanks* apresentam os mesmos argumentos de sempre, mas não tomam nenhuma medida. Eles simplesmente se acomodam e ficam estagnados, porque, nos Estados Unidos, é difícil escapar da força centrípeta lucrativa sem uma intervenção poderosa.

* * *

Já ouvimos diversas vezes essa história de estagnação. Nós preservamos o *status quo* do tabagismo, debatendo as informações concretas sobre o câncer, enquanto continuamos a comercializar o cigarro como um acessório das mulheres da moda, um estimulante para os trabalhadores da fábrica e um remédio para as pessoas que estavam doentes. Não conseguimos agir em relação às mudanças climáticas, discutindo repetidamente os adjetivos. Se há aquecimento global, por que está tão *frio*? Nós nos conformamos em discutir prazos. As afirmações alarmantes feitas na década de 1970 se tornaram calamitosas nos anos 1990 e depois apocalípticas nos anos 2010, mas ainda estamos todos aqui. Quem dirá que as coisas serão tão ruins no futuro?!

Mudanças sistemáticas têm um efeito composto e se acumulam por décadas, não dias. No momento em que percebermos que a estagnação era o caminho errado, será tarde demais.

2029: Bloqueio Digital Externo e Interno

Na última década, você foi incentivado a comprar todo tipo de tecnologias inteligentes e sistemas de IA. Agora, todos os aparelhos vêm de fábrica com sistemas de IA. Sua geladeira rastreia a comida que armazena. As máquinas de lavar, mesmo as de lavanderias, acompanham o progresso de suas roupas sujas, avisando quando um ciclo termina. Seu forno desliga antes que o peru queime e fique seco.

Mas existe um fator maquiavélico que você não imaginou: você não tem permissão para substituir o que deveria ser uma IA "útil". Depois de colocar os frios e os queijos, bandejas de cupcakes e um pacote com seis cervejas em sua geladeira conectada — todos comprados para uma festa do Super Bowl —, um registro é feito em seu PDR. O número de porções e calorias excede o número de pessoas em sua casa, logo a IA conclui que você está planejando comer demais. Talvez passe da meia-noite, e você pode já ter planejado lavar a roupa a tempo de colocá-la na secadora antes do trabalho na manhã seguinte, mas a IA da máquina de lavar não leva em consideração o seu desejo de dormir. Ela aciona um alarme e lhe manda mensagens — repetidamente e sem parar — para informar que é hora de colocar suas roupas na secadora. Você gostaria de cozinhar sua carne do seu jeito, mas o forno não permite, porque sua IA foi programada com o objetivo de assar uma carne suculenta, e ponto final. (Ou, se puder pagar, você pode desbloquear a atualização de assar a carne.)

Algumas famílias vivenciam as panes da IA na pele, ainda mais com os utensílios de cozinha, e geralmente pela manhã. Os painéis de controle ficarão escuros intermitentemente, e acabam infelizmente travando a porta e impedindo que você tome o café da manhã. A máquina de lavar louça para de funcionar subitamente no meio do ciclo, deixando os copos e talheres de molho em água com sabão e gordura. O volume de alto-falantes inteligentes também aumentará de repente, fazendo com que seja impossível falar com seus familiares enquanto comem cereais e tomam café. Você, junto com milhares de consumidores, relatam as interrupções, e a MÁFIA-G sempre designa alguns gerentes de produto a fim de pesquisar o que está errado. Os jornalistas de tecnologia atribuem as panes às "atitudes assustadoras" por meio das quais "a IA age de vez em quando".

A princípio, os ataques parecem inéditos e aleatórios. Desse modo, todos nós culpamos o Google, a Apple e a Amazon por produtos defeituosos e um péssimo atendimento ao cliente. Então, os especialistas em segurança cibernética ficam abismados ao descobrir que todas as panes estão interligadas. É um novo tipo de ataque de "Internet das Coisas" originário da China e possibilitado pelo aprendizado de máquina. Os chineses têm um nome para esse tipo de ataque: 被困, ou *bèi kùn*, que se traduz como "aprisionar". Os hackers, apoiados pelo governo chinês, acharam perspicaz lançar ataques "bacon" durante o café da manhã nos Estados Unidos e efetivamente aprisionar os alimentos, bebidas e talheres nos aparelhos alimentados por IA. O objetivo é único e sofisticado: semear a desconfiança na MÁFIA-G.

* * *

A Microsoft e a IBM ainda estão na ativa, mas são concorrentes de pouco peso no cenário da IA. A Microsoft, que em determinado momento publicou e liderou as pesquisas no setor acerca da visão computacional, compreensão de leitura de máquina e processamento de linguagem natural, nunca obteve sucesso no posicionamento interno e na dinâmica de como competir em relação à IA. Agora, a empresa está reduzindo o tamanho e fornecendo suporte principalmente a seus sistemas legados: o que restou de sua nuvem original do Azure, SharePoint, Skype e Outlook. Enquanto o Watson da IBM encontrou parceiros e clientes, o serviço de nuvem da IBM, que há muito ficava em terceiro lugar em relação à Amazon e à Microsoft, encolheu quando o Google começou a oferecer taxas competitivas ao governo e às grandes corporações. Suas outras unidades de negócios — como data centers, armazenamento e semicondutores — descobriram que é impossível competir com as empresas de Taiwan, que atualmente são as maiores fornecedoras do mundo. Para as empresas taiwanesas, o "Princípio da China Única" do PCC se traduz em uma vantagem significativa no mercado, embora Pequim restrinja suas liberdades e autonomia. A política industrial da China impediu efetivamente a IBM de fazer negócios em muitas partes do mundo.

E quanto ao Facebook? Depois de anos de promessas para reforçar a segurança e fornecer melhor transparência sobre como ele compartilhava nossos dados, a maioria de seus usuários originais passou a usar outras plataformas. As crianças da Gen Alpha (filhos da geração Millennials) podem ter tido suas fotos espalhadas por todo a rede social, mas elas mesmas nunca criaram contas. O Facebook está discretamente seguindo o caminho do MySpace.

Como a interoperabilidade ainda é um ponto fraco sério no ecossistema de inteligência artificial do Ocidente, até 2035, estipulamos de fato um sistema de segregação. Nossos dispositivos estão conectados ao Google, à Apple ou à Amazon, e por isso costumamos comprar somente os produtos e serviços oferecidos por uma dessas três empresas. Como os dados em nossos PDRs hereditários são de propriedade e gerenciados por uma dessas empresas — que também nos venderam todas as coisas em nossas casas com a tecnologia de inteligência artificial —, somos famílias do Google, da Apple ou da Amazon. Uma designação acompanhada de preconceitos involuntários.

As famílias Apple costumam ser abastadas e mais velhas. Elas podem adquirir todos os produtos compactos e elegantes de hardware da Apple, disponíveis em uma das três cores: paládio prateado-branco, cinza-ósmio ou ônix escuro. Os óculos inteligentes, os banheiros inteligentes e os refrigeradores personalizados da Apple mantêm sua longa tradição de produtos caros que qualquer um pode usar imediatamente. Os PDRs da Apple vêm com interfaces faladas e a opção de escolha de duas vozes suaves, Joost (que apresenta um "tom mais alto unissex") ou Deva (que apresenta um "tom mais baixo unissex"). Mas essa conveniência tem um preço. As IAs Apple não podem ser substituídas. Em uma casa Apple que gerencia o ar condicionado, você não pode abrir a porta por mais de um minuto ou o sistema começará a apitar incansavelmente. Se houver luz do dia suficiente detectada pelos sensores nas lâmpadas, o sistema Apple trava o interruptor da luz.

Há décadas, tivemos uma prévia de uma casa conectada do Google, no Festival South By Southwest de 2018 em Austin, Texas. Naquela época, o slogan era "Faça o Google fazer algo", e os atraentes representantes conduziam pequenos grupos ao redor da casa de três andares para interagir com telas de aparelhos alimentados por IA e aparelhos de fazer drinks daiquiris gelados automaticamente. O sistema Google é menos intuitivo, mas usa melhor nossos PDRs — e oferece diferentes níveis de serviço e acesso. Para aqueles que podem arcar com as taxas de atualização e acesso a conhecimentos tecnológicos suficientes, o Google Green oferece às famílias a capacidade de desbloquear manualmente seus sistemas e conseguir conectar uma variedade maior de dispositivos — como cafeteiras, impressoras 3D e sistemas externos de irrigação — às suas residências. As famílias Green também podem desabilitar o marketing e a publicidade, embora seus dados ainda sejam coletados e enviados para terceiros. O Google Blue é uma opção acessível com privilégios limitados de desbloqueio e algumas permissões adicionais, mas as famílias Blue ainda estão sujeitas ao marketing. O Google Yellow é o patamar mais inferior. É grátis, mas não oferece habilidades de substituição, tem uma pequena seleção de dispositivos e utensílios disponíveis e tem proteção de dados limitada.

A Amazon seguiu em uma direção interessante e, basicamente, lucrativa. Alguns anúncios que a Amazon fez no segundo trimestre de 2018 passaram despercebidos, como o lançamento do seu micro-ondas Amazon Basics, que inclui uma interface de voz. Os usuários podem colocar um saco de pipoca no micro-ondas e pedir para Alexa estourá-lo. Os jornalistas de tecnologia descreveram o micro-ondas como uma inovação, um uso meio que sem sentido da Alexa, e perderam a fio da meada. Na verdade, o sistema foi projetado para nos deixar viciados em pipoca de assinatura. O micro-ondas rastreia tanto o que estamos aquecendo quanto o que estamos pedindo na plataforma da Amazon, fazendo com que uma nova caixa com pacotes de pipoca chegue antes que você fique sem.

Em virtude da Amazon ter sido mais inteligente em sua abordagem, trabalhando com governos federais, estaduais e municipais — oferecendo-lhes descontos na Amazon.com, trabalhando pacientemente por meio de requisitos de aquisição, arquitetando e mantendo serviços em nuvem especificamente para eles — ela se tornou a plataforma preferida para determinados serviços sociais nos Estados Unidos. Foi assim que a Amazon descobriu como alavancar os grandes financiamentos governamentais.

As famílias com poder aquisitivo baixo agora vivem na Amazon Housing, que substituiu os programas de moradia pública financiados pela cidade nos Estados Unidos. Em todos os aspectos, as residências são muito superiores a qualquer habitação pública já fornecida pelos antigos programas governamentais norte-americanos. A Amazon Homes está completamente equipada com dispositivos conectados em todos os quartos. O antigo Programa de Assistência à Nutrição Complementar (anteriormente conhecido como Programa do Vale-Refeição) é atualmente disponibilizado pela Amazon, que fornece produtos domésticos de marca da Amazon, comidas e bebidas, artigos de higiene e livros. Não é de se surpreender que o programa funcione perfeitamente. Não existem atrasos na distribuição de fundos, é fácil pesquisar o status de uma conta e todas as transações podem ser concluídas sem ter que esperar em uma fila gigantesca de algum escritório do governo. Aqueles que vivem em casas de repouso devem comprar a maioria de suas coisas por meio da Amazon, enquanto seus dados são sistematizados, transformados em produtos e monetizados para várias iniciativas. As IAs da Amazon são as mais onipresentes, seguindo as famílias Amazon em todos os lugares para coletar dados comportamentais valiosos.

* * *

A ausência da interoperabilidade entre os frameworks e sistemas de IA levou à segregação do PDR e da família, e é por esse motivo que agora temos um sistema de castas digitais. Ao escolher o Google, a Apple ou a Amazon, você é obrigado a conciliar seus princípios familiares com os valores da corporação. As famílias Apple são ricas, talvez um pouco menos esclarecidas em inteligência artificial e vivem em casas luxuosas. As famílias Google podem ser ricas e por dentro da tecnologia; de classe média e não se importarem com marketing; ou complacentes o bastante para não se importar em ter muitas escolhas na vida. Não há como embelezar as famílias Amazon: elas são pobres, ainda que tenham livre acesso a dispositivos legais.

As famílias estão presas a seus PDRs e carregam consigo essa identificação. É mais fácil para uma família Google Yellow entrar no nível Blue ou até Green do que uma família Amazon conseguir a portabilidade do sistema Apple. Por isso, grande parte das famílias optou pelo Google quando teve a oportunidade. O status delas é visível para todas as IAs com as quais você interage. Os serviços de táxi autônomos, como o Lyft, o Uber e o CitiCar, não transportam os passageiros da Amazon com tanta frequência, e os carros enviados para eles costumam não ser tão bons. Os carros da Waymo transportam exclusivamente as famílias Google. Para as famílias Green, o carro vem predefinido com a temperatura e a iluminação ambiente desejadas pelo passageiro e segue as rotas preferidas dele. As famílias Yellow estão sujeitas a propagandas durante toda a viagem.

* * *

A publicidade não é a única dor de cabeça para as famílias Google Yellow. O inconveniente de todos esses dispositivos, aparelhos e equipamentos subsidiados (ou gratuitos) oferecidos às famílias Google Blue, Google Yellow e Amazon é o fato de ser impossível desconectar as IAs guardiãs de saúde e bem-estar, que estão constantemente nos monitorando, diagnosticando e fazendo nudging. Quando foram arquitetadas, os cientistas da computação definiram a inflexibilidade das IAs de saúde e bem-estar como necessidade. Agora, os valores coletivos das tribos anteriores da IA são uma recordação opressiva de um tempo mais simples. O desrespeito dos guardiões da saúde e do bem-estar resulta em uma série de consequências.

Lembra-se dos serviços de entrega Amazon Lockers, que você usava há muitos anos para pegar todas as coisas que pedia no aplicativo da Amazon e na Amazon.com? Agora eles fazem parte da Amazon Housing. O Departamento de Saúde e Serviços Humanos dos EUA achou que empregar o nudging com as pessoas desfavorecidas era um meio inteligente de melhorar a assistência médica e o bem-estar, de modo que o departamento instaurou novas políticas exigindo que todas as habitações públicas dos clientes fossem equipadas com a tecnologia Locker. Os Lockers podem até se parecer com mobília comum, portas de refrigeradores e armários, porém eles se comportam como um júri em um julgamento, munidos com inteligência artificial. Se uma cliente da Amazon Housing não praticou exercícios naquele dia, o sistema Locker decidirá manter o freezer fechado e não permitirá que ela coma sorvete.

* * *

Também sentimos na pele as consequências negativas das coisas que nos proporcionam prazer fora de nossas casas Apple, Amazon e Google. Os bordéis tecnologicamente avançados, dotados de sexbots alimentados por IA, são socialmente aceitáveis porque oferecem uma alternativa limpa e livre contra as doenças sexualmente transmissíveis pelo contato com outras pessoas. Os bordéis operam em suas próprias plataformas e exigem uma afiliação que possibilita construir e treinar uma IA com personalidade. (Ou personalidades, para aqueles que podem pagar o pacote premium). Você simplesmente escolhe um corpo e olha em seus olhos — minúsculas câmeras inteligentes escaneiam e reconhecem seu rosto. Uma vez que sua companhia acorda, ela conversam com você como se tivessem todo tempo do mundo e responde a todos os seus desejos e comandos. Agora, você considera sexo regular, com pessoas comuns, uma tremenda decepção.

* * *

Não é impossível haver casamento entre famílias de diferentes tribos — ocasionalmente, alguém da família Amazon se casará com alguém da família Apple — mas o velho ditado "os opostos se atraem" não é mais válido. Agora, todos os nossos serviços de namoro com tecnologia IA calculam nossos possíveis pares com base em nossos PDRs e status. Por um lado, não sofremos mais com a tirania de escolha, já que os encontros com IAs reduziram radicalmente a seleção de possíveis pretendentes. Por outro lado, algumas escolhas que uma vez nos tornaram exclusivamente humanos — como romances de maio a dezembro ou namorar alguém que nossos pais não aprovam — estão menos disponíveis para nós agora. Nos Estados Unidos, a sociedade está começando a se sentir incomodamente huxleiana, quando concordamos com tudo, nos casamos e temos filhos com nossos companheiros Apples, ou com Google Blues ou Amazon.

* * *

Conforme o previsto, a inteligência artificial e a automação começam a mudar o panorama da empregabilidade — transformando muito mais empregos do que imaginávamos. O desemprego tecnológico generalizado que há muito tempo estava no previsto se concretizou, mas não da forma como pensávamos. Estávamos preparados para caminhoneiros, operários de chão de fábricas e trabalhadores desempregados, porém nossas previsões estavam erradas. Ainda partimos do princípio de que os robôs assumiriam os empregos mais braçais, entretanto acontece que construir robôs capazes de realizar todo esse trabalho físico era uma tarefa bem mais difícil do que jamais imaginamos, ao passo que as tarefas cognitivas eram mais fáceis para programar e replicar. Ironicamente, os postos de trabalho de cunho intelectual não são mais necessários.

Como resultado, os Estados Unidos e seus aliados têm uma necessidade imediata e crítica de todos os empregos braçais que afirmamos que desapareceriam. Nós simplesmente não temos encanadores, eletricistas e carpinteiros altamente qualificados. Os robôs não podem proporcionar o toque humano que desejamos, por isso também temos uma necessidade imediata de massoterapeutas, manicures, esteticistas e barbeiros. Além de estarmos vivenciando uma reação contra a automação. A maioria das pessoas não quer que suas bebidas e cafés sejam feitos por robô-baristas e robô-bartenders. Queremos o companheirismo humano junto com seja lá o que for servido em nossas xícaras. Nosso foco obstinado em uma educação STEM (Science, Technology, Engineering e Mathematics), em detrimento das artes liberais e dos programas vocacionais, foi um tanto equivocado. Os trabalhadores braçais estão herdando a Terra, não os cientistas e tecnólogos calados da computação. Os nerds programaram-se para fora do mercado de trabalho, e estão desempregados.

* * *

Sem querer, o Google, a Amazon e a Apple criam uma trifecta dentro da IA, o que leva a uma consolidação massiva. Nos Estados Unidos, e em todos os seus aliados comerciais mundo afora, temos novos produtos espetaculares — mas quase nenhuma escolha. Por exemplo, você pode pagar e atualizar os óculos inteligentes OmniVision, que possibilitam que enxergue além dos limites biológicos da visão humana. Mas somente duas empresas os fabricam: Google e Apple. Caso não goste do modelo dos óculos ou se eles não se encaixam na forma única de seu rosto e orelhas, você está sem sorte. A Amazon vende tudo e qualquer coisa que possa imaginar, no entanto os produtos de uso diário são da própria empresa. Em nações democráticas ao redor do mundo, temos uma oferta abundante de coisas para comprar, mas a variedade e a escolha no mercado são estritamente controladas. Ainda que tenhamos dinheiro para gastar, temos muito pouco poder de compra. De uma maneira estranha, isso nos lembra da antiga União Soviética.

A Salesforce, empresa de gerenciamento de relacionamento com o cliente e de computação em nuvem, firmou uma parceria com o Google, a Amazon e a Apple logo no início, com a finalidade de criar um módulo educacional para nossos PDRs. Agora, os rigorosos testes e classificações que eram características da educação norte-americana nas décadas de 1980 e 1990 são populares novamente. Nossas habilidades cognitivas são avaliadas antes da pré-escola, e nosso desempenho acadêmico e enriquecimento são monitorados ao longo de nossas vidas.

Os indicadores e a otimização sempre foram valores fundamentais na Salesforce, e agora são valores fundamentais de uma educação norte-americana. Apreensivos com o fato de termos substituído a sabedoria por um acúmulo de informações agora inúteis, nossos líderes educacionais descartaram a Base Curricular do Common Core em prol de algo novo. Com a mão de obra norte-americana em crise, os estudantes são divididos em duas categorias durante os exames de admissão no jardim de infância: profissional ou executivo. Os estudantes profissionais são treinados para ter destreza das disciplinas, enquanto os alunos executivos são treinados em pensamento crítico e gerenciamento. Não existe mais a necessidade dos tipos de habilidades por parte de gerentes nível médio, uma vez que a maioria dos gerentes de nível médio e os trabalhadores intelectuais iniciantes agora são IAs.

Com o desemprego se alastrando em setores inesperados; o crime está em alta — só que não pelas razões que você pensa. O software de policiamento com tecnologia IA não funcionou como prometido; desse modo, as estatísticas criminais não representam com exatidão o mundo real. Os algoritmos construídos pelas tribos da IA e treinados em um conjunto limitado de dados nunca aprenderam como identificar e classificar de forma correta uma não conformidade de gênero — uma pessoa que não se identifica com o gênero feminino nem masculino e pode ter uma fisionomia completamente andrógina ou ter barba e cílios postiços. Consequentemente, milhares de pessoas que não satisfazem as características de um gênero tradicional são erroneamente acusadas de roubo de identidade todos os dias: quando tentam efetuar pagamentos usando o reconhecimento facial, enquanto caminham em seus escritórios e quando tentam falar por vídeo. Por enquanto, a única solução é tentar se encaixar em determinadas transações. Essas pessoas são obrigadas a usar uma peruca específica de gênero ou a remover sua maquiagem para se tornarem temporariamente reconhecíveis aos olhos de uma IA de visão computacional. É um lembrete degradante e público de que a diversidade nunca foi importante o bastante para se reparar um sistema falido.

* * *

A IA concede um poder econômico imenso ao Google, à Apple e à Amazon — e poder geopolítico e militar inimaginável à China. No final da década de 2030, percebemos que a IA se desenvolveu ao longo de trajetórias diferentes, apoiando o capitalismo no Ocidente e o tipo de comunismo da China em toda a Ásia, África e América Latina. Os Estados Unidos e seus aliados, que uma vez comemoraram o sucesso da MÁFIA-G, estão vivendo sob um sistema de totalitarismo da IA. Cidadãos em toda a China e em todos os países financiados pelo investimento direto e pela infraestrutura da China descobrem que eles também estão vivendo sob uma máquina insidiosa de punição e recompensa alimentada pela inteligência artificial.

2049: Fronteiras Biométricas e Abortos por Nanobots

Agora, a MÁFIA-G é formada somente pela GAA: Google, Apple e Amazon. O Facebook foi o primeiro a declarar falência, e os remanescentes da Microsoft e da IBM foram adquiridos pelo Google.

É o centenário da Revolução Comunista Chinesa e do discurso de Mao Tsé--Tung da República Popular da China (RPC). Planejam-se celebrações suntuosas em todos os países parceiros subsidiados da China com o intuito de homenagear o falecido Xi Jinping e a ascensão do que está sendo chamado de Dinastia Réngōng Zhìnéng (Inteligência Artificial).

Nesta era, toda a humanidade está cercada por sistemas AGI, que deveriam nos ajudar a levar uma vida mais livre e feliz. Nos Estados Unidos, desde o início, as tribos da IA disseram que queriam que vivêssemos melhor, para buscar empreendimentos criativos e colaborar com maiores desafios da humanidade. Era um ideal utópico nascido na bolha do Vale do Silício, cujos progenitores haviam perdido completamente o contato com o mundo exterior.

Todos esses sistemas foram engendrados para facilitar a nossa vida, mas em vez disso incentivaram nossa preguiça, aniquilando nosso senso de produtividade e propósito. Dependemos dos sistemas para tomar decisões por nós, e nos resignamos a escolhas limitadas. Aceitamos as resoluções pré-programadas do cotidiano, otimizadas pela AGI para todos no planeta.

Muitos sistemas AGI evoluíram com o objetivo de competir em vez de colaborar. Os ataques bacon da China, duas décadas antes, parecem tão gentis e simplistas agora. Você está em uma prisão criada e alimentada por uma IA, e constantemente fica com o próprio forno travado, com os armários e banheiros trancados, e nem se preocupa mais em revidar. Não vale a pena. A resposta razoável, você aprendeu, é sentar e esperar. As famílias Google Greens e Apple podem comprar uma atualização de backdoor premium, que supostamente envia uma AGI de reparo para sobrescrever o código malicioso — mas as AGIs são capturadas em um loop de autoaperfeiçoamento. Nem todo o dinheiro do mundo pode comprar uma casa livre das panes contínuas do sistema.

* * *

A concentração de riqueza possibilitou que a GAA conseguisse avanços surpreendentes na assistência médica. O Google foi o primeiro a testar, comercialmente, robôs pilotos microscópicos injetáveis, capazes de aplicar os medicamentos em apenas uma área específica do corpo ou auxiliar na microcirurgia. Agora, os nanobots têm muitas formas diferentes. Por exemplo, existe um robô molecular autônomo feito a partir de um único filamento de DNA que trata o interior do corpo humano como um depósito de distribuição. O nanobot pode andar por lá, capturar as moléculas e depositá-las em locais designados. Outra variedade de nanobot, impulsionada por bolhas de gás, pode fornecer quantidades microscópicas de medicamento sem causar danos. O advento dos nanobots comercialmente disponíveis, que compartilham informações com nossos PDRs, substituiu os medicamentos e terapias únicas, tratando nossas doenças específicas sem provocar efeitos colaterais.

Agora, tanto a Amazon quanto a Apple estão oferecendo medicamentos personalizados, a maioria das pessoas injetou nanobots orgânicos voluntariamente. Até mesmo as famílias Amazon têm acesso a eles por meio de um programa subsidiado aprovado pelo governo dos EUA. Os nanobots nos monitoram e nos tratam de modo contínuo, logo, a expectativa de vida dos norte-americanos disparou de 76,1 anos em 2019 para 99,7 anos hoje.[6]

Não levou muito tempo para vermos as possíveis desvantagens da AGI injetável. Os nanobots fazem exatamente o que seus criadores pretendiam. Eles se comportam de maneira imprevisível e aprendem. Pensando bem, construir e treinar sistemas de IA para fazer escolhas que nunca pensamos antes era o principal objetivo das tribos da IA. Era a chave para solucionar os problemas que os humanos sozinhos não conseguiram resolver. Quando o AlphaGo Zero tomou decisões estratégicas autônomas décadas atrás, anunciamos a conquista como um marco da IA. Dentro de nossos corpos, no entanto, os nanobots e as AGIs a quem eles respondem são autoaperfeiçoados e têm mais poder de decisão do que pretendíamos.

Agora, temos uma nova *quimera econômica* de seres humanos. As casas Apple e Googles Green podem destravar superpoderes e ter acesso à cognição melhorada, cheiro extrassensorial e toque intensificado.

As famílias das casas Google Blue, Yellow e Amazon não somente não têm acesso a atualizações como são biologicamente restritas. Quando uma pessoa engravida, as AGIs continuamente executam modelos preditivos para determinar a saúde e a viabilidade do feto. O que ninguém previra foi que as AGIs levariam as metas ao extremo. Como o objetivo programado era auxiliar os humanos à medida que desenvolviam fetos viáveis, as AGIs procuram anormalidades nos tecidos fetais. Uma vez encontradas, a AGI aborta automaticamente o feto, sem dar aos pais uma opção para avaliar essa decisão.

De modo semelhante, os nanobots monitoram a sua idade, realizando um cálculo a fim de determinar em que ponto a continuação da sua vida será mais dolorosa do que a sua morte. Uma vez que você precise de cuidados médicos em sua casa e se torne um tipo de dreno das redes de segurança social estabelecidas, as AGIs intervêm. A morte é induzida confortavelmente, para que nem você nem sua família tenham que decidir quando é a sua hora de ir.

As leis dos países GAA foram anuladas quando as AGIs melhoraram e criaram o tipo de funcionalidade que determina quem entre nós vive e morre. Assim, governos em todo o mundo aprovaram regulamentos e leis. Mas isso não tem nenhuma serventia. Proibir os nanobots implicaria no retorno à prática tradicional da medicina, e já não temos grandes empresas farmacêuticas fabricando todos os medicamentos de que precisamos. Mesmo as projeções mais otimistas demonstram que fazer com que nossos antigos sistemas de saúde voltem a funcionar levaria uma década ou mais — e, enquanto isso, milhões de pessoas sofreriam muito com uma grande variedade de doenças.

Em vez disso, os pesquisadores desenvolveram um novo tipo de nanobot AGI que pode controlar outros nanobots dentro de nossos corpos — imitando a maneira como nossos glóbulos brancos combatem um vírus. Como toda IA, a ideia foi inspirada pela biologia humana. Como nossos corpos lutam contra nanobots AGI indesejáveis, é bem pior do que os sintomas que costumamos sentir quando estamos com gripe, e são muito mais perigosos.

* * *

As grandes corporações são lideradas agora pelos CAIOs — Chief AI Officers (IAs Superintendentes) —, que calculam os riscos estratégicos e as oportunidades. Os CEOs humanos trabalham junto com seus CAIOs, atuando como a "cara" da empresa. As pequenas e médias empresas — restaurantes, oficinas de manutenção e salões de beleza — são parceiros de uma das GAAs. Além dos PDR pessoais e domésticos, todas as empresas e organizações sem fins lucrativos também estão cadastradas em um Registro de Dados da Organização.

Todavia, centenas de pessoas nos Estados Unidos e em seus países aliados estratégicos estão desempregadas. Sem uma rede de segurança social ampla o bastante, as economias ocidentais estão indo ladeira abaixo, pois ainda temos que nos recuperar das ondas inesperadas de desemprego tecnológico. Isso criou vulnerabilidades — e uma oportunidade para o investimento chinês. Em breve, os líderes do governo serão forçados a escolher entre a viabilidade econômica e os princípios democráticos — uma decisão bastante difícil para os políticos que enfrentam a reeleição e estão sob pressão para resolver problemas imediatos em casa.

Em retaliação, os Estados Unidos tentam refrear a expansão da China por meio de bloqueios comerciais, sanções secundárias e outras táticas diplomáticas. No entanto, eles não têm mais a influência geopolítica de que desfrutavam. Os líderes norte-americanos passaram muitos anos deliberando sobre a China em vez de agirem. Fizeram poucas viagens à América Latina, à África e ao Sudeste Asiático. Eles nunca caíram nas graças, nem conquistaram a confiança e a amizade de seus colegas estrangeiros.

As iniciativas de IA da China ganham força. A pontuação de harmonia social agora está em funcionamento em mais de 100 países em todo o mundo e substituiu os documentos de viagem tradicionais. A China sempre se destacou na construção de muros — e a Grande Muralha de IA da China não foge à exceção. Ela proporciona uma barreira protetora contra as pessoas de fora e um método para extrair e analisar os dados de todo mundo. Aqueles com uma pontuação de harmonia social suficientemente alta recebem acesso irrestrito (mas monitorado, é óbvio) dentro da Grande Muralha da IA a qualquer rede de países conectados da China. Os chineses estabeleceram fronteiras biométricas com reconhecimento facial com o objetivo de determinar quem pode ir e vir. Não existem mais departamentos de imigração, e não existem mais passaportes para carimbar.

Agora, existe uma muralha na fronteira sul dos Estados Unidos. Ela é composta de sensores e fora construída pelos chineses em solo mexicano para manter os norte-americanos dentro dos Estados Unidos. Como os norte-americanos não podem ter acesso à pontuação de crédito social, são impedidos de entrar no que costumava ser seus pontos de férias favoritos: Bahamas, Jamaica, Cancun, Playa del Carmen, Cozumel, Costa Rica e Aruba. Se você tentar atravessar uma fronteira biométrica ilegalmente, uma AGI emite um ataque sônico que causa náusea, concussão, sangramento em seus ouvidos e estresse psicológico em longo prazo.

Os norte-americanos e seus aliados estão presos — e estão impedidos de se comunicar com amigos e familiares na rede de países conectados da China, já que o PCC controla toda a infraestrutura de rede que os alimenta. Se você precisar entrar em contato com alguém em um país do PCC, deve passar pela China como um intermediário, sabendo que cada palavra pronunciada está sendo ouvida.

A GAA acabou por formar uma coligação com o governo dos EUA e o que resta de seus aliados. Devido às restrições econômicas e de viagens impostas pela China, há pouco dinheiro disponível para se chegar a uma solução viável. Uma decisão é tomada para desenvolver uma AGI que consiga solucionar o problema dos norte-americanos em relação à China. Mas o sistema só vê duas soluções possíveis: ceder à China ou reduzir a raça humana.

2069: Extermínio Digital

Enquanto a China estava concentrada no planejamento de longo prazo e em uma estratégia nacional para a IA, os Estados Unidos estavam preocupados com dispositivos e dólares.

A China não precisa mais dos Estados Unidos como um parceiro comercial, tampouco precisa de sua propriedade intelectual. A China construiu uma rede de mais de 150 países que operam sob os auspícios dos princípios diretivos da Política Global de uma China Única. Em troca de sua obediência, esses países têm acesso à rede, a capacidade de negociar e um sistema financeiro estável apoiado por Pequim. Seus cidadãos são livres para se deslocar por países da China Única, desde que tenham obtido uma pontuação de crédito social suficientemente alta.

A possibilidade de viajar — uma liberdade que os norte-americanos costumavam dar como certa — não existe mais. Acontece que os Estados Unidos, como muitos países, estão passando por uma pressão populacional. A população global da Terra ultrapassou os 10 bilhões de pessoas. Temos filhos com muita frequência e com muita rapidez, e insistimos em estender nossa expectativa de vida além dos 120 anos de idade.

Nossa população global é um problema porque não agimos com rapidez suficiente no que diz respeito às mudanças climáticas, nem mesmo depois que a China assumiu o manto da sustentabilidade e da proteção ambiental. Perdemos dois terços do solo arável da Terra. Ainda que tenhamos nos esforçado bastante para construir fazendas subterrâneas nos Estados Unidos, não podemos cultivar alimentos com rapidez o bastante a fim de alimentar nossas populações locais. As sanções globais bloquearam as rotas comerciais e tiraram dos países aliados aos EUA os produtores de alimentos, mas até mesmo a China e as nações sob o regime da China única estão com dificuldades.

Certo dia, as famílias Apple sofrem do que parece ser uma doença misteriosa. Seus PDRs mostram uma anomalia, porém não fornecem detalhes ou especificidades. De início, achamos que a última versão dos nanobots é defeituosa, assim os gerentes de produto se apressam com o intuito de desenvolver as AGIs para correção. Então, a doença atinge as casas Google — não apenas nos Estados Unidos, mas em todos os lares fora da fronteira com a China. A doença misteriosa piora rapidamente.

A China desenvolveu uma ASI que tem apenas um propósito: exterminar as populações dos Estados Unidos e de seus aliados. Um dos países da China precisa do que resta dos recursos da Terra, e Pequim calculou que a única forma de sobreviver é tirar esses recursos dos Estados Unidos.

Você testemunha uma coisa muito pior do que qualquer bomba já criada. Bombas são instantâneas e rápidas. O extermínio pela IA é lento e incontrolável. Você se sente impotente enquanto os corpos de seus filhos perdem a força vital em seus braços. Você assiste aos seus colegas de trabalho terem um colapso em suas mesas. Você sente uma dor aguda. Você está tonto. Você tenta dar o seu último suspiro.

É o fim dos Estados Unidos.

É o fim dos aliados dos Estados Unidos.

É o fim da democracia.

É o início da ascensão da Dinastia Réngōng Zhìnéng. Ela é desumana, irreversível e absoluta.

> No presente, existem sinais que apontam para todos os três cenários. Agora precisamos fazer uma escolha. *Você* precisa fazer uma escolha. Estou lhe pedindo para escolher o cenário otimista, a fim de construir um futuro melhor para IA e para humanidade.

PARTE III
Resolvendo os Problemas

CAPÍTULO OITO

PEDRAS E PEDREGULHOS: COMO RESOLVER O FUTURO DA IA

A conclusão deste último capítulo pode lhe parecer extrema e improvável. Mas já existem sinais nos alertando de que, a menos que abracemos um futuro em que os Nove Titãs sejam incentivados a colaborar em prol do melhor para a humanidade, é bem possível que possamos acabar vivendo em um mundo que se assemelha à Dinastia Réngōng Zhìnéng.

Acredito que o cenário otimista — ou algo próximo disso — esteja ao nosso alcance. É possível que a inteligência artificial cumpra seu maior objetivo e potencial aspiracional, beneficiando todas as tribos da IA e todos nós no processo. À medida que evolui, a IA pode com toda certeza trabalhar para o povo da China e dos Estados Unidos, bem como para todos os nossos aliados. Isso pode nos ajudar a levar vidas mais saudáveis, reduzir as desigualdades econômicas e trazer mais segurança para nossas cidades e lares. A IA pode nos delegar poderes para desvendar e responder aos maiores mistérios da humanidade, por exemplo, onde e como a vida se originou. E, no processo, também pode nos fascinar e entreter, criando mundos virtuais nunca antes imaginados, compondo músicas que nos inspiram e possibilitando novas experiências divertidas e gratificantes. Porém nada disso acontecerá sem planejamento e sem o comprometimento com o trabalho árduo e liderança corajosa dentro de todos os grupos das partes interessadas da IA.

A tecnologia segura e benéfica não é resultado da esperança e da casualidade, e sim de uma liderança corajosa e de colaborações dedicadas e contínuas. Os Nove Titãs da IA estão sendo pressionados intensamente — desde Wall Street, nos Estados Unidos, à Pequim, na China — para atender a expectativas cegas, ainda que representem um custo enorme para o nosso futuro. Devemos delegar poderes e incentivar os Nove Titãs a mudar o percurso da inteligência artificial, porque, sem um movimento de apoio de nossa parte, eles não conseguem e não o farão sozinhos.

Vint Cerf, que também desenvolveu os primeiros protocolos e arquitetura da internet moderna, utiliza uma parábola com o intuito de explicar por que a liderança corajosa é de suma importância no lastro das tecnologias emergentes, como a inteligência artificial.[1] Imagine que você vive em uma pequena comunidade ao pé de um vale rodeado por montanhas. No topo de uma montanha distante, existe uma pedra gigante. Ela está lá há muito tempo e nunca se moveu, então, no que diz respeito à sua comunidade, ela já faz parte da paisagem. Mas, um dia, você percebe que a pedra gigante parece instável — está prestes a rolar montanha abaixo, ganhando velocidade e impulso à medida que se movimenta, e isso destruirá sua comunidade e todos os que vivem nela. Na realidade, você se dá conta de que talvez tenha fechado os olhos para o fato de que a pedra poderia estar descendo montanha abaixo durante toda a sua vida. Essa pedra gigante sempre se movimentou lentamente, só que você nunca se importou em realmente abrir os olhos para as mudanças ínfimas que aconteciam diariamente: um pequeno deslocamento na sombra que a pedra projeta, a distância visual entre ela e a montanha próxima e o som quase imperceptível que ela emite enquanto o solo é esmagado debaixo dela. Então percebe que, estando sozinho, não consegue subir a montanha e parar a pedra gigante. Você é muito pequeno e a pedra é enorme.

Mas eis que você se dá conta que, se conseguir encontrar alguns pedregulhos e colocá-los no lugar certo, isso reduzirá o impulso da pedra e desviará um pouco seu curso. Somente um pedregulho não impedirá que a vila seja destruída, assim você pede que toda a comunidade o ajude. Com os pedregulhos em mãos, cada pessoa sobe a montanha e os deposita na pedra — existe colaboração, comunicação e um planejamento a fim de lidar com a pedra à medida que ela rola. As pessoas e seus pedregulhos — e não uma pedra gigante — fazem toda a diferença.

O que demonstro a seguir são diversos pedregulhos. Começarei narrando com detalhes o caso de uma comissão global para supervisionar a trajetória da IA e nossa necessidade imediata de normas e padrões. Depois, explicarei quais mudanças específicas os governos dos EUA e da China devem empreender. Em seguida, delimitarei as coisas ainda mais e descreverei como os Nove Titãs da IA devem reformular suas práticas. Após isso, focarei apenas as tribos da IA e as universidades em que elas se formam e detalharei exatamente quais mudanças serão feitas no momento. Por fim, explicarei o papel que você, pessoalmente, pode desempenhar na estruturação do futuro da IA.

O futuro que todos nós *queremos* viver não se descortinará à nossa frente. Precisamos ser corajosos. Devemos assumir a responsabilidade por nossas ações.

Mudança Sistêmica Mundial: O Caso da Criação de GAIA

No cenário otimista, uma amálgama diversificada de líderes das economias mais avançadas do mundo une forças com a MÁFIA-G para formar a Aliança Global para a Expansão da Inteligência, ou GAIA. O órgão internacional inclui pesquisadores de IA, sociólogos, economistas, teóricos dos jogos, futuristas e cientistas políticos de todos os países membros. Os membros GAIA refletem a respeito da diversidade socioeconômica, gênero, etnia, religião, política e orientação sexual. Eles concordam em facilitar e cooperar em iniciativas e políticas de IA compartilhadas e, com o tempo, exercem influência e controle suficientes para impedir um apocalipse — seja por causa da AGI, ASI ou uso da IA por parte da China a fim de oprimir os cidadãos.

O melhor modo de arquitetar mudanças sistemáticas é materializar a criação da GAIA o mais rápido possível, e ela deve estar fisicamente localizada em uma área neutra próxima a um polo de IA existente. A melhor localização para

GAIA é Montreal, Canadá. Em primeiro lugar, Montreal é o lar de uma concentração de pesquisadores e laboratórios de aprendizado profundo. Se assumirmos que a transição da ANI para AGI englobará o aprendizado profundo e as redes neurais profundas, logo GAIA deve estar sediada no local onde está ocorrendo grande parte do trabalho da próxima geração. Em segundo lugar, sob a administração do primeiro-ministro Justin Trudeau, o governo canadense já comprometeu pessoas e fundos com o intuito de explorar o futuro da IA. Durante 2017 e 2018, Trudeau não falou apenas sobre IA; ele colocou o Canadá em condição de ajudar a moldar as regras e os princípios que orientam o desenvolvimento da inteligência artificial. Em terceiro lugar, o Canadá é um território geopolítico neutro para a IA — está longe do Vale do Silício e de Pequim.

Aparentemente, é impossível unir os governos do mundo em prol de uma causa única, visto o rancor político e a inquietação geopolítica que experimentamos nos últimos anos. No entanto, existem precedentes. Após a Segunda Guerra Mundial, quando as tensões ainda eram altas, centenas de representantes de todas as nações aliadas se reuniram em Bretton Woods, New Hampshire, para construir os sistemas financeiros que permitiram o avanço da economia global. Essa colaboração tinha como base o ser humano — e resultou em um futuro em que pessoas e nações poderiam reconstruir e buscar a prosperidade. Os países GAIA devem colaborar com sistemas, padrões e melhores práticas para a IA. Embora seja improvável que a China participe, um convite deve ser enviado aos líderes do PCC e à BAT.

Antes de tudo, GAIA deve determinar uma maneira de assegurar os direitos humanos básicos na era da IA. Quando falamos sobre IA e ética, costumamos pensar nas Três Leis da Robótica de Isaac Asimov, publicadas em um conto de 1942 chamado "Runaround" [O Conflito Evitável, em tradução livre].[2] Trata-se de uma história sobre um computador humanoide, não sobre a IA. E, no entanto, foram essas leis que inspiraram nosso pensamento acerca da ética em todos esses anos. Conforme discutido no Capítulo Um, as regras de Asimov são: (1) os robôs não podem machucar um ser humano ou, por omissão, permitir que um ser humano sofra algum mal; (2) os robôs devem obedecer às ordens que lhes são dadas por seres humanos, exceto nos casos em que essas ordens entrem em conflito com a Primeira Lei; e (3) os robôs devem proteger sua própria existência desde que essa proteção não entre em conflito com a Primeira e/ou a Segunda Lei. Posteriormente, quando Asimov publicou uma coleção de contos em um livro chamado *Eu, Robô*, ele adicionou a Lei Zeroth para governar as três primeiras: (0) robôs não podem prejudicar a humanidade ou, por omissão, permitir que a humanidade sofra algum prejuízo. Asimov era um escritor talentoso e visionário — mas suas leis da robótica são muito gerais para servir como princípios orientadores para o futuro da IA.

Em contrapartida, GAIA deve engendrar um novo contrato social entre os cidadãos e os Nove Titãs (definidos geralmente como MÁFIA-G e BAT, bem como todos os seus parceiros, investidores e subsidiárias). O contrato deve ser baseado na confiança e na colaboração. Os membros GAIA devem concordar formalmente que a IA deve capacitar um número máximo de pessoas em todo o mundo. Os Nove Titãs devem colocar nossos direitos humanos em primeiro lugar e não devem nos ver como recursos a serem explorados para fins lucrativos ou políticos. A prosperidade econômica que a IA promete e os feitos dos Nove Titãs devem amplamente beneficiar todos.

Como consequência, nossos registros de dados pessoais devem ser interoperáveis e pertencer a nós — não a empresas, conglomerados ou nações. GAIA já pode começar a explorar como fazer isso hoje, porque os PDRs sobre os quais você leu nos cenários *já existem* atualmente, ainda que em formato primitivo. Eles são chamados de "informações pessoalmente identificáveis", ou PIIs. São nossas PIIs individuais que habitam os aplicativos em nossos smartphones, as redes de publicidade nos sites e as recomendações via nudging em nossas telas. As PIIs são alimentadas em sistemas usados para nos identificar e localizar. O modo como são usadas depende inteiramente dos caprichos das empresas e órgãos governamentais que as acessam.

Antes de um novo contrato social ser elaborado, GAIA deve decidir como nossos PDRs podem ser utilizados com o objetivo de treinar algoritmos de aprendizado de máquina, e deve definir o que representa os valores básicos em uma era de automação. A definição clara desses valores é imprescindível, pois eles são programados nos dados de treinamento, dados do mundo real, sistemas de aprendizado e aplicativos que compõem o ecossistema de IA.

A fim de catalogar nossos valores básicos, GAIA deve criar um Atlas de Valores Humanos, que determinaria nossos princípios únicos entre culturas e países. Tal atlas não seria e não deveria ser inalterável. Como nossos valores se transformam ao longo do tempo, o atlas precisaria ser atualizado pelas nações membros. Podemos analisar os precedentes no campo da biologia: o Atlas de Células Humanas é uma colaboração global entre a comunidade científica, incluindo milhares de especialistas em diversas outras áreas (genômica, IA, engenharia de software, visualização de dados, medicina, química e biologia).[3] O projeto está catalogando cada tipo de célula no corpo humano, mapeando os tipos de células de acordo com sua localização, rastreando suas trajetórias à medida que elas evoluem e identificando as características das células durante sua vida útil. Essa iniciativa — cara, complicada, demorada e ininterrupta — permitirá aos pesquisadores efetuar avanços arrojados, e isso só é possível por causa de uma intensa colaboração em todo o mundo. Deveríamos elaborar um atlas semelhante para os valores humanos, que englobaria acadêmicos, antropólogos culturais, sociólogos, psicólogos e também as pessoas comuns. A criação do Atlas de Valores Humanos seria uma empreitada árdua, cara e desafiadora — e possivelmente estaria repleta de contradições, visto que o valor de algumas culturas entraria em conflito com o de outras. No entanto, sem um sistema e um conjunto de padrões básicos em vigor, estamos pedindo às tribos dos Nove Titãs e da IA que façam algo que simplesmente não conseguem — levar em consideração todas as nossas perspectivas e todos os resultados possíveis em grupos díspares dentro da sociedade e em outros países do mundo.

GAIA deve considerar um sistema de direitos que equilibra as liberdades individuais com o bem maior e global. Seria melhor estabelecer uma estrutura que fosse sólida em ideais, contudo, que pudesse ser mais flexível na interpretação à medida que a IA amadurecesse. As organizações membros teriam que demonstrar que estão em conformidade ou deixariam de pertencer à GAIA. Qualquer sistema deveria abarcar os seguintes princípios:

1. A humanidade deve estar sempre no centro do desenvolvimento da IA;
2. os sistemas de IA devem ser confiáveis e seguros. Deveríamos conseguir analisar sua segurança e proteção de forma independente;

3. os Nove Titãs da IA — incluindo seus investidores, funcionários e governos com quem trabalham — devem priorizar a segurança acima da velocidade. Qualquer equipe que trabalhe em um sistema de IA — mesmo aquelas que não fazem parte da tribo dos Nove Titãs — não pode reduzir os custos em benefício da velocidade. A segurança precisa ser facilmente demonstrável e visível às pessoas de fora;

4. se um sistema de IA provocar danos, ele deve ser capaz de relatar o que deu errado e deve existir um processo de governança para analisar e mitigar os danos;

5. a IA deve ser explicável. Os sistemas devem apresentar algo semelhante a um rótulo nutricional, detalhando os dados de treinamento utilizados, os processos usados para o aprendizado, os dados do mundo real sendo empregados nas aplicações e os resultados esperados. Para sistemas confidenciais ou proprietários, terceiros confiáveis devem poder avaliar e verificar a transparência de uma IA;

6. todos os envolvidos no ecossistema da IA — funcionários, gerentes, líderes e membros do conselho dos Nove Titãs da IA; startups (empreendedores e aceleradores); investidores (capitalistas de risco, empresas de private equity, investidores institucionais e acionistas individuais); professores e alunos de pós-graduação; e qualquer outra pessoa trabalhando com a IA — devem admitir a tomada de decisões éticas constantemente. Eles devem estar preparados para explicar todas as decisões que tomaram durante o processo de desenvolvimento, teste e implementação;

7. o Atlas de Valores Humanos deve ser respeitado em todos os projetos de IA. Mesmo aplicações de inteligência artificial estreitas devem demonstrar que o atlas foi absorvido;

8. deve existir um código de conduta publicado e fácil de encontrar, que oriente todas as pessoas que trabalham com IA e seu design, criação e implementação. O código de conduta também deve ser a diretriz para os investidores;

9. todas as pessoas devem ter o direito de questionar os sistemas de IA. Qual é o verdadeiro objetivo de uma IA, quais dados ela usa, como chega às suas conclusões e quem analisa os resultados, tudo isso deve ser completamente transparente em um formato padronizado;

10. os termos de serviço para um aplicativo de IA — ou qualquer serviço que use IA — devem ser redigidos em linguagem bastante clara para que um aluno da terceira série possa compreendê-los. Assim como deve estar disponível em todos os idiomas logo que o aplicativo for lançado;

11. os PDRs devem ser aceitos e desenvolvidos usando um formato padronizado, devem ser interoperáveis e as pessoas devem ter direitos de propriedade e permissão assegurados. Caso os PDRs se tornem hereditários, as pessoas devem poder decidir as permissões e usos de seus dados;

12. os PDRs devem ser descentralizados o máximo possível, garantindo que nenhuma parte tenha o controle total. O grupo técnico que cria nossos PDRs deve englobar especialistas jurídicos, assim como não jurídicos: hackers *white hat* [bondosos], líderes de direitos civis, agentes governamentais, fiduciários independentes de dados, especialistas em ética e outros profissionais que trabalham fora dos Nove Titãs da IA;

13. na medida do possível, os PDRs devem ser protegidos contra sua capacidade de possibilitar regimes autoritários;

14. deve existir um sistema de responsabilidade pública e um método fácil para as pessoas terem respostas para perguntas sobre seus dados e como eles são extraídos, refinados e usados em todos os sistemas de IA; e

15. todos os dados devem ser tratados de maneira justa e igualitária, independentemente de nacionalidade, etnia, religião, orientação e identidade sexual, gênero, afiliações políticas ou outras crenças únicas.

Os membros GAIA devem se submeter voluntariamente a inspeções ocasionais por outros membros ou por uma agência dentro da GAIA com o intuito de garantir que o sistema esteja sendo integralmente respeitado. Todos os detalhes

— por exemplo, como exatamente se parece um sistema de prestação de contas públicas e como ele funciona no mundo real — seriam constantemente revisados e aprimorados, a fim de acompanhar o ritmo da evolução da IA. Esse processo certamente retardaria um pouco dos avanços, mas isso seria planejado.

As organizações e os países-membros devem colaborar e compartilhar suas descobertas, incluindo as vulnerabilidades e os riscos à segurança. Isso ajudaria os membros GAIA a assegurar uma vantagem sobre os maus atores que tentassem desenvolver recursos perigosos da IA, como sistemas de hackers autônomos. Embora seja improvável que os Nove Titãs da IA estejam dispostos a compartilhar segredos comerciais, temos um precedente: a Organização Mundial da Saúde coordena as reações globais à saúde em tempos de crise, enquanto um grupo chamado Centro Avançado de Segurança Cibernética mobiliza policiais, pesquisadores universitários e departamentos governamentais para enfrentar as ameaças cibernéticas. Isso também possibilitaria que os membros GAIA desenvolvessem uma série de IAs sentinelas que, a princípio, identificariam se um sistema de IA estaria se comportando conforme o planejado — não somente seu código, mas o uso de nossos dados e sua interação com os sistemas de hardware que ele alcança. As IAs sentinelas demonstrariam de maneira formal que os sistemas de IA estão funcionando como o pretendido, e, à medida que o ecossistema da IA amadurece em relação à AGI, quaisquer alterações realizadas de forma autônoma que possam mudar os objetivos existentes de um sistema serão relatadas antes que qualquer autoaperfeiçoamento possa ser efetuado. Por exemplo, uma IA sentinela — um sistema engendrado para monitorar e informar sobre outras IAs — poderia inspecionar as informações de uma rede geral de adversários, detalhada nos capítulos anteriores do cenário, e assegurar que está agindo conforme o planejado. Depois de fazer a transição da ANI para a AGI, os sistemas sentinelas continuarão relatando e inspecionando — mas não seriam programados para agir autonomamente.

Uma vez que o uso da AGI esteja próximo, os Nove Titãs da IA e todos aqueles que fazem parte do ecossistema da IA devem concordar em restringir a IA a testes de ambientes e simular os riscos antes de implementá-las no mundo real. O que estou propondo é bem diferente da prática atual de teste de produto, que busca, sobretudo, verificar se um sistema está executando suas funções conforme arquitetado. Como não podemos conhecer todas as maneiras possíveis pelas quais uma tecnologia consegue evoluir ou ser reaproveitada no mundo real antes de realmente implementá-la, precisamos executar simulações técnicas e mapeamento de riscos com o objetivo de analisar as implicações de liberdades econômicas, geopolíticas e pessoais. A IA deve ser restringida até que saibamos que os benefícios da pesquisa superam os possíveis resultados negativos, ou se existe uma forma de mitigar os riscos. Na prática, os Nove Titãs da IA prosseguem com suas pesquisas sem a ameaça constante dos apelos de investidores iminentes e apresentações de conferências.

Mudança Governamental: Reorientação dos Estados Unidos e da China

GAIA deve trabalhar em estreita colaboração com os governos de seus países membros. Todavia, esses governos nacionais devem reconhecer que não podem mais trabalhar na velocidade de uma grande burocracia. Eles devem se engajar na colaboração e no planejamento em longo prazo, e devem ser ágeis o bastante para agir mais rápido, com o intuito de enfrentar o futuro da IA.

Todos os níveis governamentais — líderes, gerentes, pessoas que trabalham com orçamentos, aqueles que elaboram as políticas — devem demonstrar um conhecimento prático da IA e, de preferência, devem ter conhecimento técnico. Nos Estados Unidos, isso significa que todos os três níveis do governo devem trabalhar rumo à experiência no domínio da IA. Em lugares tão diversos como o Departamento do Interior, a Administração de Seguridade Social, Habitação e Assuntos Urbanos, o Comitê de Relações Exteriores do Senado, Assuntos de Veteranos, entre outros, deve existir a inclusão e o envolvimento de especialistas em IA para ajudar a orientar a tomada de decisões.

Como faltam princípios organizadores padrão da inteligência artificial dentro do governo dos EUA, existem pelo menos algumas agências e escritórios trabalhando na IA em silos. Com o objetivo de impulsionar a inovação e o avanço em escala, precisamos fomentar os recursos internos para pesquisa, teste e implementação — e precisamos de harmonia entre os departamentos. No momento, a IA é terceirizada para contratados e consultorias governamentais.

Quando o trabalho é terceirizado, nossos líderes governamentais ficam desobrigados de arregaçar as mangas e se familiarizar com as complicações da IA. Eles simplesmente não conseguem desenvolver o conhecimento institucional necessário para tomar boas decisões. Eles simplesmente não falam a mesma língua, não conhecem a história nem seus protagonistas. Essa ausência de familiaridade cria lacunas irremissíveis de conhecimento, que observei em reuniões com os principais líderes de várias agências, para citar algumas, o Escritório de Políticas de Ciência e Tecnologia, Administração de Serviços Gerais, Departamento de Comércio, Escritório de Prestação de Contas do Governo, Departamento de Estado, Departamento de Defesa e Departamento de Segurança Nacional.

No início de 2018 — muito tempo após a BAT anunciar diversas conquistas em relação à IA e Xi Jinping ostentar publicamente os planos do PCC para a IA — o presidente Trump enviou ao Congresso um orçamento para 2019 que pedia um corte de 15% no financiamento de pesquisas em ciência e tecnologia.[4] O que restou foram meros US$13,7 bilhões, destinados a dar conta de muita coisa: guerra no espaço sideral, tecnologia hipersônica, guerra eletrônica, sistemas não tripulados *e também* inteligência artificial. Ao mesmo tempo, o Pentágono anunciou que investiria US$1,7 bilhão durante cinco anos para arquitetar um novo Centro Conjunto de Inteligência Artificial. São quantias incrivelmente baixas que comprovam uma falta assombrosa de conhecimento, do qual a IA precisa e exige. Em retrospecto, somente em 2017, a MÁFIA-G gastou US$63 bilhões em pesquisa e desenvolvimento — quase cinco vezes o orçamento total de pesquisa em ciência e tecnologia do governo dos EUA.[5] No entanto, demonstra uma questão ainda maior e mais espinhosa: se o nosso governo não conseguir ou não financiar as pesquisas básicas, a MÁFIA-G continua refém de Wall Street. Não existe incentivo para buscar o tipo de pesquisa que promove a IA em prol do interesse público ou qualquer outra pesquisa sobre segurança, proteção e transparência que não esteja relacionada a um centro de lucro.

Os Estados Unidos também não conseguem entender claramente seu papel no futuro da inteligência artificial, visto o atual posicionamento da China. Os norte-americanos costumam fazer anúncios sobre a IA *depois* de a China revelar sua próxima manobra. Pequim acha que eles só se importam com ovos de yoni, cervejas artesanais, Netflix e ócio. Os norte-americanos demonstraram que, como consumidores, são facilmente manipulados pela publicidade e marketing, e são rápidos em gastar dinheiro quando não têm. Demonstraram que, como eleitores, são suscetíveis a vídeos indecorosos e teorias de conspiração, e a notícias claramente inventadas — não conseguem pensar criticamente por si mesmos. Demonstraram repetidamente que o dinheiro é tudo o que importa, pois priorizaram o crescimento rápido e o lucro constante em detrimento do progresso em pesquisas básicas e aplicadas. São avaliações cruéis, porém difíceis de discutir. Para Pequim e para o mundo lá fora, ao que tudo indica, os norte-americanos estão preocupados em colocar a si mesmos e os EUA em primeiro lugar.

Nas últimas cinco décadas, a postura dos EUA em relação à China oscilou entre isolamento e engajamento, e foi assim que os líderes norte-americanos contextualizaram o debate sobre a IA. Deve-se cooperar com a BAT e com Pequim? Ou restringir a China por meio da aplicação de sanções, guerra cibernética e outros atos de agressão? A escolha entre o isolamento e engajamento pressupõe que os Estados Unidos ainda têm a mesma quantidade de poder e influência que tivera na década de 1960. Mas, em 2019, os EUA simplesmente não desfrutam de poder unilateral no cenário global. A MÁFIA-G é poderosa, mas a influência política do país diminuiu. A China, por intermédio da BAT e de suas agências governamentais, firmou muitos acordos, investiu muito dinheiro e estreitou muitos laços diplomáticos profundos em todo o mundo: na América Latina, África, Sudeste Asiático e, até mesmo, Hollywood e Vale do Silício.

É preciso aceitar uma terceira opção para a China: os Estados Unidos precisam aprender a competir. Todavia, para competir, é necessário recuar e analisar o panorama da IA como um todo, não apenas como uma tecnologia interessante ou como uma arma em potencial, mas como a terceira era da computação, na qual tudo estará conectado. Os EUA precisam de uma estratégia nacional coesa em relação à IA sustentada por um orçamento razoável. Precisam estreitar relações diplomáticas que possam durar mais que seus ciclos eleitorais de quatro anos. Precisam se posicionar com o objetivo de oferecer um acordo melhor do que a China a países de todo o mundo — países que, assim como os EUA, querem que seu povo tenha uma vida saudável e feliz.

Seja lá o que possa acontecer com Xi — os chineses podem se revoltar e tentar derrubar o PCC, ou ele pode, de repente, ser acometido por uma doença incurável —, muitos países do mundo atualmente dependem da China para tecnologia, manufatura e desenvolvimento econômico. E a China depende da IA para sua sobrevivência futura. A economia da China está crescendo acentuadamente, e milhões de chineses em breve farão parte das classes média e média alta. Não existem precedentes para esse tipo de mobilidade social e econômica em uma escala tão imensa. Pequim entende que a IA é o tecido conjuntivo entre as pessoas, dados e algoritmos, e que ela pode ajudar a incutir os valores do PCC nas massas, a fim de manter os chineses na linha. Pequim enxerga a IA como um meio para os recursos de que precisará no futuro, recursos que poderá obter por intermédio do comércio com outros países que precisam de capital e investimento.

À vista disso, o que possivelmente levaria a China a mudar seu percurso de desenvolvimento e planos para a IA? Existe um bom motivo para a China trabalhar rumo ao cenário otimista desde o início: os princípios básicos da economia. Caso a mobilidade ascendente na China esteja acontecendo a um ritmo vertiginoso para Pequim lidar com ela, o regime autoritário não é a única estratégia realista. A China está pronta para se tornar um líder global em muitos setores e campos diferentes — e não somente como fabricante e exportadora de mercadorias produzidas em outros lugares. Se Pequim concordasse com a transparência, a proteção de dados e a abordagem dos direitos humanos estariam em posição de coliderar GAIA como um parceiro igual aos EUA, o que significaria um percurso realista para tirar milhões de chineses da pobreza. Colaborar não significa abrir mão do PCC. A China poderia assegurar tanto o PCC como impulsionar a incrível mão de obra, o exército de pesquisadores e a influência geoeconômica na vanguarda da civilização humana.

Caso Pequim não reconheça um futuro alternativo — mas positivo — que se desvie de seus vários planos estratégicos, podemos colaborar com os líderes da BAT e da tribo de inteligência artificial da China com o objetivo de fazer escolhas melhores. Podemos pedir uma liderança corajosa por parte da BAT, que pode decidir que deseja um mundo melhor para o povo chinês e seus aliados e parceiros. Se a BAT ajudar a preservar o *status quo* na China, daqui a 20 anos seus cidadãos — e os cidadãos de todos os países que aceitaram os acordos — viverão com medo e sob vigilância constante, sem conseguir expressar sua individualidade. A BAT possibilitará o sofrimento humano. Os cristãos não poderão orar juntos sem medo de serem denunciados e punidos. Lésbicas, gays e transgêneros serão forçados a se esconder. As minorias étnicas continuarão sendo cercadas e enviadas para longe, e nunca mais serão vistas.

Neste momento, a IA requer liderança corajosa. O governo dos EUA precisa fazer escolhas difíceis. Se, em vez disso, o *status quo* nos EUA for preservado, sua eventual posição padrão daqui a 20 anos será casos antitruste, processos de patentes e o governo tentando, em vão, fechar acordos com empresas que se tornaram grandes e importantes demais para serem controladas. Devemos permitir que a MÁFIA-G trabalhe em um ritmo razoável. Por alguns trimestres, deveríamos nos sentir à vontade com o fato de a MÁFIA-G não realizar grandes lançamentos. Se eles não estão desenvolvendo patentes e pesquisas revisadas por pares em um ritmo vertiginoso, não deveríamos questionar se as empresas estão com problemas ou se, durante todo esse tempo, estamos inflando uma bolha de IA.

Nos Estados Unidos, o desenvolvimento de uma estratégia e a demonstração de liderança são fundamentais — porém isso ainda não é suficiente para garantir a capacidade institucional que será necessária no futuro. Deve-se, portanto, restabelecer o Departamento de Avaliação de Tecnologia, criado em 1972 com o intuito de proporcionar conhecimentos técnicos e científicos não partidários àqueles que elaboram as políticas — e que foi desmantelado pelo político de visão tacanha Newt Gingrich e pelo Congresso controlado pelos republicanos 20 anos depois. A função do OTA (Departamento de Avaliação de Tecnologia) era instruir os legisladores e funcionários em todos os três níveis governamentais sobre o futuro da ciência e da tecnologia, e eles o fizeram usando dados e evidências e sem politizar suas pesquisas.[6]

Levando em consideração o montante insignificante de dinheiro que foi economizado ao fechar o OTA, o Congresso, voluntária e intencionalmente, se nivelou por baixo. Os resquícios do trabalho do OTA ainda existem em outras áreas do governo. O Serviço de Pesquisa do Congresso emprega advogados e analistas especializados em conhecimentos legislativos. Das cinco áreas de pesquisa aprovadas, nenhuma delas abarca especificamente a IA. Ao contrário, a pesquisa se concentra em questões como produção mineral, exploração espacial, internet, segurança química, créditos agrícolas e justiça ambiental. O Gabinete de Avaliação de Redes é o *think thank* interno e secreto do Pentágono — e, em minha experiência, ele conta com as mentes mais brilhantes e criativas do DoD (Departamento de Defesa). Mas a ONA não tem o orçamento ou a mão de obra que deveria, e parte de seu trabalho é realizada por contratados.

O governo norte-americano precisa desenvolver capacidade interna e promover forças sólidas e robustas para a inovação. Se a revitalização do Departamento de Avaliação de Tecnologia for demasiadamente um alicerce que ilumina a política, poderá ser renomeado como Departamento Futurístico ou Departamento de Capacidades Estratégicas de Inteligência Artificial. Ele deve receber amplos recursos financeiros, ser livre de influência política e responsável pela pesquisa básica e aplicada, e instruir categoricamente os níveis executivo, legislativo e judiciário do governo dos EUA.

A criação de um novo departamento ajudará no melhor planejamento para o futuro, mas é preciso ter um grupo apartidário de pessoas inteligentes que possam mitigar os impactos repentinos da IA à medida que eles se concretizam. Para tal, deve ser potencializado o alcance do CDC (Centro de Controle e Prevenção de Doenças) e renomeá-lo para Centro de Controle e Prevenção de Doenças e Dados (ou CDDC). Nesta versão, o CDC é a agência de proteção à saúde dos EUA. Vimos a agência em ação durante as crises anteriores do ebola, quando o centro coordenava os pedidos de quarentena com outras agências de saúde e era a principal fonte de jornalistas que cobriam os surtos. Quando ocorreu um surto de ebola na República Democrática do Congo, em 2018, as agências de patrulha de fronteira não contrataram de imediato suas próprias equipes para tentar conter a propagação do vírus. Em vez disso, eles seguiram o protocolo padrão do CDC. Desse modo, o que acontece se, daqui a uma década, tivermos uma IA como autoaperfeiçoamento recursivo que comece a ocasionar problemas? E se espalharmos sem querer um vírus em nossos dados, infectando outros? O CDC é o líder global na elaboração e implementação de protocolos de segurança que instruem a população e podem mobilizar respostas a desastres. Em virtude da relação muito próxima da IA com a saúde e com nossos dados, faz todo o sentido promover o CDC.

Mas quem toparia trabalhar com a IA para o OTA ou para o CDDC quando os benefícios do Vale do Silício são infinitamente mais atraentes? Eu já almocei no Executive Dining Facility da Marinha, no Pentágono e nos campi da MÁFIA-G. A sala de refeições da Marinha está elegantemente decorada com insígnias nos pratos e um menu diário de opções de refeições — e, é claro, sempre há uma possibilidade de você acabar sentado ao lado de um Almirante de alta patente. Assim sendo, homens e mulheres recrutados não podem comer no Executive Dining Facility. As pessoas que trabalham no Pentágono têm diversas opções de praça de alimentação, incluindo o Subway, Panda Express e Dunkin Donuts.[7] Comi uma vez um sanduíche panini tostado no Café Center Court, que estava seco, mas comestível. A comida nos campi da MÁFIA-G nem de longe se compara: poke bowl de comida orgânica no Google em Nova York, e escalopes de peixe marinado ao molho de cogumelos maitake, acompanhado de arroz com tinta de lula no escritório do Google em Los Angeles. *De graça*. E a comida não é o único benefício dentro da MÁFIA-G. Logo após a inauguração das estufas esféricas da Amazon em Seattle, um amigo me convidou para um passeio pelo que é essencialmente uma estufa esférica enorme/espaço de trabalho. As estufas são simplesmente maravilhosas: ecossistemas autônomos, climatizados, fechados com vidro e compostos por 40 mil espécies de plantas de 30 países diferentes.[8] O ar é limpo e aromático, a temperatura é de cerca de 22°C, independentemente do clima do lado de fora, e há cadeiras, espreguiçadeiras e mesas confortáveis ao redor. Existe até uma imensa casa na árvore. Os funcionários da Amazon são livres para trabalhar nas estufas esféricas sempre que quiserem. Enquanto isso, no Facebook, o efetivo tem quatro meses de licença parental e os novos pais recebem US$4 mil em dinheiro para ajudá-los com os suprimentos.[9]

Meu ponto é o seguinte: é extremamente difícil persuadir um talentoso cientista da computação a trabalhar para o governo ou para as Forças Armadas, visto os benefícios que a MÁFIA-G oferece. Andamos ocupados financiando e construindo porta-aviões em vez de gastar dinheiro com pessoas talentosas. Em vez de aprendermos com a MÁFIA-G, ridicularizamos ou censuramos seus benefícios. O custo de oportunidade do dever cívico é muito alto nos Estados Unidos para atrair os melhores e mais inteligentes a fim de prestar serviços ao país.

Sabendo disso, devemos investir em um programa nacional de serviços para a IA. Algo parecido com um Programa de Treinamento de Reserva da IA, ou RAITC — semelhante ao ROTC (Programa Universitário para Treino de Oficiais), mas os graduados podem trabalhar para as Forças Armadas ou para o governo. Os estudantes entrariam no programa no ensino médio e receberiam aulas gratuitas em troca de trabalhar no serviço civil ou militar por alguns anos. Eles também teriam acesso a uma vida inteira de treinamentos de habilidades práticas e gratuitas, que seriam realizados ao longo do ano. A IA está mudando conforme progride. Incentivar os jovens a se comprometerem com uma vida inteira de treinamento não é somente bom para eles, mas também ajuda na transição de mão de obra para a Terceira Era da Computação. Beneficia também diretamente as empresas em que eles acabarão conseguindo emprego — pois seus conjuntos de habilidades estarão sempre atualizados.

Todavia, Washington não pode agir sozinha. O governo dos EUA deve considerar a MÁFIA-G e o setor tecnológico como parceiros estratégicos, e não como fornecedores de plataformas. No início do século XX, o relacionamento entre Washington e as grandes empresas de tecnologia era baseado em pesquisa e aprendizado compartilhados. Hoje em dia, esse relacionamento é comercial, na melhor das hipóteses, e muitas vezes é antagônico. Após dois terroristas matarem mais de uma dúzia de pessoas e ferirem quase duas dúzias em uma festa de fim de ano em San Bernardino, Califórnia, o FBI e a Apple entraram em uma discussão pública acalorada a respeito da criptografia. O FBI queria hackear o iPhone dos responsáveis por meio de um software de backdoor, mas a Apple não ajudava. Então, o FBI recorreu a uma ordem judicial exigindo que a Apple desenvolvesse um software especial, e a empresa o enfrentou não apenas no tribunal, mas também na mídia e no Twitter.[10] Era uma reação a algo que já tinha se concretizado. Agora imagine se a IA estivesse envolvida em uma onda de crimes ou começasse a se autoaperfeiçoar de modo que prejudicasse as pessoas. A última coisa que queremos é que a MÁFIA-G e o governo discutam repetidamente sob coação. O exposto acima, um relacionamento construído com respeito e confiança mútuos, faz dos Estados Unidos — e todos os seus cidadãos — vulneráveis.

Para finalizar, os regulamentos, que podem parecer a melhor solução, são de fato a escolha errada. Independentemente de serem elaborados de forma independente por legisladores ou influenciados por lobistas, uma iniciativa regulatória destruiria nosso futuro. Os políticos e as autoridades governamentais gostam de regulamentações, porque elas costumam ser planos executáveis e únicos, claramente definidos. Para que funcionem, elas precisam ser específicas. No momento, o progresso da IA está acontecendo semanalmente — o que significa que qualquer regulamentação substancial seria muito restritiva e exigente para possibilitar a inovação e o progresso. Estamos no meio de uma transição bem longa, da inteligência artificial estreita para inteligência artificial de uso geral e, muito provavelmente, máquinas superinteligentes. Quaisquer regulamentos criados em 2019 estariam obsoletos quando entrassem em vigor. Eles podem amenizar nossas apreensões por um curto período de tempo, mas, em última análise, provocariam maiores danos no futuro.

Mudando os Nove Titãs da IA: Transformando os Negócios da IA

A criação da aliança GAIA e as mudanças sistêmicas em nossos governos são importantes para preparar o caminho do desenvolvimento da IA, porém a MÁFIA-G e a BAT também devem concordar em realizar algumas mudanças.

A liderança dos Nove Titãs da IA promete que está desenvolvendo e promovendo a IA para o bem da humanidade. Acredito que essa seja mesmo a intenção, mas cumprir essa promessa é extremamente difícil. Para começar, como devemos definir "o bem"? O que o bem significa exatamente? Isso remete aos problemas nas tribos da IA. Não podemos todos entrar em um acordo de como "fazer o bem" porque essa afirmação ampla é ambígua demais para orientar as tribos da IA.

Por exemplo, as tribos da IA, inspiradas pelo filósofo moral ocidental Immanuel Kant, aprendem a pré-programar um sistema de direitos e deveres em determinados sistemas da IA. *Matar um ser humano é ruim; salvaguardar um ser humano é bom.* A inflexibilidade dessa afirmação é como se a IA estivesse em um carro e suas únicas opções fossem colidir com uma árvore e ferir o motorista ou colidir com uma multidão de pessoas e matar todo mundo. Interpretações inflexíveis não solucionam circunstâncias mais complexas do mundo real, onde as escolhas seriam mais diversas: colidir com uma árvore e matar o motorista; colidir com uma multidão e matar oito pessoas; invadir uma calçada e matar apenas um garoto de três anos. Como podemos definir qual é a melhor versão do "bem" nesses exemplos?

Mais uma vez, sistemas podem ser úteis aos Nove Titãs da IA. Eles não exigem um domínio dos filósofos, mas requerem uma abordagem mais lenta e consciente. Os Nove Titãs devem tomar medidas concretas sobre de onde vêm, treinam e usam nossos dados, como contrata funcionários e como determina o comportamento ético no local de trabalho.

A cada etapa do processo, os Nove Titãs devem analisar suas ações e identificar se estão ou não causando danos futuros — e, em seguida, devem conseguir analisar se suas escolhas estão corretas. Tudo isso começa com padrões claros de preconceito e transparência.

Neste exato momento, não existem parâmetros específicos ou um conjunto de padrões a fim de se avaliar o preconceito — e não existem objetivos a serem conquistados visando o preconceito que atualmente permeia toda a IA. Não existe mecanismo com foco em priorizar a segurança em detrimento da velocidade, e dadas as minhas próprias experiências na China e o grande número de desastres de segurança em algumas regiões chinesas, o que me deixou profundamente preocupada. Pontes e edifícios desmoronam com frequência, estradas e calçadas cedem, e existem muitos casos de contaminação de alimentos, só para exemplificar. (Não estou exagerando. Houve mais de 500 mil casos de intoxicação alimentar envolvendo de tudo, desde leite especial para bebês até arroz, nos últimos anos.)[11] Uma das principais causas desses problemas? Locais de trabalho chineses que incentivam a redução de gastos. É absolutamente perturbador imaginar sistemas avançados de IA construídos por equipes que visam a redução de gastos.

Na ausência de padrões globais de segurança obrigatórios, a BAT não tem proteção contra as diretrizes de Pequim, por mais que sejam míopes, enquanto a MÁFIA-G deve responder a demandas de mercado imprudentes. Não existe também um padrão de transparência. Nos Estados Unidos, a MÁFIA-G, junto com a União Norte-americana pelas Liberdades Civis, a New America Foundation e o Berkman Klein Center em Harvard, faz parte da Partnership on AI, que tem o objetivo de promover a transparência na pesquisa em IA. A parceria publicou um excelente conjunto de recomendações a fim de ajudar a orientar a pesquisa de IA em uma direção positiva, mas esses princípios não são obrigatórios de forma alguma — tampouco são respeitados em todas as unidades de negócios da MÁFIA-G. Eles também não são respeitados pela BAT.

Os Nove Titãs da IA estão usando um corpora (conjuntos de dados de treinamento) distorcido e repleto de preconceitos. Todo mundo sabe disso. O desafio é que melhorar os modelos de dados e aprendizado é uma responsabilidade financeira gigantesca. Por exemplo, um corpus com problemas graves é o ImageNet, ao qual já me referi neste livro. O ImageNet tem 14 milhões de imagens classificadas e aproximadamente metade desses dados se originam exclusivamente dos Estados Unidos.

Aqui nos EUA, a imagem "tradicional" de uma noiva é uma mulher usando um vestido branco e um véu, embora, na realidade, essa imagem não chegue nem perto de representar a maioria das pessoas nos dias de seus casamentos. Algumas mulheres se casam com terninhos, outras se casam na praia usando vestidos coloridos de verão e outras ainda se casam vestindo quimonos e saris. Na verdade, meu vestido de noiva foi bege claro. No entanto, o ImageNet não reconhece a diversidade das noivas, apenas aquelas que usam um vestido branco e um véu.

Sabemos também que os conjuntos de dados no que se refere à medicina são problemáticos. Os sistemas que estão sendo treinados com o objetivo de reconhecer o câncer têm sido alimentados predominantemente por fotos e exames de pessoas brancas. E, no futuro, isso pode resultar no diagnóstico errôneo de pessoas negras ou pardas. Se os Nove Titãs da IA sabem que existem problemas nos corpora e não estão fazendo absolutamente nada a respeito, eles estão conduzindo a IA para um caminho injusto.

Um dos caminhos a se seguir é acionar a IA e avaliar todos os dados de treinamento atualmente em uso. Isso já foi feito inúmeras vezes — embora não com a finalidade de limpar os dados de treinamento. Como um projeto paralelo, o India Research Lab da IBM analisou as informações selecionadas para o Prêmio Man Booker de literatura entre 1969 e 2017. A análise revelou "a disseminação do preconceito e do estereótipo de gênero nos livros em relação a diferentes características, como ocupação, apresentações e ações associadas aos personagens do livro". Personagens masculinos eram mais propensos a ter empregos de nível superior como diretores, acadêmicos e médicos, ao passo que personagens femininos eram mais propensos a serem descritos como "professoras" ou "prostitutas".[12] Se foi possível empregar o processamento de linguagem natural, algoritmos gráficos e outras técnicas básicas de aprendizado de máquina para detectar preconceitos em prêmios literários, eles também podem ser utilizados para identificar o preconceito em conjuntos de dados de treinamento populares. Uma vez que os problemas são descobertos, eles devem ser divulgados e corrigidos. Isso teria uma dupla finalidade. Os dados de treinamento podem sofrer entropia, o que poderia comprometer um sistema inteiro. Com o devido cuidado, pode-se manter os dados de treinamento íntegros.

Uma das soluções seria os Nove Titãs da IA — ou a MÁFIA-G, pelo menos — compartilharem os custos do desenvolvimento de novos conjuntos de treinamento. Essa é a pergunta que não quer calar, já que a criação de novos corpora exige tempo, dinheiro e capital humano consideráveis. Até que tenhamos auditado com sucesso nossos sistemas e corpus de IA e solucionado os problemas existentes neles, os Nove Titãs devem insistir em classificadores humanos para rotular o conteúdo e fazer com que todo o processo seja transparente. Assim, antes que esses corpora sejam usados, os dados devem ser verificados. Será um processo árduo e tedioso, mas que beneficiaria todas as áreas envolvidas.

Sim, os Nove Titãs da IA precisam de nossos dados. Contudo, eles devem merecer — em vez de assumir que têm — nossa confiança. Em vez de alterar os termos dos contratos de serviço empregando uma linguagem enigmática e ininteligível, ou nos convidar para jogar alguma coisa, eles devem explicar e divulgar o que estão fazendo. Quando os Nove Titãs empreendem pesquisas — por conta própria ou em parceria com universidades e outras pessoas que sejam parte do ecossistema de IA —, eles devem se comprometer com a divulgação de dados e explicar nos mínimos detalhes suas motivações e resultados esperados. Caso agissem dessa forma, poderíamos participar e apoiar de bom grado suas iniciativas. Eu seria a primeira da fila.

Naturalmente que a divulgação de dados é uma questão complicada na China, mas é do melhor interesse dos cidadãos. A BAT não deve concordar em criar produtos com o objetivo de controlar e refrear as liberdades dos cidadãos da China e de seus parceiros. Os executivos da BAT devem demonstrar liderança corajosa. Eles devem estar dispostos e ser capazes de discordar de Pequim: negar os pedidos de vigilância, proteger os dados dos cidadãos chineses e garantir que, pelo menos no mundo digital, todos estejam sendo tratados de maneira justa e igualitária.

Os Nove Titãs da IA devem seguir um planejamento de pesquisa moderado. O objetivo é simples e direto: desenvolver tecnologia que faz a humanidade progredir sem nos colocar em risco. Um meio de se alcançar isso é por intermédio do chamado "progresso tecnológico diferencial", frequentemente debatido entre as tribos da IA. Ele priorizaria a redução de risco do progresso da IA em detrimento do aumento de risco. É uma boa ideia, mas difícil de implementar. Por exemplo, as redes adversárias generativas, mencionadas nos cenários, podem representar um perigo imenso se caírem nas mãos de hackers e forem utilizadas por eles. Porém elas também representam um caminho para grandes avanços na pesquisa. Em vez de presumir que ninguém remodelará a IA para o mal — ou supor que possamos simplesmente lidar com os problemas à medida que eles surgirem —, os Nove Titãs da IA devem desenvolver um processo com o intuito de avaliar se as novas pesquisas básicas ou aplicadas produzirão uma IA cujos benefícios superem em muito quaisquer riscos.

Para tal, qualquer investimento financeiro aceito ou realizado pelos Nove Titãs deve incluir financiamento para uso benéfico e mapeamento de riscos. Por exemplo, se o Google buscar uma pesquisa generativa de rede adversária, deverá gastar uma quantidade razoável de tempo, recursos da equipe e dinheiro investigando, mapeando e testando as consequências negativas. Uma exigência como essa também serviria para reduzir as expectativas de lucros rápidos. A desaceleração intencional do ciclo de desenvolvimento da IA não é uma recomendação comum, mas é fundamental. É mais seguro pensar e planejar de antemão os riscos do que simplesmente reagir depois que algo sair errado.

Nos Estados Unidos, a MÁFIA-G pode se comprometer a reformular seus próprios processos de contratação, que atualmente priorizam as habilidades de um candidato em potencial e se eles se encaixam na cultura da empresa. O que esse processo ignora involuntariamente é o conhecimento pessoal ético de alguém. Hilary Mason, uma cientista de dados bastante respeitada e fundadora do Fast Forward Labs, apresenta um processo simples para a triagem ética durante as entrevistas. Ela recomenda fazer perguntas pontuais e ouvir atentamente as respostas de um candidato, como: "Você está trabalhando em um modelo para acesso do consumidor a um serviço financeiro. A competição é uma característica significativa do seu modelo, mas não é possível recorrer a ela. O que você faz?" e "Você recebe uma solicitação para usar os dados de tráfego de rede com o objetivo de oferecer empréstimos a pequenas empresas. Acontece que os dados disponíveis não informam detalhadamente o risco do empréstimo. O que você faz?".[13] Dependendo das respostas, os candidatos devem ser contratados ou não em tempo integral ou solicitados a concluir o treinamento de preconceito inconsciente antes de começarem a trabalhar ou serem desqualificados.

Os Nove Titãs da IA podem promover uma cultura que assegure a ética na IA contratando estudiosos, especialistas em ética treinados e analistas de risco. Idealmente, essas contratações seriam uma constante em toda a organização: nas equipes de hardware, software e produto do consumidor; nas equipes de vendas e serviços; coliderança de programas técnicos; construção de redes e cadeias de suprimentos; nos grupos de design e estratégia; nas equipes de RH e jurídica; e nas equipes de marketing e comunicação.

Os Nove Titãs da IA devem desenvolver um processo para avaliar as implicações éticas da pesquisa, fluxos de trabalho, projetos, parcerias e produtos, e esse processo deve estar entrelaçado à maioria das funções de trabalho nas empresas. Como um sinal de confiança, os Nove Titãs devem divulgar esse processo para que todos possamos entender melhor como as decisões são tomadas com relação aos nossos dados.

De forma colaborativa ou individual, os Nove Titãs devem elaborar um código de conduta especificamente para seus funcionários de IA. Devem refletir a respeito dos direitos humanos fundamentais descritos pela aliança GAIA, mas também devem ponderar sobre a cultura única da empresa e sobre os valores corporativos. E, na hipótese de alguém violar esse código, um canal de denúncia claro e seguro deve estar disponível aos membros da equipe.

Em termos realistas, todas essas medidas impactarão temporária e negativamente o faturamento de curto prazo dos Nove Titãs. Os investidores precisam dar um espaço para os Nove Titãs respirarem. Nos Estados Unidos, possibilitar à MÁFIA-G o espaço que ela precisa para evoluir pagará dividendos no futuro.

Mudando as Tribos da IA: Transformando a Conduta

Devemos abordar um programa de conduta para a IA, que é característico das universidades onde as tribos da IA se formam. De todas as soluções propostas, essa é a mais fácil de implementar.

As universidades devem incentivar e acomodar a formação híbrida. Anteriormente, citei as universidades influentes propensas a se associar mais à MÁFIA-G ou à BAT, alguns acadêmicos que são verdadeiras celebridades cujas reputações são importantes na hora de se candidatar a um emprego. Hoje, os conteúdos programáticos são maciços e desafiadores, e há pouco espaço para a diversidade nas principais disciplinas. De fato, a maioria dos principais programas acadêmicos desencoraja os cursos que se enquadram no conteúdo programático de ciência da computação. Esta é uma questão discutida. As universidades devem promover a dupla titulação em ciência da computação e ciência política, filosofia, antropologia, relações internacionais, economia, artes criativas, teologia e sociologia. Elas devem facilitar para os estudantes o acesso a seus interesses externos.

Em vez de fazer da ética uma exigência única do curso, ela deve ser incorporada à maioria das disciplinas. Quando a ética é uma disciplina isolada e obrigatória, é provável que os alunos a considerem como uma disciplina optativa e não como um alicerce essencial da formação em IA. As faculdades devem incentivar até mesmo os professores titulares a debater sobre filosofia, preconceito, risco e ética em seus cursos, enquanto as agências de credenciamento devem incentivar e recompensar as faculdades que possam demonstrar um conteúdo programático que coloque a ética no cerne do ensino de ciência da computação.

As universidades devem redobrar seus esforços com o objetivo de serem mais inclusivas no recrutamento de graduação, pós-graduação e corpo docente. Isso significa avaliar e reformular o próprio processo de recrutamento. O objetivo não deve ser somente aumentar o número de mulheres e negros em alguns pontos percentuais, e sim mudar radicalmente as várias afiliações e identidades das tribos da IA, que incluem etnia, gênero, religião, política e identidade sexual.

As universidades devem se responsabilizar. Eles podem — e devem — fazer um trabalho melhor para diversificar as tribos da IA.

Você Também Precisa Mudar

Agora você sabe o que é IA, o que não é e por que ela é importante. Você conhece os Nove Titãs da IA, e suas histórias e desejos para o futuro. Entende que a IA não é uma coisa efêmera, uma tendência da tecnologia ou um dispositivo interessante com o qual se fala na cozinha. A IA faz parte da sua vida e você faz parte de seu percurso de desenvolvimento.

Você é membro das tribos da IA. Não há mais desculpas. A partir de hoje, é seu dever aprender como seus dados estão sendo minerados e refinados pelos Nove Titãs. É possível fazer isso pesquisando as configurações de todas as ferramentas e serviços que utiliza: seu e-mail e mídia social, os serviços de localização no seu celular, as configurações de permissões em todos os seus dispositivos conectados. Na próxima vez que vir um aplicativo interessante que compara algo sobre você (seu rosto, seu corpo ou seus gestos) com um grande conjunto de dados, pare para investigar se está ajudando a treinar um sistema de aprendizado de máquina. Quando se permitir ser reconhecido, pergunte onde suas informações estão sendo armazenadas e com que finalidade. Leia os termos dos contratos de serviço. Caso alguma coisa pareça errada, controle-se e não use o sistema. Ajude outras pessoas da sua família e seus amigos a aprender mais sobre o que é a IA, como o ecossistema usa seus dados e como já somos parte de um futuro que os Nove Titãs da IA estão construindo.

Em seu local de trabalho, você deve se perguntar algo complicado, mas prático: como seus próprios preconceitos afetam as pessoas ao seu redor? Você involuntariamente apoiou ou promoveu somente aqueles que lhe são semelhantes e refletem suas mundividências? Está excluindo involuntariamente determinados grupos? Pense naqueles que tomam decisões — sobre parcerias, aquisições, pessoas e dados: eles refletem o mundo como ele é ou o mundo que somente eles entendem?

Também é necessário investigar como e por que os sistemas autônomos estão sendo usados onde você trabalha. Antes de julgar, pense crítica e racionalmente: quais seriam os impactos futuros, bons e ruins? Depois, faça o possível para mitigar os riscos e otimizar as melhores práticas. Na hora de votar, leve em conta aqueles que não têm pressa em regulamentar as coisas, mas que adotariam uma abordagem mais sofisticada sobre a IA e o planejamento em longo prazo. Suas autoridades eleitas não devem politizar a tecnologia ou censurar a ciência. Contudo, é falta de responsabilidade simplesmente ignorar o Vale do Silício até que uma história negativa apareça na imprensa. Você deve responsabilizar as autoridades eleitas — e os políticos designados — por suas ações e omissões no que diz respeito à IA.

É necessário ser um consumidor mais inteligente em relação à mídia. Na próxima vez que ler, assistir ou ouvir uma história sobre o futuro da IA, lembre-se de que a narrativa que lhe é apresentada costuma ser bastante limitada. O futuro da IA não se refere apenas ao desemprego generalizado e às armas automáticas que destruirão a humanidade. Embora não possamos saber exatamente o que o futuro nos reserva, os possíveis percursos da IA estão às claras. Agora, você tem uma compreensão melhor de como os Nove Titãs estão conduzindo o caminho de desenvolvimento da IA, de como os investidores e financiadores estão influenciando a velocidade e a segurança dos sistemas de IA, o papel crítico que os governos dos EUA e da China desempenham, como as universidades incutem habilidades e sentimentos, e como as pessoas comuns são uma parte intrínseca do sistema.

Já é hora de abrir os olhos e focar a pedra no topo da montanha, porque ela está ganhando impulso. Ela está em movimento desde que Ada Lovelace imaginou um computador que poderia compor partituras musicais elaboradas por conta própria. Moveu-se também quando Alan Turing perguntou: "As máquinas podem pensar?", e quando John McCarthy e Marvin Minsky reuniram todos aqueles homens para o seminário de Dartmouth. Assim como a pedra já estava se movendo quando Watson ganhou o *Jeopardy!* e quando, não há muito tempo, o Deep-Mind venceu os campeões mundiais do Go. A pedra continua se movimentando enquanto você lê as páginas deste livro.

Todo mundo quer ser o herói de sua própria história.

Esta é a sua chance.

Pegue um pedregulho.

Comece a subir a montanha.

BIBLIOGRAFIA

ABADI, M.; CHU, A.; GOODFELLOW, I.; MCMAHAN, H; MIRONOV, I.; TALWAR, K.; ZHANG, E. L. "Deep Learning with Differential Privacy". In: *Proceedings of the 2016 ACM SIGSAC Conference on Computer and Communications Security (CCS 2016)*, 308–318. Nova York: ACM Press, 2016. Resumo, revisado pela última vez em 24 de outubro de 2016. https://arxiv.org/abs/1607.00133.

ABLON, L.; BOGART, A. *Zero Days, Thousands of Nights: The life and times of zero-day vulnerabilities and their exploits*. Santa Mônica, CA: RAND Corporation, 2017. https://www.rand.org/pubs/research_reports/RR1751.html.

ADAMS, S. S. et al. "Mapping the Landscape of Human-Level Artificial Gen- eral Intelligence". *AI Magazine* 33, n°1 (2012).

AGAR, N. "Ray Kurzweil e Uploading: Just Say No!" *Journal of Evolution and Technology* 22 n°1 (novembro de 2011): 23–26. https://jetpress.org/v22/agar.htm.

ALLEN, C.; SMIT, I.; WALLACH, W. "Artificial Morality: Top-down, bottom-up, and hybrid approaches". *Ethics and Information Technology* 7, n°3 (2005).

ALLEN, C.; VARNER, G.; ZINSER, J. "Prolegomena to Any Future Artificial Moral Agent". *Journal of Experimental and Theoretical Artificial Intelligence* 12, n°3 (2000).

ALLEN, C.; WALLACH, W.; SMIT, I. "Why Machine Ethics?" *IEEE Intelligent Systems* 21, n°4 (2006).

AMDAHL, G. M. "Validity of the Single Processor Approach to Achieving Large Scale Computing Capabilities." In *Proceedings of the AFIPS Spring Joint Computer Conference*. Nova York: ACM Press, 1967.

ANDERSON, M.;. ANDERSON, S. L; ARMEN, C. eds. *Machine Ethics Technical Report FS-05-06*. Menlo Park, CA: AAAI Press, 2005.

ANDERSON, M.;. ANDERSON, S. L; ARMEN, C. "An Approach to Computing Ethics". *IEEE Intelligent Systems* 21, n°4 (2006).

———. "MedE-thEx". In *Caring Machines Technical Report FS-05-02*, editado por T. Bickmore. Menlo Park, CA: AAAI Press, 2005.

———. "Towards Machine Ethics". In *Machine Ethics Technical Report FS-05-06*. Menlo Park, CA: AAAI Press, 2005.

ANDERSON, S. L. "The Unacceptability of Asimov's Three Laws of Robotics as a Basis for Machine Ethics". In *Machine Ethics*. Cambridge: Cambridge University Press, 2011.

ASIMOV, I. "Runaround". *Astounding Science Fiction* (Março de 1942): 94–103. ARMSTRONG, S.; SANDBERG, A.; BOSTROM, N. "Thinking Inside the Box". *Minds and Machines* 22, n°4 (2012).

AXELROD, R. "The Evolution of Strategies in the Iterated Prisoner's Dilemma". In: *Genetic Algorithms and Simulated Annealing*, editado por L. Davis. Los Altos, CA: Morgan Kaufmann, 1987.

BAARS, B. J. "The Conscious Access Hypothesis". *Trends in Cognitive Sciences* 6, n°1 (2002).

BABCOCK, J. et al. "Guidelines for Artificial Intelligence Containment". https:// arxiv.org/pdf/1707.08476.pdf.

BAIER, C.; KATOEN, J. *Principles of Model Checking*. Cambridge: MITPress, 2008.

BASS, D. "AI Scientists Gather to Plot Doomsday Scenarios (and Solutions)". *Bloomberg*, 2 de março de 2017. https://www.bloomberg.com/news/articles/2017-03-02/aiscientists-gather-to-plot-doomsday-scenarios-and-solutions.

BAUM, S. D.; GOERTZEL, B.; GOERTZEL, T. G. "How Long Until Human-Level AI? Results from an Expert Assessment". *Technological Forecasting and Social Change* 78 (2011).

BERG, P.; BALTIMORE, D.; BOYER, H. W.; COHEN, S. N.; DAVIS, R. W.; HOGNESS, D. S.; NATHANS, D.; ROBLIN, R.; WATSON, J. D.; WEISSMAN, S.; ZINDER, N. D. "Potential Biohazards of Recombinant DNA Molecules". *Science* 185, n°4148 (1974): 303.

BOSTROM, N. "Ethical Issues in Advanced Artificial Intelligence". In: *Cognitive, Emotive and Ethical Aspects of Decision Making in Humans and in Artificial Intelligence*, Vol. 2, editado por I. Smit e G. E. Lasker. Windsor, ON: International Institute for Advanced Studies in Systems Research and Cybernetics, 2003.

———. "Existential Risks: Analyzing human extinction scenarios and related hazards". *Journal of Evolution and Technology* 9 (2002). http:// www.jetpress.org/volume9/risks.html.

———. "The Future of Human Evolution". In: *Two Hundred Years After Kant, Fifty Years After Turing*, editado por C. Tandy, 339–371. Vol. 2 of *Death and Anti-Death*. Palo Alto, CA: Ria University Press, 2004.

———. "How Long Before Superintelligence?" *International Journal of Futures Studies*, Issue 2 (1998).

———. *Superintelligence: Paths, dangers, strategies*. Oxford University Press, 2014.

———. "The Superintelligent Will". *Minds and Machines* 22, n°2 (2012).

———. "Technological Revolutions". In: *Nanoscale*, editado por N. Cameron e M. E. Mitchell. Hoboken, NJ: Wiley, 2007.

BOSTROM, N.; ĆIRKOVIĆ, M. M. EDS. *Global Catastrophic Risks*. Nova York: Oxford University Press, 2008.

BOSTROM, N.; YUDKOWSKY, E. "The Ethics of Artificial Intelligence". In: *Cambridge Handbook of Artificial Intelligence*, editado por K. Frankish e W. Ramsey. Nova York: Cambridge University Press, 2014. BROOKS, R. A. "I, Rodney Brooks, Am a Robot". *IEEE Spectrum* 45, n°6 (2008). BRUNDAGE, M. et al. "The Malicious Use of Artificial Intelligence: Forecasting, prevention, and mitigation". https://arxiv.org/abs/1802.07228.

BRYNJOLFSSON, E.; MCAFEE, A. *The Second Machine Age*. Nova York: Norton, 2014.

BRYSON, J.; DIAMANTIS, M.; GRANT, T. "Of, For, and By the People: The legal lacuna of synthetic persons". *Artificial Intelligence and Law* 25, n° 3 (setembro de 2017): 273–291.

BUENO DE MESQUITA, B.; SMITH, A. *The Dictator's Handbook: Why bad behavior is almost always good politics*. Nova York: PublicAffairs, 2012.

CASSIMATIS N.; MUELLER, E. T.; WINSTON, P. H. "Achieving Human-Level Intelligence Through Integrated Systems and Research". *AI Magazine* 27, n°.2 (2006): 12–14. http://www.aaai.org/ojs/index.php/aimagazine/article/view/1876/1774.

CHALMERS, D. J. *The Conscious Mind: In search of a fundamental theory*. Phi- losophy of Mind Series. Nova York: Oxford University Press, 1996.

CHESSEN, M. *The MADCOM Future*. Washington, D.C.: Atlantic Council, 2017. http://www.atlanticcouncil.org/publications/reports/the-madcom-future.

China's State Council reports, disponível no site do Conselho de Estado da República Popular da China, em: www.gov.cn:

- Made in China 2025 (julho, 2015)
- State Council of a Next Generation Artificial Intelligence Development Plan (julho, 2017)
- Trial Working Rules on External Transfers of Intellectual Property Rights (março, 2018)
- Three-Year Action Plan on Blue Sky Days (junho, 2018)
- Three-Year Action Plan on Transportation Improvement (junho, 2018)
- State Council Approves Rongchang as National High-Tech Development Zone (março, 2018)
- State Council Approves Huainan as National High-Tech Development Zone (março, 2018)
- State Council Approves Maoming as National High-Tech Development Zone (março, 2018)
- State Council Approves Zhanjiang as National High-Tech Development Zone (março, 2018)
- State Council Approves Chuxiong as National High-Tech Development Zone (março, 2018)
- Three-Year Action Plan for Promoting Development of a New Generation Artificial Intelligence Industry 2018–2020 (dezembro, 2017)
- Action Plan on the Belt Road Initiative (março, 2015)

Centre for New American Security. "Artificial Intelligence and Global Security Summit". https://www.cnas.org/events/artificial-intelligence-and-global-security-summit.

CORE, M. G., et al. "Building Explainable Artificial Intelligence Systems". *AAAI* (2006): 1766–1773.

CRAWFORD, K.; CALO, R. "There Is a Blind Spot in AI Research". *Nature*, 13 de outubro de 2016. https://www.nature.com/news/there-is-a-blind-spot-in-ai-research-1.20805.

DAI, P., et al. "Artificial Intelligence for Artificial Artificial Intelligence". *AAAI Conference on Artificial Intelligence 2011.*

DENNETT, D. C. "Cognitive Wheels". In: *The Robot's Dilemma,* editado por Z. W. Pylyshyn. Norwood, NJ: Ablex, 1987.

DOMINGOS, P. *The Master Algorithm: How the quest for the ultimate learning machine will remake our world.* Nova York: Basic Books, 2015.

DVORSKY, G. "Hackers Have Already Started to Weaponize Artificial Intelligence". *Gizmodo,* 2017. https://www.gizmodo.com.au/2017/09/hackers-have-already-started-toweaponize-artificial-intelligence/.

DYSON, G. *Darwin Among the Machines: The evolution of global intelligence.* Nova York: Basic Books, 1997.

EDEN, A.; SØRAKER, J.; MOOR, J. H.; STEINHART, E. eds. *Singularity Hypotheses: A scientific and philosophical assessment.* The Frontiers Collection. Berlim: Springer, 2012.

EVANS, R.; GAO, J. "DeepMind AI Reduces Google Data Centre Cooling Bill by 40%". DeepMind (blog), 20 de julho de 2016. https://deepmind.com/blog/deepmind-ai-reducesgoogle-data-centre-cooling-bill-40/.

FALLOWS, J. *China Airborne.* Nova York: Pantheon, 2012.

FELTEN, E.; LYONS, T. "The Administration's Report on the Future of Artificial Intelligence". Blog, 12 de outubro de 2016. https://obamawhitehouse.archives.gov/blog/2016/10/12/administrations-report-future-artificial-intelligence.

FLOYD, D. Spence National Defense Authorization Act for Fiscal Year 2001, Pub. L. No. 106-398, 114 Stat. 1654 (2001). http://www.gpo.gov/fdsys/pkg/PLAW-106publ398/html/PLAW-106publ398.htm.

FRENCH, H. *Midnight in Peking: How the murder of a young englishwoman haunted the last days of old China*. Rev. ed. Nova York: Penguin Books, 2012.

Future of Life Institute. "Asilomar AI Principles". Textos e assinaturas online em: https://futureoflife.org/ai-principles/.

GADDIS, J. L. *The Cold War: A new history*. Nova York: Penguin Press, 2006.

———. *On Grand Strategy*. Nova York: Penguin Press, 2018.

GILDER, G. F.; KURZWEIL, R. *Are We Spiritual Machines? Ray Kurzweil vs. the Critics of Strong AI*. Editado por Jay Wesley Richards. Seattle: Discovery Institute Press, 2001.

GOERTZEL, B.; PENNACHIN, C. eds. *Artificial General Intelligence*. Cognitive Technologies Series. Berlim: Springer, 2007. doi:10.1007/978-3-540-68677-4. GOLD, E. M. "Language Identification in the Limit". *Information and Control* 10, n°5 (1967): 447-474.

GOOD, I. J. "Ethical Machines". *Intelligent Systems*. In vol. 10 of *Machine Intel- ligence*, editado por J. E. Hayes, D. Michie e Y-H. Pao. Chichester, UK: Ellis Horwood, 1982.

———. "Speculations Concerning the First Ultraintelligent Machine". In: *Advances in Computers*, vol. 6. Editado por F. L. Alt e M. Rubinoff. Nova York: Academic Press, 1965.

———. "Some Future Social Repercussions of Computers". *International Journal of Environmental Studies* 1, n°1 (1970).

GREENBERG, A. "The Jeep Hackers Are Back to Prove Car Hacking Can Get Much Worse". *Wired*, 1 de agosto de 2016. https://www.wired.com/2016/08/jeep-hackers-return-high-speed-steering-acceleration-hacks/.

HARARI, Y. N. *Homo Deus: A brief history of tomorrow*. Nova York: Harper, 2017. HILARY, G. "The Professionalisation of Cyber Criminals". *INSEAD Knowledge* (blog), 11 de abril de 2016. https://knowledge.insead.edu/blog/insead-blog/the-professionalisation-of-cyber-criminals-4626.

HASTIE, T.; TIBSHIRANI, R.; FRIEDMAN, J. *The Elements of Statistical Learning: Data mining, inference, and prediction*. Springer Series in Statistics. Nova York: Springer, 2001.

HOFSTADTER, D. R. *Gödel, Escher, Bach: An eternal golden braid*. Nova York: Basic Books, 1999.

HOWARD, P. K. *The Death of Common Sense: How law is suffocating America*. Nova York: Random House, 1994.

HUA, Y. *China in Ten Words*. Traduzido por A. H. Barr. Nova York: Pantheon Books, 2011.

HUANG, W. *The Little Red Guard: A family memoir*. Nova York: Riverhead Books, 2012.

IEEE Spectrum. "Tech Luminaries Address Singularity". http://spectrum.ieee.org/computing/hardware/tech-luminaries-address-singularity.

IEEE Standards Association. "The IEEE Global Initiative on Ethics of Autonomous and Intelligent Systems". https://standards.ieee.org/develop/indconn/ec/autonomous_systems.html.

JO, Y. et al. "Quantitative Phase Imaging and Artificial Intelligence: A review". *Computing Research Repository* (2018). doi:abs/1806.03982.

JOY, B. "Why the Future Doesn't Need Us". *Wired*, 1 de abril de 2000. http://www.wired.com/wired/archive/8.04/joy.html.

KELLY, K. *The Inevitable: Understanding the 12 technological forces that will shape our future*. Nova York: Viking, 2016.

KIRKPATRICK, K. "Battling Algorithmic Bias". *Communications of the ACM* 59, n°10 (2016): 16–17. https://cacm.acm.org/magazines/2016/10/207759-battling-algorithmic-bias/abstract.

KNIGHT, W. "AI Fight Club Could Help Save Us from a Future of Super-Smart Cyberattacks". *MIT Technology Review*, 20 de junho de 2017. https://www.technologyreview.com/s/608288/ai-fight-club-could-help-save-us-from-afuture-of-supersmart-cyberattacks/.

———. "Response to Stephen Hawking". *Kurzweil Network*, 5 de setembro de 2001. http://www.kurzweilai.net/response-to-stephen-hawking.

———. *The Singularity Is Near*. Nova York: Viking, 2005.

LIBICKI, R. *Cyberspace in Peace and War*. Annapolis: Naval Institute Press, 2016. Lin, J. Y. *Demystifying the Chinese Economy*. Cambridge, UK: Cambridge University Press, 2011.

MARCUS, M. P. et al. "Building a Large Annotated Corpus of English: The penn treebank". *Computational Linguistics* 19, n°2 (1993): 313–330.

MASSARO, T. M.; NORTON, H. "Siri-ously? Free Speech Rights and Artificial Intelligence". *Northwestern University Law Review* 110, n°5 (2016): 1169–1194, Arizona Legal Studies Discussion Paper No. 15-29.

MINSKY, M.; SINGH, P.; SLOMAN, A. "The St. Thomas Common Sense Symposium: Designing architectures for human-level intelligence". *AI Magazine* 25, n°2 (2004).

MINSKY, M. *The Emotion Machine: Commonsense thinking, artificial intelligence, and the future of the human mind*. Nova York: Simon & Schuster, 2007.

———. *The Society of Mind*. Nova York: Simon & Schuster, 1985.

NEEMA, S. "Assured Autonomy". Defense Advanced Research Projects Agency. https://www.darpa.mil/program/assured-autonomy.

OSNOS, E. *Age of Ambition: Chasing fortune, truth, and faith in the new China*. Nova York: Farrar, Straus e Giroux, 2015.

PETZOLD, C. *The Annotated Turing: A guided tour through Alan Turing's historic paper on computability and the Turing machine*. Indianápolis, IN: Wiley Publishing, 2008.

PYLYSHYN, Z. W. ed. *The Robot's Dilemma: The frame problem in artificial intelligence*. Norwood, NJ: Ablex, 1987.

RIEDL, M. O. "The Lovelace 2.0 Test of Artificial Creativity and Intelligence". https://arxiv.org/pdf/1410.6142.pdf.

SCHNEIER, B. "The Internet of Things Is Wildly Insecure—and Often Unpatchable". *Wired*, 6 de janeiro de 2014. https://www.wired.com/2014/01/theres-no-good-way-to-patch-the-Internet-of-things-and-thats-a-huge-problem/. Shannon, C., e W. Weaver. *The Mathematical Theory of Communication*. Urbana: University of Illinois Press, 1963.

SINGER, P. *Wired for War: The robotics revolution and conflict in the 21st century*. Londres: Penguin Press, 2009.

Stanford University. "One Hundred Year Study on Artificial Intelligence (AI100)". https://ai100.stanford.edu/.

TOFFLER, A. *The Futurists*. Nova York: Random House, 1972.

TURING, A. M. "Intelligent Machinery, a Heretical Theory". Ensaio póstumo em *Philosophia Mathematica* 4, n°3 (1 de setembro de 1996): 256–260.

TVERSKY, A.; KAHNEMAN, D. "The Framing of Decisions and the Psychology of Choice". *Science* 211, n°4481 (1981).

VINGE, V. "The Coming Technological Singularity: How to survive in the post-human era". In: *Vision-21: Interdisciplinary science and engineering in the era of cyberspace*, NASA Conference Publication 10129 (1993): 11–22. http://ntrs.nasa.gov/archive/nasa/casi.ntrs.nasa.gov/19940022855_1994022855.pdf.

WALLACH, W.; ALLEN, C. *Moral Machines: Teaching robots right from wrong*. Nova York: Oxford University Press, 2009. doi:10.1093/acprof:oso/9780195374049.001.0001.

WEIZENBAUM, J. *Computer Power and Human Reason: From judgment to calculation*. São Francisco: W. H. Freeman, 1976.

WIENER, N. *The Human Use of Human Beings: Cybernetics and society*. Nova York: Da Capo Press, 1950.

YIWU, L. *The Corpse Walker: Real life stories, China from the bottom up*. Traduzido por W. Huang. Nova York: Anchor Books, 2009.

YUDKOWSKY, E. "AI as a Precise Art". Artigo apresentado no AGI Workshop 2006, Bethesda, MD, 20 de maio de 2006.

NOTAS

INTRODUÇÃO: ANTES QUE SEJA TARDE

1. Paul Mozur, "Beijing Wants AI to Be Made in China by 2030", *New York Times,* 20 de junho de 2017, https://www.nytimes.com/2017/07/20/business/china-artificial-intelligence.html.

2. Tom Simonite, "Ex-Google Executive Opens a School for AI, with China's Help", *Wired*, 5 de abril de 2018, https://www.wired.com/story/ex-google-executive-opens-a-school-for-ai-with-chinas-help/.

3. "Xinhua Headlines: Xi outlines blueprint to develop China's strength in cyberspace", *Xinhua*, abril de 2018. http://www.xinhuanet.com/english/2018-04/21/c_137127374_2.htm.

4. Stephanie Nebehay, "U.N. says it has credible reports that China holds million Uighurs in secret camps", *Reuters*, 10 de agosto de 2018. https://www.reuters.com/article/us-china-rights-un/u-n-says-it-has-credible-reports-that-china-holds-million-uighurs-in-secret-camps-idUSKBN1KV1SU.

5. Simina Mistreanu, "Life Inside China's Social Credit Laboratory", *Foreign Policy*, 3 de abril de 2018. https://foreignpolicy.com/2018/04/03/life-inside-chinas-social-credit-laboratory/.

6. Ibid.

7. "China Shames Jaywalkers through Facial Recognition", *Phys.org*, 20 de junho de 2017, https://phys.org/news/2017-06-china-shames-jaywalkers-facial-recognition.html.

CAPÍTULO UM: MENTE E MÁQUINA: UMA BREVE HISTÓRIA DA IA

1. "The Seikilos Epitaph: The oldest song in the world", *Wired*, 29 de outubro de 2009: https://www.wired.com/2009/10/the-seikilos-epitaph.

2. "Population Clock: World", censo do governo de 2018: https://www.census.gov/popclock/world.

3. Elizabeth King, "Clockwork Prayer: A sixteenth-century mechanical monk", *Blackbird* 1, n°1 (primavera de 2002): https://blackbird.vcu.edu/v1n1/nonfiction/king_e/prayer_introduction.htm.

4. Thomas Hobbes, *De Corpore Politico, or The Elements of Law Moral and Politick*.

5. René Descartes, *Meditations on First Philosophy*, Second Meditation §25, 1641, University of Connecticut: http://selfpace.uconn.edu/class/percep/DescartesMeditations.pdf.

6. René Descartes, *Treatise of Man*, traduzido por T. S. Hall (Cambridge, MA: Harvard University Press, 1972).

7. Gottfried Wilhelm Leibniz, *The Monadology*, traduzido por Robert Latta (1898): https://www.plato-philosophy.org/wp-content/uploads/2016/07/The-Monadology-1714-by-Gottfried-Wilhelm-LEIBNIZ-1646-1716.pdf.

8. Acredita-se que o primeiro uso conhecido da palavra "computador" esteja em um livro chamado *The Yong Mans Gleanings*, escrito por Richard Braithwaite, em 1613. Naquela época, os computadores eram pessoas que realizavam cálculos.
9. "Blaise Pascal", *Biography.com*: https://www.biography.com/people/blaise-pascal-9434176.
10. Leibniz escreveu em *De progressione dyadica*: "Este cálculo [binário] pode ser implementado por uma máquina... composta de orifícios, para que possam abrir e fechar. Eles devem ser abertos nos locais que correspondem a 1 e permanecer fechados nos locais que correspondem a 0. Por meio das portas abertas, pequenos cubos ou bolinhas de gude devem cair nos trilhos por meio de outros zeros. Ele [o array das portas] deve ser deslocado de coluna para coluna, conforme necessário."
11. Leibniz escreveu: "Pensei novamente no meu plano inicial de uma linguagem nova ou sistema de escrita razão, que poderia servir como uma ferramenta de comunicação para todas as nações diferentes. Se tivéssemos uma ferramenta universal, poderíamos discutir os problemas da metafísica ou das questões de ética da mesma forma que os problemas e questões de matemática ou geometria. Meu objetivo era: qualquer mal-entendido não deveria ser mais do que um erro de cálculo facilmente corrigido pelas leis gramaticais dessa nova linguagem. Assim, no caso de uma discussão controversa, dois filósofos poderiam se sentar e apenas calcular, como dois matemáticos; eles poderiam dizer: 'Vamos verificar isso.'"
12. "Apes to Androids: Is man a machine as la mettrie suggests?": http://www.charliemccarron.com/man_a_machine/.
13. Luigi Manabrea, *Sketch of the Analytical Engine Invented by Charles Babbage* (Londres: Richard e John E. Taylor, 1843).

14. Desmond MacHale, *The Life and Work of George Boole: A prelude to the digital age*, Nova ed. (Cork University Press, 2014).

15. O matemático Martin Davis fornece uma explicação melhor em *The Universal Computer: The road from Leibniz to Turing*: "Turing sabia que um algoritmo é geralmente especificado por uma lista de regras que uma pessoa pode seguir mecânica e precisamente, como uma receita em um livro culinário. Ele conseguiu demonstrar que essa pessoa poderia ser limitada a algumas ações básicas extremamente simples, sem alterar o resultado final do cálculo. Depois, provando que nenhuma máquina executando apenas essas ações básicas pode determinar se uma dada conclusão proposta segue ou não certas premissas... ele chegou à conclusão de que não existe algoritmo para o problema de Entscheidung."

16. Alan Turing, "Computing Machinery and Intelligence", *Mind* 59, n°236 (1950): 433–60.

17. "A Proposal for the Dartmouth Summer Research Project on Artificial Intelligence", Stanford Computer Science Department's Formal Reasoning Group, site de John McCarthy, links e histórico para artigos interessantes, modificado pela última vez em 3 de abril de 1996: http://www-formal.stanford.edu/jmc/history/dartmouth/dartmouth.html.

18. Na proposta, McCarthy, Minsky, Rochester e Shannon convidaram a seguinte lista de pessoas para o seminário de Dartmouth com o intuito de pesquisar inteligência artificial. Reproduzi a lista original tal como foi publicada em 1955, que inclui nomes e endereços de empresas. Nem todos puderam comparecer.

    Adelson, Marvin
    Hughes Aircraft Company
    Airport Station, Los Angeles, CA

Ashby, W. R.
Barnwood House
Gloucester, Inglaterra

Backus, John
IBM Corporation
590 Madison Avenue
Nova York, NY

Bernstein, Alex
IBM Corporation
590 Madison Avenue
Nova York, NY

Bigelow, J. H.
Institute for Advanced Studies
Princeton, NJ

Elias, Peter
R. L. E., MIT
Cambridge, MA

Duda, W. L.
IBM Research Laboratory
Poughkeepsie, NY

Davies, Paul M.
1317 C. 18th Street
Los Angeles, CA

Fano, R. M.
R. L. E., MIT
Cambridge, MA

Farley, B. G.
324 Park Avenue
Arlington, MA

Galanter, E. H.
University of Pennsylvania
Filadélfia, PA

Gelernter, Herbert
IBM Research
Poughkeepsie, NY

Glashow, Harvey A.
1102 Olivia Street
Ann Arbor, MI

Goertzal, Herbert
330 West 11th Street
Nova York, NY

Hagelbarger, D.
Bell Telephone Laboratories
Murray Hill, NJ

Miller, George A.
Memorial Hall
Harvard University
Cambridge, MA

Harmon, Leon D.
Bell Telephone Laboratories
Murray Hill, NJ

Holland, John H.
E. R. I.

University of Michigan
Ann Arbor, MI

Holt, Anatol
7358 Rural Lane
Filadélfia, PA

Kautz, William H.
Stanford Research Institute
Menlo Park, CA

Luce, R. D.
427 West 117th Street
Nova York, NY

MacKay,
Donald Department of Physics
University of London
Londres, WC2, Inglaterra

McCarthy, John
Dartmouth College
Hanover, NH

McCulloch, Warren S.
R.L.E., MIT
Cambridge, MA

Melzak, Z. A.
Mathematics Department
University of Michigan
Ann Arbor, MI

Minsky, M. L.
112 Newbury Street
Boston, MA

More, Trenchard
Department of Electrical Engineering

MIT
Cambridge, MA

Nash, John
Institute for Advanced Studies
Princeton, NJ

Newell, Allen
Department of Industrial Administration
Carnegie Institute of Technology
Pittsburgh, PA

Robinson, Abraham
Department of Mathematics
University of Toronto
Toronto, Ontário, Canadá

Rochester, Nathaniel
Engineering Research Laboratory
IBM Corporation
Poughkeepsie, NY

Rogers, Hartley, Jr.
Department of Mathematics
MIT
Cambridge, MA

Rosenblith, Walter
R.L.E., MIT
Cambridge, MA

Rothstein, Jerome
21 East Bergen Place
Red Bank, NJ

Sayre, David
IBM Corporation
590 Madison Avenue
Nova York, NY

Schorr-Kon, J. J.
C-380 Lincoln Laboratory, MIT
Lexington, MA

Shapley, L.
Rand Corporation
1700 Main Street
Santa Mônica, CA

Schutzenberger, M. P.
R.L.E., MIT
Cambridge, MA

Selfridge, O. G.
Lincoln Laboratory, MIT
Lexington, MA

Shannon, C. E.
R.L.E., MIT
Cambridge, MA

Shapiro, Norman
Rand Corporation
1700 Main Street
Santa Mônica, CA

Simon, Herbert A.
Department of Industrial Administration
Carnegie Institute of Technology
Pittsburgh, PA

Solomonoff, Raymond J.
Technical Research Group
17 Union Square West
Nova York, NY

Steele, J. E., Capt. USAF
Area B., Box 8698
Wright-Patterson AFB
Ohio

Webster, Frederick
62 Coolidge Avenue
Cambridge, MA

Moore, E. F.
Bell Telephone Laboratory
Murray Hill, NJ

Kemeny, John G.
Dartmouth College
Hanover, NH

19. Compilei uma breve lista de mulheres talentosas e pessoas negras que teriam agregado um enorme valor ao seminário de Dartmouth, mas que foram negligenciados. Esta lista não é de forma alguma abrangente. Ela poderia ter dezenas e centenas de páginas. É a representação das pessoas inteligentes, geniais e criativas que foram deixadas de fora do processo.

James Andrews, matemático e professor da Universidade Estadual da Flórida, especializado em Teoria de Grupos e Teoria dos Nós.

Jean Bartik, matemático e um dos primeiros programadores do computador ENIAC.

Albert Turner Bharucha-Reid, matemático e teórico que fez contribuições substanciais para as Cadeias de Markov, Teoria das Probabilidades e Estatísticas.

David Blackwell, estatístico e matemático que fez contribuições significativas para a Teoria dos Jogos, Teoria da Informação, Teoria da Probabilidade e Estatística Bayesiana.

Mamie Phipps Clark, doutoranda e psicóloga social cuja pesquisa se concentrou na autoconsciência.

Thelma Estrin, pioneira na aplicação de sistemas computacionais em pesquisas neurofisiológicas e cerebrais. Ela era pesquisadora do Electroencephalography Department of the Neurological Institute of Columbia Presbyterian na época do Projeto de Pesquisa de Verão de Dartmouth.

Evelyn Boyd Granville, doutoranda em matemática que desenvolveu os programas de computador usados para análise de trajetória nas primeiras missões tripuladas pelos EUA ao espaço e à Lua.

Betty Holberton, matemática e uma das primeiras programadoras do computador ENIAC. Ela inventou pontos de interrupção na depuração do computador.

Grace Hopper, cientista da computação e eventual criadora do COBOL, uma linguagem de programação antiga ainda em uso atualmente.

Mary Jackson, engenheira e matemática, que mais tarde se tornou a primeira mulher negra da NASA.

Kathleen McNulty, matemática e um das primeiras programadoras do computador ENIAC.

Marlyn Meltzer, matemática e um das primeiras programadoras do computador ENIAC, que foi o primeiro computador programável totalmente eletrônico.

Rózsa Péter, matemática e criadora da Teoria da Função Recursiva.

Frances Spence, matemática e uma das primeiras programadoras do computador ENIAC.

Ruth Teitelbaum, matemática e uma das primeiras programadoras do computador ENIAC. Ela, junto com a colega programadora Marlyn Meltzer, calculou as equações de trajetória balística.

Dorothy Vaughan, matemática e cientista da computação, que em 1949 foi supervisora interina da West Area Computers.

Jesse Ernest Wilkins Jr., cientista nuclear, engenheiro mecânico e matemático que se tornou o aluno mais jovem da Universidade de Chicago aos 13 anos.

20. "The Dartmouth Workshop — as Planned and as It Happened", Stanford Computer Science Department's Formal Reasoning Group, site de John McCarthy, aula "AI: Past and Future", modificado pela última vez em 30 de outubro de 2006: http://www-formal.stanford.edu/jmc/slides/dartmouth/dartmouth/node1.html.

21. "The Dartmouth AI Archives", RaySolomonoff.com: http://raysolomonoff.com/dartmouth/.

22. Irving John Good, "Speculations Concerning the First Ultraintelligent Machine", *Advances in Computers,* volume 6 (1966): 31–88: https://www.sciencedirect.com/science/article/pii/S0065245808604180?via%3Dihub.

23. Joseph Weizenbaum, "ELIZA — A Computer Program for the Study of Natural Language Communication Between Man and Machine", *Communications of the ACM* 9, n°1 (janeiro de 1966): 36–45: http://web.stanford.edu/class/cs124/p36-weizenabaum.pdf.

24. O script completo está no GitHub: https://github.com/codeanticode/eliza.

25. Ronald Kotulak, "New Machine Will Type Out What It 'Hears'", *Chicago Tribune*, 18 de junho de 1963, acessado via arquivos do *Chicago Tribune* (paywall).

26. Herbert A. Simon e Allen Newell, "Heuristic Problem Solving: The next advance in operations research", *Operations Research* 6 (1958): 1–10.

27. O próprio McCarthy queria trabalhar com o grupo em suas ideias para representar o conhecimento e o raciocínio do senso comum, mas, depois que o grupo se reuniu, ele percebeu que a matriz de participantes estava perdendo alguns pensadores-chave. (No caso dele, esperava por matemáticos.)

28. Brad Darrach, "Meet Shaky, the First Electronic Person", *Life Magazine*, 20 de novembro de 1970, volume 69, 58B–58C.

29. National Research Council, *Language and Machines: Computers in translation and linguistics* (Washington, D.C.: The National Academies Press, 1966): https://www.nap.edu/read/9547/chapter/1.

30. James Lighthill, "Artificial Intelligence: A general survey", Chilton Computing, julho de 1972: http://www.chilton-computing.org.uk/inf/literature/reports/lighthill_report/p001.htm.

31. "Mind as Society with Marvin Minsky, PhD", transcrito de "Thinking Allowed, Conversations on the Leading Edge of Knowledge and Discovery, with Dr. Jeffrey Mishlove", The Intuition Network, 1998: http://www.intuition.org/txt/minsky.htm.

32. Ibid.

33. O Inverno da IA abarca novas previsões — dessa vez na forma de avisos — para o futuro. Em seu livro *Computer Power and Human Reason,* Weizenbaum argumentou que, embora a inteligência artificial possa ser possível, nunca devemos permitir que os computadores tomem decisões importantes, porque sempre haverá a ausência das características humanas, como compaixão e sabedoria. Weizenbaum faz a diferença crucial entre decidir e escolher. Decidir é uma atividade computacional, algo que pode ser programado. A escolha, no entanto, é o produto do julgamento, não do cálculo. É a habilidade de fazer escolhas que nos torna humanos. Na Universidade da Califórnia, Berkeley, o filósofo John Searle, em seu artigo "Minds, Brains, and Programs", contestou a plausibilidade da generalidade, ou o que ele chamou de "IA forte". Searle disse que um programa não pode facultar ao computador uma "mente", "entendimento" ou "consciência", independentemente do comportamento humano do programa.

34. Jonathan Schaeffer, Robert Lake, Paul Lu e Martin Bryant, "CHINOOK: The world man-machine checkers champion", *AI Magazine* 17, n°1 (primavera de 1966): 21–29, https://www.aaai.org/ojs/index.php/aimagazine/article/viewFile/1208/1109.pdf.

35. Ari Goldfarb e Daniel Trefler, "AI and International Trade", *The National Bureau of Economic Research,* janeiro de 2018: http://www.nber.org/papers/w24254.pdf.

36. Toby Manning, "AlphaGo", *British Go Journal* 174 (inverno de 2015–2016): 15: https://www.britgo.org/files/2016/deepmind/BGJ174-AlphaGo.pdf.

37. Sam Byford, "AlphaGo Retires from Competitive Go after Defeating World Number One 3-0", *Verge,* 27 de maio de 2017: https://www.theverge.com/2017/5/27/15704088/alphago-ke-jie-game-3-result-retires-future.

38. David Silver et al., "Mastering the Game of Go Without Human Knowledge", *Nature* 550 (19 de outubro de 2017): 354–359, https://deepmind.com/documents/119/agz_unformatted_nature.pdf.

39. Ibid.

40. Ibid.

41. Essa declaração foi feita pelo programador principal de Zero, David Silver, em uma entrevista coletiva.

42. Byford, "AlphaGo Retires From Competitive Go".

43. Jordan Novet, "Google Is Finding Ways to Make Money from Alphabet's DeepMind AI Technology", *CNBC*, 31 de março de 2018: https://www.cnbc.com/2018/03/31/how-google-makes-money-from-alphabets-deepmind-ai-research-group.html.

44. Roydon Cerejo, "Google Duplex: Understanding the core technology behind assistant's phone calls", *Gadgets 360*, 10 de maio de 2018: https://gadgets.ndtv.com/apps/features/google-duplex-google-io-ai-google-assistant-1850326.

45. Quoc Le e Barret Zoph, "Using Machine Learning to Explore Neural Network Architecture", Google AI (blog), 17 de maio de 2017: https://ai.googleblog.com/2017/05/using-machine-learning-to-explore.html.

46. O Esquema de Winograd, proposto pelo cientista de computação canadense Hector Levesque em 2011, apresenta uma alternativa ao teste de Turing com o intuito de calcular as capacidades de uma IA e foi nomeado em homenagem ao cientista de computação de Stanford, Terry Winograd. O foco em derrotar humanos em competição direta resultou na negligência de outras maneiras de avaliar e fazer progresso com a IA. O Esquema Winograd foi concebido como um teste mais multidimensional, porque passar no teste requer mais do que um amplo conjunto de dados. Ernest Davis, Leora Morgenstern e Charles Ortiz, três cientistas da computação da NYU, propuseram

o Winograd Schema Challenge, realizado uma vez por ano. Eles oferecem um excelente exemplo no site do corpo docente (último acesso em 5 de setembro de 2018: https://cs.nyu.edu/faculty/davise/papers/WinogradSchemas/WS.html):

Os vereadores da cidade recusaram uma permissão aos manifestantes porque eles [temiam/defendiam] a violência. Se a palavra é "temiam", logo a palavra "eles" se refere aos vereadores; se for "defendiam", então "eles" provavelmente se refere aos manifestantes.

Em seu artigo, Levesque disse que os Esquemas de Winograd devem satisfazer às seguintes restrições:

- O leitor humano consegue entender a ambiguidade facilmente (de preferência, tão facilmente que o leitor nem percebe que há uma ambiguidade).
- Não solucionável por técnicas simples, como restrições de seleção.
- À prova de Google; ou seja, não há nenhum teste estatístico óbvio sobre os corpora de texto que eliminará corretamente a ambiguidade com segurança.

CAPÍTULO DOIS: O MUNDO ISOLADO DAS TRIBOS DE IA

1. Mike Isaac e Sheera Frenkel, "Facebook Security Breach Exposes Accounts of 50 Million Users", *New York Times*, 20 de setembro de 2018: https://www.nytimes.com/2018/09/28/technology/facebook-hack-data-breach.html.

2. Casey Newton, "Facebook Portal's Claims to Protect User Privacy Are Falling Apart", *The Verge*, 17 de outubro de 2018: https://www.theverge.com/2018/10/17/17986992/facebook-portal-privacy-claims-ad-targeting.

3. "AMA: We are the google brain team. We'd love to answer your questions about machine learning", *Reddit*, 4 de agosto de 2016: https://www.reddit.com/r/MachineLearning/comments/4w6tsv/ama_we_are_the_google_brain_team_wed_love_to/.

4. Ibid.

5. "Diversity", Google: https://diversity.google/.

6. Nitasha Tiku, "Google's Diversity Stats Are Still Very Dismal", *Wired*, 14 de agosto de 2018: https://www.wired.com/story/googles-employee-diversity-numbers-havent-really-improved/.

7. Daisuke Wakabayashi e Katie Benner, "How Google Protected Andy Rubin, the 'Father of Android'", *New York Times*, 25 de outubro de 2018: https://www.nytimes.com/2018/10/25/technology/google-sexual-harassment-andy-rubin.html.

8. David Broockman, Greg F. Ferenstein e Neil Malhotra. "The Political Behavior of Wealthy Americans: Evidence from technology entrepreneurs", Stanford University Graduate School of Business, Working Paper No. 3581, 9 de dezembro de 2017: https:// www.gsb.stanford.edu/faculty-research/working-papers/political-behavior-wealthy-americans-evidence-technology.

9. "ICYMI: RNC chairwoman and Brad Parscale demand answers from Facebook and Twitter", Republican National Committee, 24 de maio de 2018: https://www.gop.com/icymi-rnc-chairwoman-brad-parscale-demand-answers-from-facebook-twitter.

10. Kate Conger e Sheera Frenkel, "Dozens at Facebook Unite to Challenge Its 'Intolerant' Liberal Culture", *New York Times*, 28 de agosto de 2018: https://www.nytimes.com/2018/08/28/technology/inside-facebook-employees-political-bias.html.

11. Veronica Rocha, "Crime-Fighting Robot Hits, Rolls over Child at Silicon Valley Mall", *Los Angeles Times*, 14 de julho de 2016: http://www.latimes.com/local/lanow/la-me-ln-crimefighting-robot-hurts-child-bay-area-20160713-snap-story.html.

12. Julian Benson, "*Elite*'s AI Created Super Weapons and Started Hunting Players. Skynet Is Here", *Kotaku*, 3 de junho de 2016: http://www.kotaku.co.uk/2016/06/03/elites-ai-created-super-weapons-and-started-hunting-players-skynet-is-here.

13. Joseph P. Boon, "Bob Hope Predicts Greater US", *Bucks County Courier Times*, 20 de agosto de 1974: https://newspaperarchive.com/bucks-county-courier-times-aug-20-1974-p-9/.

14. James McPherson, "The New Comic Style of Richard Pryor", *New York Times*, 27 de abril de 1975. Esta é uma ótima história sobre Pryor antes dele ficar famoso.

15. Ashlee Vance, "How We Got Here", *Bloomberg Businessweek*, 21 de maio de 2018: https://www.scribd.com/article/379513106/How-We-Got-Here.

16. "Computer Science", *Stanford Bulletin 2018–19*, Stanford University: https://exploredegrees.stanford.edu/schoolofengineering/computerscience/#bachelortext.

17. "Vector Representations of Words", TensorFlow.org: https://www.tensorflow.org/tutorials/representation/word2vec.

18. Tolga Bolukbasi et al., "Man is to Computer Programmer as Woman is to Homemaker? Debiasing Word Embeddings", *Advances in Neural Information Processing Systems* 29 (2016): 4349–4357: https://arxiv.org/abs/1607.06520.

19. Natalie Saltiel, "The Ethics and Governance of Artificial Intelligence", MIT Media Lab, 16 de novembro de 2017: https://www.media.mit.edu/courses/the-ethics-and-governance-of-artificial-intelligence/. Você pode assistir as aulas neste link.

20. Você pode assistir às aulas em: https://www.media.mit.edu/courses/the-ethics-and-governance-of-artificial-intelligence/.

21. Catherine Ashcraft, Brad McLain e Elizabeth Eger, *Women in Tech: The facts* (Boulder, CO: National Center for Women & Information Technology, 2016): https://www.ncwit.org/sites/default/files/resources/womenintech_facts_fullreport_05132016.pdf.

22. "Degrees in computer and information sciences conferred by degree granting institutions, by level of degree and sex of student: 1970–71 through 2010–11", Tabela 349 in *Digest of Education Statistics, 2012* (Washington, D.C.: National Center for Education Statistics, 2013): https://nces.ed.gov/programs/digest/d12/tables/dt12_349.asp.

23. "Doctor's degrees conferred by post secondary institutions, by race/ethnicity and field of study: 2013–14 and 2014–15", Tabela 324.25 in *Digest of Education Statistics, 2016* (Washington, D.C.: National Center for Education Statistics, 2018): https://nces.ed.gov/programs/digest/d16/tables/dt16_324.25.asp?current=yes.

24. Christopher Mims, "What the Google Controversy Misses: The business case for diversity", *Wall Street Journal*, 13 de agosto de 2017: https://www.wsj.com/articles/what-the-google-controversy-misses-the-business-case-for-diversity-1502625603.

25. Jessi Hempel, "Melinda Gates and Fei-Fei Li Want to Liberate AI from 'Guys With Hoodies'", *Wired*, 4 de maio de 2017: https://www.wired.com/2017/05/melinda-gates-and-fei-fei-li-want-to-liberate-ai-from-guys-with-hoodies/.

26. Meng Jing, "China Looks to School Kids to Win the Global AI Race", *South China Morning Post, International Edition*, 3 de maio de 2018: https://www.scmp.com/tech/china-tech/article/2144396/china-looks-school-kids-win-global-ai-race.

27. "China Launches First University Program to Train Intl AI Talents", *Zhongguancun Science Park*, 4 de abril de 2018: http://www.chinadaily.com.cn/m/beijing/zhongguancun/2018-04/04/content_35979394.htm.

28. David Barboza, "The Rise of Baidu (That's Chinese for Google)", *New York Times*, 17 de setembro de 2006: https://www.nytimes.com/2006/09/17/business/yourmoney/17baidu.html.

29. "Rise of China's Big Tech in AI: What Baidu, Alibaba, and Tencent are working on", CBInsights.com, 26 de abril de 2018: https://www.cbinsights.com/research/china-baidu-alibaba-tencent-artificial-intelligence-dominance/.

30. Louise Lucas, "The Chinese Communist Party Entangles Big Tech", *Financial Times*, 10 de julho de 2018: https://www.ft.com/content/5d0af3c4-846c-11e8-a29d-73e3d454535d.

31. Javier C. Hernandez, "A Hong Kong Newspaper on a Mission to Promote China's Soft Power", *New York Times*, 31 de março de 2018: https://www.nytimes.com/2018/03/31/world/asia/south-china-morning-post-hong-kong-alibaba.html.

32. Paul Farhi, "*Washington Post* Closes Sale to Amazon Founder Jeff Bezos", *Washington Post*, 1 de outubro de 2013: https://www.washingtonpost.com/business/economy/washington-post-closes-sale-to-amazon-founder-jeff-bezos/2013/10/01/fca3b16a-2acf-11e3-97a3-ff2758228523_story.html?noredirect=on&utm_term=.3d04830eab75.

33. Jason Lim, "WeChat Is Being Trialled To Make Hospitals More Efficient In China", *Forbes*, 16 de junho de 2014: https://www.forbes.com/sites/jlim/2014/06/16/wechat-is-being-trialed-to-make-hospitals-more-efficient-in-china/#63a2dd3155e2.

34. "Rise of China's Big Tech in AI."

35. Arjun Kharpal, "China's Tencent Surpasses Facebook in Valuation a Day after Breaking $500 Billion Barrier", *CNBC*, 21 de novembro de 2017: https://www.cnbc.com/2017/11/21/tencent-surpasses-facebook-in-valuation.html.

36. Sam Rutherford, "5 Things to Know About Tencent, the Chinese Internet Giant That's Worth More than Facebook Now", *Gizmodo*, 27 de novembro de 2017: https://gizmodo.com/5-things-to-know-about-tencent-the-chinese-internet-gi-1820767339.

37. Rebecca Fannin, "China Releases a Tech Dragon: The BAT", *Techonomy*, 23 de maio de 2018: https://techonomy.com/2018/05/china-releases-tech-dragon-bat/.

38. "Mobile Fact Sheet", Pew Research Center, 5 de fevereiro de 2018: http:// www.pewinternet.org/fact-sheet/mobile/.

39. Kaya Yurieff, "Amazon's Cyber Monday Was Its Biggest Sales Day Ever", *CNN Money*, 29 de novembro de 2017: https://money.cnn.com/2017/11/29/technology/amazon-cyber-monday/index.html.

40. Helen H. Wang, "Alibaba's Singles' Day by the Numbers: A record $25 billion haul", *Forbes*, 12 de novembro de 2017: https://www.forbes.com/sites/helenwang/2017/11/12/alibabas-singles-day-by-the-numbers-a-record-25-billion-haul/#45dcfea1db15.

41. Fannin, "China Releases a Tech Dragon".

42. Michael Brown e Pavneet Singh, *China's Technology Transfer Strategy* (Silicon Valley: Defense Innovation Unit Experimental, 2017): https://new.reorg-research.com/data/documents/20170928/59ccf7de70c2f.pdf.

43. Para ler o texto completo do 13º FYP, consulte República Popular da China, 13º Plano Quinquenal de Desenvolvimento Econômico e Social Nacional, 17 de março de 2016: http://www.gov.cn/xinwen/2016-03/17/content_5054992.htm.

44. J. P., "What Is China's Belt and Road Initiative?", *Economist*, 15 de maio de 2017: https://www.economist.com/the-economist-explains/2017/05/14/what-is-chinas-belt-and-road-initiative.

45. Salvatore Babones, "China's Middle Class Is Pulling Up the Ladder Behind Itself", *Foreign Policy*, 1 de fevereiro de 2018: https://foreignpolicy.com/2018/02/01/chinas-middle-class-is-pulling-up-the-ladder-behind-itself/.

46. Pew Research Center, *The American Middle Class Is Losing Ground* (Washington, D.C.: Pew Research Center, dezembro de 2015): http://www.pewsocialtrends.org/2015/12/09/the-american-middle-class-is-losing-ground/.

47. Emmie Martin, "70% of Americans Consider Themselves Middle Class — But Only 50% Are", *CNBC*, 30 de junho de 2017: https://www.cnbc.com/2017/06/30/70-percent-of-americans-consider-themselves-middle-class-but-only-50-percent-are.html.

48. Abha Bhattarai, "China Asked Marriott to Shut Down Its Website. The Company Complied", *Washington Post,* 18 de janeiro de 2018: https:// www.washingtonpost.com/news/business/wp/2018/01/18/china-demanded-marriott-change-its-website-the-company-complied.

49. Louis Jacobson, "Yes, Donald Trump Did Call Climate Change a Chinese Hoax", *PolitiFact*, 3 de junho de 2016: https://www.politifact.com/truth-o-meter/statements/2016/jun/03/hillary-clinton/yes-donald-trump-did-call-climate-change-chinese-h/.

50. Michael Greenstone, "Four Years After Declaring War on Pollution, China Is Winning", *New York Times*, 12 de março de 2018: https://www.nytimes.com/2018/03/12/upshot/china-pollution-environment-longer-lives.html.

51. Carl Gene Fordham, "20 Actually Useful Chengyu", *CarlGene.com* (blog), 14 de agosto de 2008: http://carlgene.com/blog/2010/07/20-actually-useful-chengyu.

52. Stephen Chen, "China Takes Surveillance to New Heights with Flock of Robotic Doves, but Do They Come in Peace?", *South China*

Morning Post, 24 de junho de 2018: https://www.scmp.com/news/china/society/article/2152027/china-takes-surveillance-new-heights-flock-robotic-doves-do-they.

53. Phil Stewart, "China Racing for AI Military Edge over US: Report", *Reuters*, 27 de novembro de 2017: https://www.reuters.com/article/us-usa-china-ai/china-racing-for-ai-military-edge-over-u-s-report-idUSKBN1DS0G5.

54. Kate Conger, "Google Employees Resign in Protest Against Pentagon Contract", *Gizmodo*, 14 de maio de 2018: https://gizmodo.com/google-employees-resign-in-protest-against-pentagon-con-1825729300.

55. Nitasha Tiku, "Amazon's Jeff Bezos Says Tech Companies Should Work with the Pentagon", *Wired*, 15 de outubro de 2018: https://www.wired.com/story/amazons-jeff-bezos-says-tech-companies-should-work-with-the-pentagon/.

56. Stewart, "China Racing for AI Military Edge".

57. State Council, People's Republic of China, "China Issues Guideline on Artificial Intelligence Development", English.gov.cn, modificado pela última vez em 20 de julho de 2017: http://english.gov.cn/policies/latest_releases/2017/07/20/content_281475742458322.htm.

58. State Council, People's Republic of China, "Key AI Guidelines Unveiled", English.gov.cn, modificado pela última vez em 15 de dezembro de 2017: http://english.gov.cn/state_council/ministries/2017/12/15/content_281475977265006.htm.

59. Elsa B. Kania, "China's AI Giants Can't Say No to the Party", *Foreign Policy*, 2 de agosto de 2018: https://foreignpolicy.com/2018/08/02/chinas-ai-giants-cant-say-no-to-the-party/.

60. Ibid.

61. Ibid.

62. John Pomfret, "China's New Surveillance State Puts Facebook's Privacy Problems in the Shade", *Washington Post*, 27 de março de 2018: https://www.washingtonpost.com/news/global-opinions/wp/2018/03/27/chinas-new-surveillance-state-puts-facebooks-privacy-problems-in-the-shade.

63. Nicholas Wright, "How Artificial Intelligence Will Reshape the Global Order", *Foreign Affairs*, 10 de julho de 2018: https://www.foreignaffairs.com/articles/world/2018-07-10/how-artificial-intelligence-will-reshape-global-order.

64. Zhang Hongpei. "Many Netizens Take Issue with Baidu CEO's Comments on Data Privacy", *Global Times*, 26 de março de 2018: http://www.globaltimes.cn/content/1095288.shtml.

65. Raymond Zhong, "Chinese Tech Giant on Brink of Collapse in New US Cold War", *New York Times*, 9 de maio de 2018: https://www.nytimes.com/2018/05/09/technology/zte-china-us-trade-war.html.

66. Samm Sacks, "Beijing Wants to Rewrite the Rules of the Internet", *Atlantic*, 19 de junho de 2018: https://www.theatlantic.com/international/archive/2018/06/zte-huawei-china-trump-trade-cyber/563033/.

67. Ibid.

68. Ibid.

69. "The Thousand Talents Plan: The recruitment program for innovative talents (long term)", Recruitment Program of Global Experts: http://1000plan.org/en/.

70. Tom Simonite, "The Trump Administration Plays Catch-Up on Artificial Intelligence", *Wired*, 11 de maio de 2018: https://www.wired.com/story/trump-administration-plays-catch-up-artificial-intelligence/.

71. Ari Levy, "Dropbox Is Going Public: Here's Who's Making Money", *CNBC*, 23 de fevereiro de 2018: https://www.cnbc.com/2018/02/23/dropbox-is-going-public-heres-whos-making-money.html.

72. John Gramlich, "5 Facts about Americans and Facebook", *Fact Tank* (blog), 10 de abril de 2018: http://www.pewresearch.org/fact-tank/2018/04/10/5-facts-about-americans-and-facebook/.

73. Elizabeth Weise, "Amazon Prime Is Popular, but in Three-Quarters of All US Homes? That's Open to Debate", *USA Today*, 20 de outubro de 2017: https://www.usatoday.com/story/tech/2017/10/20/amazon-prime-big-though-how-big-no-one-knows/784695001/.

74. "Mobile Fact Sheet", Pew Research Center.

75. https://github.com/tensorflow/tensorflow.

76. Microsoft News Center, "Microsoft to Acquire GitHub for $7.5 Billion", Microsoft.com, 4 de junho de 2018: https://news.microsoft.com/2018/06/04/microsoft-to-acquire-github-for-7-5-billion/.

77. Jordan Novet, "Why Tech Companies Are Racing Each Other to Make Their Own Custom AI Chips", *CNBC*, 21 de abril de 2018: https://www.cnbc.com/2018/04/21/alibaba-joins-google-others-in-making-custom-ai-chips.html.

78. O artigo completo pode ser acessado em: https://graphics.axios.com/pdf/PlatformPolicyPaper.pdf?_ga=2.167458877.2075880604.1541172609-1964512884.1536872317.

79. Os tuítes podem ser acessados em: https://twitter.com/tim_cook/status/1055035534769340418.

CAPÍTULO TRÊS: CORTES DE FOLHAS DE PAPEL: AS CONSEQUÊNCIAS INDESEJADAS DAS IAS

1. "'An Owners' Manual' for Google's Shareholders", *2004 Founders' IPO Letter*, Alphabet Investor Relations: https://abc.xyz/investor/founders-letters/2004/ipo-letter.html.

2. Ibid.

3. "Leadership Principles", Amazon: https://www.amazon.jobs/principles.

4. "Focus on Impact", Facebook, 8 de setembro de 2015: https://www.facebook.com/facebookcareers photos/a.1655178611435493.1073741828.1633466236940064/1655179928102028/?type=3&theater.

5. "Core Values", Tencent: https://www.tencent.com/en-us/culture.html.

6. "Culture and Values", Alibaba Group: https://www.alibabagroup.com/en/about/culture.

7. Mark Bergen, "Google Engineers Refused to Build Security Tool to Win Military Contracts", *Bloomberg*, 21 de junho de 2018: https://www.bloomberg.com/news/articles/2018-06-21/google-engineers-refused-to-build-security-tool-to-win-military-contracts.

8. Sundar Pichai, "AI at Google: Our principles", *The Keyword* (blog), Google, 7 de junho de 2018: https://www.blog.google/technology/ai/ai-principles/.

9. "QuickFacts", United States Census Bureau, acessado em 1 de julho de 2017: https://www.census.gov/quickfacts/fact/table/US/PST045217.

10. Alan MacCormack, John Rusnak e Carliss Baldwin, *Exploring the Duality Between Product and Organizational Architectures: A test of the "mirroring" hypothesis*, HBS Working Paper nº08-039, (Boston: Harvard Business School, 2008): https://www.hbs.edu/faculty/Publication%20Files/08-039_1861e507-1dc1-4602-85b8-90d71559d85b.pdf.

11. Riccardo Miotto, Li Li, Brian A. Kidd e Joel T. Dudley, "Deep Patient: An unsupervised representation to predict the future of patients from the electronic health records", *Scientific Reports*, 17 de maio de 2016: https://www.nature.com/articles/srep26094.

12. Alexander Mordvintsev, Christopher Olah e Mike Tyka, "Inceptionism: Going deeper into neural networks", Google AI (blog), 17 de junho de 2015: https://ai.googleblog.com/2015/06/inceptionism-going-deeper-into-neural.html.

13. "Inceptionism: Going Deeper into Neural Networks", Google Photos, 12 de dezembro de 2008 – 17 de junho de 2015, https://photos.google.com/share/AF1QipPX0SCl7OzWilt9LnuQliattX4OUCj_8EP65_cTVnBmS1jnYgsGQAieQUc1VQWdgQ?key=aVBxWjhwSzg2RjJWLWRuVFBBZEN1d205bUdEMnhB.

14. Latanya Sweeney, "Discrimination in Online Ad Delivery", *ACM Queue* 11, n°3, (março de 2013): 10, doi.org/10.1145/2460276.2460278.

15. Ali Winston, "Palantir Has Secretly Been Using New Orleans to Test Its Predictive Policing Technology", *Verge*, 27 de fevereiro de 2018: https://www.theverge.com/2018/2/27/17054740/palantir-predictive-policing-tool-new-orleans-nopd.

16. Julia Angwin, Jeff Larson, Surya Mattu e Lauren Kirchner, "Machine Bias", *ProPublica*, 23 de maio de 2016: https://www.propublica.org/article/machine-bias-risk-assessments-in-criminal-sentencing.

17. Kevin McLaughlin e Jessica E. Lessin, "Deep Confusion: Tensions lingered within Google over DeepMind", *Information*, 19 de abril de 2018: https://www.theinformation.com/articles/deep-confusion-tensions-lingered-within-google-over-deepmind.

18. James Vincent, "Google's DeepMind and UK Hospitals Made Illegal Deal for Health Data, Says Watchdog", *Verge*, 3 de julho de 2017: https:// www.theverge.com/2017/7/3/15900670/google-deepmind-royal-free-2015-data-deal-ico-ruling-illegal.

19. Mustafa Suleyman e Dominic King, "The Information Commissioner, the Royal Free, and What We've Learned", DeepMind (blog), 3 de julho de 2017: https://deepmind.com/blog/ico-royal-free/.

20. "Microsoft Launches Fifth Generation of Popular AI Xiaoice", *Microsoft News Center:* https://www.microsoft.com/en-us/ard/news/newsinfo.aspx?newsid=article_2017091.

21. Sophie Kleeman, "Here Are the Microsoft Twitter Bot's Craziest Racist Rants", *Gizmodo*, 24 de março de 2016: https://gizmodo.com/here-are-the-microsoft-twitter-bot-s-craziest-racist-ra-1766820160.

22. Peter Lee, "Learning from Tay's Introduction", *Microsoft Official Blog*, 25 de março de 2016: https://blogs.microsoft.com/blog/2016/03/25/learning-tays-introduction/.

23. Verity Harding e Sean Legassick, "Why We Launched DeepMind Ethics & Society", DeepMind (blog), 3 de outubro de 2017: https://deepmind.com/blog/why-we-launched-deepmind-ethics-society/.

24. "Baidu CEO tells staff to put values before profit after cancer death scandal", CNBC, 10 de maio de 2016: https://www.cnbc.com/2016/05/10/baidu-ceo-tells-staff-to-put-values-before-profit-after-cancer-death-scandal.html.

CAPÍTULO QUATRO: DOS DIAS ATUAIS À SUPERINTELIGÊNCIA ARTIFICIAL: OS SINAIS DOS TEMPOS

1. Modelei os cenários da Parte II usando pesquisas de diversas fontes, e suas referências estão na bibliografia. Além do mais, passei algum tempo na exposição *Robots* no Science Museum (Londres), que fez a curadoria dos últimos 500 anos de robôs humanoides e foi um local maravilhoso para explorar os temas apresentados nos Capítulos 5 a 7.

2. Mike Floorwalker, "10 Deadly Disasters We Should Have Seen Coming", *Listverse,* 2 de março de 2013: https://listverse.com/2013/03/02/10-deadly-disasters-we-should-have-seen-coming/. E também David Teather, "90-Second Nightmare of Shuttle Crew", *Guardian,* 6 de fevereiro de 2003: https://www.theguardian.com/world/2003/feb/06/columbia.science.

3. Katrina Brooker, "I Was Devastated: Tim Berners-Lee, the man who created to world wide web, has some regrets", *Vanity Fair,* 1 de julho de 2018: https://www.vanityfair.com/news/2018/07/the-man-who-created-the-world-wide-web-has-some-regrets.

4. Tim Berners-Lee, "The Web Is Under Threat. Join Us and Fight for It", World Wide Web Foundation (blog), 12 de março de 2018: https://webfoundation.org/2018/03/web-birthday-29/.

5. "Subscriber share held by smartphone operating systems in the United States from 2012 to 2018", Statista: https://www.statista.com/statistics/266572/market-share-held-by-smartphone-platforms-in-the-united-states/.

6. "Primary e-mail providers according to consumers in the United States as of 2016, by age group", Statista: https://www.statista.com/statistics/547531/e-mail-provider-ranking-consumer-usa-age/.

7. Marisa Fernandez, "Amazon Leaves Retail Competitors in the Dust, Claims 50% of US E-Commerce Market", *Axios,* 13 de julho de 2018: https:// www.axios.com/amazon-now-has-nearly-50-of-the-us-e-commerce-market-1531510098-8529045a-508d-46d6-861f-1d0c2c4a04b4.html.

8. Art Kleiner, "The Man Who Saw the Future", *Strategy+Business*, 12 de fevereiro de 2003: https://www.strategy-business.com/article/8220?gko=0d07f.

9. Cass R. Sunstein, "Probability Neglect: Emotions, Worst Cases, and Law", *Chicago Unbound,* John M. Olin Program in Law and Economics Working Paper n°138, 2001.

10. "Quick Facts 2015", National Highway Traffic Safety Administration*:* https://crashstats.nhtsa.dot.gov/Api/Public/ViewPublication/812348.

11. "Aviation Statistics", National Transportation Safety Board*:* https://www.ntsb.gov/investigations/data/Pages/aviation_stats.aspx.

12. Frederick P. Brooks, *The Mythical Man Month: Essays on software engineering,* Edição de Aniversário (Boston: Addison Wesley, 1995).

13. Peter Wilby, "Beyond the Flynn Effect: New myths about race, family and IQ?", *Guardian,* 27 de setembro de 2016: https://www.theguardian.com/education/2016/sep/27/james-flynn-race-iq-myths-does-your-family-make-you-smarter.

14. Stephanie Condon, "US Once Again Boasts the World's Fastest Supercomputer", *ZDNet*, 8 de junho de 2018: https://www.zdnet.com/article/us-once-again-boasts-the-worlds-fastest-supercomputer/.

15. Jen Viegas, "Comparison of Primate Brains Reveals Why Humans Are Unique", *Seeker*, 23 de novembro de 2017: https://www.seeker.com/health/mind/comparison-of-primate-brains-reveals-why-humans-are-unique.

16. Nick Bostrom, "Ethical Issues in Advanced Artificial Intelligence", NickBostrom.com*,* 2003: https://nickbostrom.com/ethics/ai.html.

17. I. J. Good, "Speculations Concerning the First Ultraintelligent Machine", *Advances in Computers* 6 (1965): 31–88.

18. Gill A. Pratt, "Is a Cambrian Explosion Coming for Robotics?", *Journal of Economic Perspectives* 29, n° 3 (verão de 2015): 51–60, https://www.aeaweb.org/articles?id=10.1257/jep.29.3.51.

CAPÍTULO SEIS: APRENDENDO A VIVER COM OS CORTES DE PAPEL: O CENÁRIO PRAGMÁTICO

1. Casey Ross e Ike Swetlitz, "IBM Watson Health Hampered by Internal Rivalries and Disorganization, Former Employees Say", *STAT*, 14 de junho de 2018: https://www.statnews.com/2018/06/14/ibm-watson-health-rivalries-disorganization/.
2. Ibid.
3. Gamaleldin F. Elsayed, Ian Goodfellow e Jascha Sohl-Dickstein, "Adversarial Reprogramming of Neural Networks", acesso da edição pré-impressa: https://arxiv.org/pdf/1806.11146.pdf.
4. Orange Wang, "Chinese Mobile Payment Giants Alipay, Tenpay fined US$88,000 for Breaking Foreign Exchange Rules", *South China Morning Post,* 25 de julho de 2018: https://www.scmp.com/news/china/economy/article/2156858/chinese-mobile-payment-giants-alipay-tenpay-fined-us88000.

CAPÍTULO SETE: A DINASTIA RÉNGŌNG ZHÌNÉNG: O CENÁRIO CATASTRÓFICO

1. "China Has a Vastly Ambitious Plan to Connect the World", *Economist,* 28 de julho de 2018: https://www.economist.com/briefing/2018/07/26/china-has-a-vastly-ambitious-plan-to-connect-the-world.
2. Ibid.
3. Ibid.
4. Ibid.

5. Ernesto Londoño, "From a Space Station in Argentina, China Expands Its Reach in Latin America", *New York Times,* 28 de julho de 2018: https://www.nytimes.com/2018/07/28/world/americas/china-latin-america.html.

6. Kenneth D. Kochanek, Sherry L. Murphy, Jiaquan Xu e Elizabeth Arias, *Mortality in the United States, 2016,* NCHS Data Brief n°293 (Hyattsville, MD: National Center for Health Statistics, 2017): https://www.cdc.gov/nchs/data/databriefs/db293.pdf.

CAPÍTULO OITO: PEDRAS E PEDREGULHOS: COMO RESOLVER O FUTURO DA IA

1. "Vinton G. Cerf", Google AI: https://ai.google/research/people/author 32412.

2. "Runaround" de Asimov foi publicado pela primeira vez na edição de março de 1942 da *Astounding Science Fiction.* Também aparece em suas coleções de contos *I, Robot* (1950), *The Complete Robot* (1982), e *Robot Visions* (1990).

3. Atlas de Células Humanas: https://www.humancellatlas.org/learn-more.

4. Cade Metz, "As China Marches Forward on AI, the White House Is Silent", *New York Times,* 12 de fevereiro de 2018: https://www.nytimes.com/2018/02/12/technology/china-trump-artificial-intelligence.html.

5. Yoni Heisler, "Amazon in 2017 Spent Almost Twice as Much on R&D as Microsoft and Apple — Combined", *BGR,* 10 de abril de 2008: https:// bgr.com/2018/04/10/amazon-vs-apple-research-and-development-2017-alphabet-google/

6. "The OTA Legacy", Princeton University: http://www.princeton.edu/~ota/.

7. "Praça de alimentação", Department of Defense Washington Headquarters Services: http://www.whs.mil/our-services/building-facilities/dining.

8. "Estufas esféricas", Amazon: https://www.seattlespheres.com/.

9. Alicia Adamczyk, "These Are the Companies with the Best Parental Leave Policies", *Money,* 4 de novembro de 2015: http://time.com/money/4098469/paid-parental-leave-google-amazon-apple-facebook/.

10. Amy Webb, "Apple vs. FBI Debate May Be the Least of Our Challenges", *CNN,* 29 de fevereiro de 2016: https://www.cnn.com/2016/02/25/opinions/when-technology-clashes-with-law-iphone-opinion-webb/index.html.

11. "China Uncovers 500,000 Food Safety Violations in Nine Months", *Reuters,* 24 de dezembro de 2016: https://www.reuters.com/article/us-china-food-safety/china-uncovers-500000-food-safety-violations-in-nine-months-idUSKBN14D046.

12. Suneera Tandon, "An IBM Team Identified Deep Gender Bias from 50 Years of Booker Prize Shortlists", *Quartz India,* 24 de julho de 2018: https:// qz.com/india/1333644/ibm-identifies-gender-bias-in-booker-prize-novel-shortlists/.

13. Hilary Mason, *Twitter,* 28 de março de 2018: https://twitter.com/hmason/status/979044821749895170

ÍNDICE

A

Ada Lovelace, 23
AGI (inteligência artificial geral), 145, 174, 208
　contribuições significativas, 173
　hackers, 179
Alan Turing, 24, 27
　Jogo da Imitação, 28
Alexa, 13–16, 43
algoritmos, 58
　de aprendizagem, 42
　evolutivos, 146
　gerativos, 172
Alibaba, 50, 70
alma humana, 20
Amazon, 55, 87
　princípios de liderança, 101
Amos Tversky, 110
Amper, 15
Analisador Diferencial, 24
análise de currículos, 64
Andrew Ng, 68
Android, 56
Andy Rubin, 56
ANI (inteligência artificial estreita), 145, 145–146, 164
ansiedade, 207
aplicativos de policiamento preditivo, 59
Apple, 87

aprendizado de máquina, 221
　definição, 32
aprendizado por reforço, 50
aprendizado profundo, 42, 49
aprendizagem
　adaptativa, 170
　por reforço, 14
armas tecnológicas, 103
Arthur Clarke, 35
ASI (superinteligência artificial), 145
assédio sexual, 56–57, 66
　Google, 57
assistência médica, 167
assistentes digitais, 14, 43
Áustria, 85
autoaperfeiçoamento recursivo, 151
autoconsciência, 19
autocracia
　tecnologia de vigilância, 85
autômato, 18–21
AutoML, 50
avaliação de riscos, 144

B

Babylon Health, 72
Baidu, 50, 68
bancos de dados, 58
bandana neuroenergética, 198
BAT, 68–86, 190, 244–261
Benjamin Bloom, 15

bens públicos, 139
Bertrand de Jouvenel, 143
biologia computacional, 61
Black Mirror, 83-84
bots, 171
Brad Parscale, 58
Brasil, 85
briefings políticos, 143

C

Cambridge Analytica, 55
campanhas de desinformação, 171
candidatos a doutorado, 65
capitalismo, 144
carros autônomos, 59
Cass Sunstein, 144
castas digitais, 215, 225
cenário pragmático, 153
cenários otimistas, 153-154
cérebro humano, 42, 149-150
CERN, 139
Charles Babbage, 23
Charles Darwin, 146
China, 49-50
    crescimento econômico, 75-76
    economia doméstica, 84
    educação, 68-69
    fluxo global de dados, 84
    força geopolítica, 77
    hardware, 84
    infraestrutura da internet, 84
    pontuação de crédito social, 83
    privacidade, 84
    Programa de Operações Integradas, 83
    vigilância, 83
ciberpolíticas, 85
cidades inteligentes, 171
ciência comportamental, 125
circunstâncias, 107
Claude Shannon, 24, 29
código legado, 137
colaboração, 244

coleta de dados pessoais, 55
Columbia, ônibus espacial, 138
cometer erros, 54
comportamentos inadmissíveis, 66
computação
    de borda, 92
    em nuvem, 71
computadores
    camadas, 24
    programáveis, 33
comunismo, 154
conduta social, 20
conflito sino-vietnamita, 79
consciência, 14
conservadores, 57
consumismo, 100
contaminação da informação, 203
controle governamental dos negócios, 88
controle social, 82-83
corpora, 260
Cortana, 121
Coursera, 94
criatividade, 16, 52, 168
crimes cibernéticos, 179
criptografia, 257
crises futuras, 138-139
crowdsourcing, 129
culpabilidade, 115
culturas hostis, 66
curva de aprendizado, 145

D

dados, 90-92
    sintéticos, 186
Daniela Rus, 66
Daniel Kahneman, 110
data centers, 71
David Hume, 22
decisões imprevisíveis, 43
Deep Blue, 39
DeepDream, 113-114
DeepMind, 44, 118, 131

Deep Patient, 112
democracia, 144, 154
desamparo aprendido, 195, 198
desemprego tecnológico, 227
desenvolvimento urbano, 71
design crítico, 143
desigualdade, 56
diagrama de Venn, 102
direitos autorais, 95
discriminação, 56
diversidade, 56, 58-67
    bancos de dados, 58
    China, 67-68
docentes, 64
documentos de conferências, 143
Donald Trump, 77, 87, 251

E

educação
    China, 86
efeito
    chicote, 186
    cumulativo, 66
    de otimização, 115-116
eleições de 2016 nos EUA, 57-58
emissários digitais, 192
empatia, 106-108, 133
empregabilidade, 227
encontros online, 167
entrevistas, 143
Eric Xu, 68-69
espírito empreendedor, 140
esquema de Winograd, 51
estatística aplicada, 61
estereótipos, 56, 111
estranho paradoxo, 13
estratégia nacional dos Estados Unidos, 160
estresse, 45, 50
estrutura linguística, 51
estruturas governamentais, 140-141
ética, 61, 110, 265
evolução da vida, 147

F

Facebook, 55, 87, 96
    algoritmos, 58
    conservadores, 57-58
    políticas de dados, 96
fake news, 203
falta de autoconfiança, 50
Fan Hui, 44
Fei-Fei Li, 66
ficção especulativa, 143
flexibilidade, 107
formação híbrida, 264-265
Frank Rosenblatt, 32-33, 41
Fukushima Daiichi, usina nuclear, 138
futuro da guerra, 80

G

GAA, 230, 233
GAIA, 160-163, 243
GANs. *Consulte* redes adversárias geratativas
gargalo de von Neumann, 91
Garry Kasparov, 39
Gaston Berger, 143
Geoff Hinton, 41
geopolítica, 144
George Boole, 23
gerenciamento
    do tráfego, 71
    intermediário, 202
gestão de pacientes, 72
gig economy 2.0, 201
Gill Pratt, 151
GitHub, 93
Google, 55-56, 87
    Brain, 50, 62
    Cloud, 66
    Voice, 43
Gordon Moore, 36
Gottfried Wilhelm von Leibniz, 20
governo dos EUA, 36
governos autoritários, 81-82

H

hierarquia da inteligência, 147
Hilary Mason, 263
Hillary Clinton, 57
homogeneidade, 53

I

IBM, 87, 94
    India Research Lab, 261
ImageNet, 185
imperfeição intencional, 120
imprevisibilidade, 111
inclusão, 214
indenizações, 57
informações
    pessoais, 55
    pessoalmente identificáveis, 245
    sigilosas, 159-160
inteligência artificial, 14-18, 29, 35, 183, 197, 214
    alicerces fundamentais, 31-32
    arquitetura, 91
    decisões autônomas, 13
    ecossistema, 58
    futuro, 143
    grito de guerra, 54
    IAs papagaios, 198
    IAs sentinelas, 249
    pilares fundamentais, 17
    planejamento do futuro, 153-154
    práticas-chave, 31-32
    problemas, 59
    segurança, 59
    sistema de contratação, 64
    sistema infantil, 50
    sistema socrático, 170
inteligência humana, 147-148
    arquitetura, 149
interesses da humanidade, 104
interfaces cérebro-máquina, 180, 198
internet, 139-141
    evolução, 140
    fragmentação, 203
Internet das Coisas, 132, 221
Isaac Asimov, 26
isolamento social, 163

J

Jeff Bezos, 71, 81
Jeff Dean, 55
John McCarthy, 29
John von Neumann, 27, 91
John Wu, 68-69
Joseph Weizenbaum, 34

K

Ken Jennings, 39

L

leis
    da robótica, 26, 244
    de Conway, 108-110
    de Moore, 36, 149
Li Deng, 43
liderança corajosa, 242
livre mercado, 140
lógica silogística, 17
logística de entrega, 71

M

MÁFIA-G, 87-98, 158-172, 214-223, 243-260
    coalizão, 159-160
Ma Huateng, 71
Mao Tsé-Tung, 82-83
máquina
    analítica, 23
    diferencial, 23
    pensante, 24, 26
    universal de Turing, 25
Mark Zuckerberg, 96
Marvin Minsky, 29, 41
Melvin Conway, 108
Microsoft, 87, 121-122

modelagem preditiva, 71
mudança climática, 77, 175
música, 16

N

nacionalismo, 81-82, 85
NAGIs (AGIs babás), 208-209, 209
negligência de probabilidade, 144
neurociência, 61
neurônio mecânico, 32
Nick Bostrom, 150
nudging, 125, 196
    arquitetura de escolha, 125
    processo, 144, 156, 165

O

operação de varejo multifuncional automatizada, 71
otimização, 111

P

pagamento digital, 70
paradoxo do presente, 111
parrot attacks, 198
Partido Comunista Chinês, 70, 75, 142, 251
Partido Republicano, 57-58
PDR, 155, 161, 191, 215
pensamento, 14
pesquisa acadêmica, 143
piadas inapropriadas, 66
PIIs. *Consulte* informações pessoalmente identificáveis
pipeline problem, 65
planejamento de cenários, 143-144
planejamento em longo prazo, 75
pluralidade, 55
pontuação de crédito social, 82-83
pornografia personalizada, 168
possibilidades quase aleatórias ou aleatórias, 146-147
preconceito, 57, 115, 118

primeira era da computação, 27, 33
privacidade, 96
probabilidade, 20
problema da caixa-preta, 113
processamento de linguagem natural, 61
processo de recrutamento, 63
produção cinematográfica, 168
programas
    ações para a IA, 141
    DARPA, 151
    vigilância doméstica aerotransportado, 79
Project Maven, 80, 103
projeto militar, 80-81
propagação reversa, 33
propriedade intelectual, 74, 193

Q

quociente de inteligência, 147

R

R, 61
raciocínio
    abdutivo, 173
    dedutivo, 17
racismo estrutural
    publicidade online, 116
raiva pública, 138
recompensa hacking, 187
reconhecimento da linguagem, 38
Reddit, 55
rede neural, 27
redes adversárias generativas, 262
redes adversárias gerativas, 188
redes de cubsats, 171
redes de segurança social, 170
redes neurais, 17, 32, 60, 159
refinamento de dados, 125
registro de dados pessoais. *Consulte* PDR
registros de patentes, 143

regras culturais, 127-128
regulamentação, 158-159, 258
repatriação, 86
resolução de grandes problemas, 43
retaliação social, 122
Richard DeVaul, 56
Robin Li, 68-69, 84-85, 132
robô familiar, 69

S

saúde pública, 71
segredos comerciais, 159-160
segurança nacional, 104
seis graus de separação, 89
seleção natural, 146
serviços de transcrição, 43
setores industriais
    ecossistema, 141
sexismo, 62
simulação da linguagem natural, 30
sinais de crise, 138-140
sinfonias, 16
Siri, 13, 43, 121
sistemas programáveis, 27
Spotify, 55
Stanley Kubrick, 35
Sundar Pichai, 66, 102

T

tarefas cognitivas, 54
taxonomia de Bloom, 15
Tay.ai, 123
Tencent, 50, 71
teoria da complexidade, 30
teoria dos jogos, 27, 61
terceira era da computação, 252
teste de conversação, 51
teste de Turing, 28, 148, 188
Tim Berners-Lee, 139
Tim Cook, 96

tirania de escolha, 202
tomada de decisões, 133
totalitarismo, 230
tradução de idiomas, 36
transparência, 100-101, 104
tribos
    bolha, 66
    China, 67
    contratações, 64
    habilidades técnicas, 61
    vínculos, 60-61
Turquia, 85

U

universidades, 59-61

V

vantagem militar estratégica, 210
vídeos online, 71
viés cognitivo, 54
vigilância, 214
visão computacional, 61, 188

W

WeChat, 72-73

X

Xi Jinping, 5, 6, 75

Y

Yann Lecun, 41
Yoshua Bengio, 41

Z

Zhang Zhidong, 71